겔트루드는 어떻게
그의 자녀를 가르치나

pestalozzi

겔트루드는 _{어떻게} 그의 자녀를 가르치나

• 페스탈로치 저 / 김선양 역

한국학술정보(주)

〈그의 思想〉

페스탈로치는 一生을 사회에로 던졌고 그의 몸은 항상 땀으로 젖어 있었다. 이 숭고한 얼과 실천이 전 인류의 마음을 움직였던 것이다. 그는 교사에게 잊혀지지 않는 영원한 종을 울렸다. 교육은 연필이나 백묵이나 약간의 지식으로서 해낼 수 있다는 안일한 생각을 송두리째 뽑아 버렸다. 어린이를 이끌 수 있는 맑은 사랑과 겸허한 歷史意識이 필요한 것을 교사에게 알려주었다. 교육은 평탄한 길이 아니라 가장 험한 峻嶺임을 告知해 주었던 것이다.

슈탄쓰에 있어서 페스탈로치는 고아의 아버지가 되고 어머니가 되고 스승이 되고 벗이 되고 의사가 되고 심지어는 그들의 使喚까지 되어 심신의 피로가 극도에 달한 끝에 휴식차 구르니겔 온천을 찾은 일이 있었다. 그는 그곳에서 잠시 몸과 마음을 쉬면서 다음과 같은 말을 했다.

『나는 지금 휴양을 필요로 한다. 실로 지금 이렇게 살고 있다는 것이 나에게는 하나의 기적이 아닐 수 없다. 그러나 나는 완전히 목적지인 해안에 다다른 것은 아니다. 내가 지금 쉬고 있는 곳은 설레는 바다 속에 작은 암초 같은 곳이다. 나는 또다시 이 암초를 떠나서 파도 높은 大海로 헤엄쳐 나가지 않으면 안 된다. 나는 일하지 않고는 잠시

도 살 수 없다. 나는 목적 없이 살고 싶지 않다. 또한 살려고도 생각
하지 않는다』고 했다.

『나는 생각한다. 그러므로 내가 있다』가 아니고 그는 어디까지나 『나
는 일해야 한다. 그러므로 나는 있어야 한다』고 했던 것이다.

그가 教化의 중핵 장소로 생각한 것은 사랑과 신앙으로 다듬어지는
가정이었다. 그는 가정이야말로 교육의 영원한 터전이 된다고 하였다.
그는 현실사회에서 인류교화의 길을 모색하였다. 바로 여기에 루쏘로
부터 페스탈로치를 구별하는 굵은 선이 그어지는 것이다. 루쏘는 근대
운명을 비판하고 그 개혁을 믿으면서도 『에밀』의 교육방법이 가리키
듯이 현실사회와의 교섭을 끊고 일종의 유토피아의 방향으로 그의 목
표를 겨누었다. 그러나 페스탈로치는 현실사회 속에서 교육과 문화의
갱생을 기도했다. 루쏘는 사회와 떨어져서 생각했고 페스탈로치는 사
회 속에 파고들었다. 전자는 개인적이고 후자는 사회적이다. 그러나
이와 같은 루쏘의 개인적인 이상이 페스탈로치로 하여금 근대 교육사
상에 새로운 기원을 세우게 했다고 보아야 할 것이다. 이리하여 페스
탈로치의 이상주의를 뚜렷하게 아로새긴 것이 그의 사회적 이상주의
일 것이다. 이러한 그의 사회적 이상주의는 윤리적 이상주의로부터 철
학적 세계관으로 轉廻되었다. 나톨프는 『사회적 이상주의란 이념과 사
회가 인류 사이에 존재하며 이상은 사회에, 사회는 이상에 적응한다』
는 내용을 포함하는 것이다. 하나의 건전한 이상주의는 이상에서 아주
먼 곳을 방황해서는 안 된다. 어떠한 이념이나 세계에서 멀어진 것은
세계와 상관이 없다는 것을 의미한다. 그것은 지상 생활을 골고루 비
춰주는 인간의 혼이라도 깊은 곳에 감춰져 한쪽 구석에서 잠자고 있
기 때문에 이상주의는 사회적으로, 사회주의는 이상적으로 되지 않으
면 안 된다.』고 하였다.

페스탈로치는 인간의 본질을 첫째, 동물적인 것 둘째, 사회적인 것

6

셋째, 도덕적인 것으로 구분하고 사회적인 것과 도덕적인 것과를 문화와 문명에 대결시켜 보다 자율적이고 정신적인 것을 도덕과 문화에서 찾으려고 했다. 이렇게 생각할 때 교육활동은 감성적인 존재보다 도덕적인 존재로 나아가는 자연의 행로를 의식적으로 조정하는 작용이라고 볼 수 있다. 실로 문화는 교육에 의해서 유지되고 발전된다. 그러므로 교육은 모든 것을 낳고 모든 것을 키우고 모든 것을 거둔다. 이렇게 생각할 때 一九세기에 들어서면서 敎職을 專門職으로 공인받게 된 것도 바로 그의 공적이라고 아니할 수 없다. 루쏘는 가정에서 한 인간을 보았으나 페스탈로치는 학교나 사회에서 움직이는 산 인간을 보았다. 루쏘의 靜的 人間을 페스탈로치는 動的 人間으로 전개시켰다.

〈그의 生涯와 業績〉

『눈물을 흘리면서 씨를 뿌리는 자는 기쁨으로 단을 거두리라』는 말이 있다. 눈물로서 역사 위에 씨를 뿌린 자가 있었다고 하면 이는 페스탈로치일 것이다. 그러나 그는 기쁨으로 단을 거두지는 못하였다. 그가 죽고 一四〇년이 지난 오늘 그가 뿌린 씨를 우리는 기쁨으로 거두고 있는 것이다. 『벗이여, 밀 한 알을 땅에 심으면 그것은 싹터 열매를 맺어 가난한 사람들의 양식이 될 것이며 나무 한 그루를 심으면 그 가지는 공중에 뻗어 새가 노래하고 그 그늘에서 사람들이 쉬게 될 것이다』하며 그는 八二년의 긴 일생을 바쳐 가난한 어린이들을 구원할 길을 찾았으며 그 속에 새 교육의 이론과 방법을 몸으로 짜냈다.

일찍이 희랍시대 이래 동서양을 막론하고 敎育이란 모두 지배계급, 부유계급의 특권이었다. 루터의 宗敎改革도 점점 그 억센 힘을 잃어가고 인쇄술의 발달은 인간을 글의 노예로 만들어 가고 中世를 지배했던 교회의 교육도 생명력이 없는 인간의 껍질을 제단에 바치면서

졸고 있고 또 産業革命의 붐을 타고 농촌의 구석에까지 스며든 手工業的인 기업마저 인간을 돈과 상품의 노예로 만들고 있을 바로 이러한 시대에 페스탈로치는 태어났다. 그는 이러한 『위에서의 敎育』 및 『겉치레의 敎育』에 코펠닉스적인 전환을 일으켜 『아래에서의 敎育』 및 『안에서의 敎育』을 시도하였다. 『왕좌 위에 앉아 있거나 초가 그늘에 살거나 본질로서 본 人間은 다 같다』는 것이 그의 敎育哲學의 핵심이었고 따라서 『모든 어린이에게 하나님이 주신 성스러운 人間性의 힘이 깃들어 있다』는 것이 그의 信仰告白이었으며 이 인간성의 힘과 소질을 생활을 통하여 자연스럽게 개발하자는 것이 그의 敎育方法의 원리였다. 그런데 왜 그는 가난한 사람들, 특히 고아들의 교육자가 되었을까 하는 이유를 그도 몰랐다. 그러기 때문에 그는 이것은 자기 사업이 아니고 하나님이 자기를 써서 하시는 일이라고 하였다. 이 철저한 使命感, 아니 召命感으로서만 그는 그 파란 많은 생애를 이겨낼 수가 있었으리라.

이제 우리는 그의 사업을 통해서 생애를, 그리고 그의 著作을 통해서 업적을 더듬어 보기로 하자. 그의 생애와 업적은 그의 墓碑銘에 다음과 같이 略述되어 있다.

하인리히·페스탈로치 여기에 잠자다.
一九四六년 一月 一二日 츄리히에서 탄생하여
一八二七年 二月 一七일 부르크에서 서거하다.
노이호프에서는 貧民의 구원자,
「린할트와 겔트루트」에서는 백성의 목자
슈탄쓰에서는 고아의 아버지
부르크돌프와 뮨헨브흐제에서는
國民學校의 창설자
이벨당에서는 인류의 敎育者
人間! 基督者! 市民!
모든 것을 남에게 바치고

자기에게는 아무것도 남기지 않았다.
祝福이 있을지어다
그의 이름 위에.

〈靑少年 時節〉

요한·하인리히·페스탈로치(Johann Heinrich Pestalozzi)의 조상들은 원래 이태리에 거주하고 있었다. 가톨릭교회가 부패하자 그들은 新教로 개종하여 그들의 信仰을 지키기 위하여 一六세기의 중엽에 이태리의 샤벤나 지방에서 瑞西의 츄리히 지방으로 移住하였다. 처음에는 경제적으로 다소 윤택한 생활을 하였으나 차차 몰락하여 정치적인 생활에는 아무 역할도 하지 못했다. 페스탈로치의 祖父는 츄리히 근교에 있는 농촌의 목사였고 부친 요한·바프티스트(Johann Baptist 1718~1751)는 外科醫였으나 三三세의 젊은 나이로 세상을 떠났다. 이때 페스탈로치는 六세였고 그의 가족으로는 이제 三一세의 젊은 나이로 과부가 된 어머니와 형인 요한·바프티스트, 누이동생인 안나·발바라, 그리고 식모인 발바라·슈미트였다. 페스탈로치의 어머니 스잔나·호쓰(Susanna Hotz 1720~1796)의 집안은 경제적으로 퍽 윤택한 편이어서 교양이 많고 의사를 많이 배출한 집안이었으나 그들 역시 츄리히의 農民層에 속하였기 때문에 아무 정치적인 권리를 지니지 못했다. 페스탈로치가 父系에서나 母系에서나 농민의 中堅인 의사나 목사의 피를 이어받았다는 점은 주목할 일이다. 그가 후에 中堅農民을 양성하려고 노력하며 자기 階層을 지켜야 한다고 역설한 이면에는 이러한 자기의 中堅層으로서의 家系에 대한 긍지가 있었기 때문이다. 그는 외로운 어머니와 어려운 살림을 잘 이끌어 간 식모의 헌신적인 노력 밑에서 아늑한 소년시절을 즐겼다. 자기는 온상 안에서 자라났고 난로가에서 떨어지지 않았다고 술회하면서 그는 자기의 여성적이고 감성적이고 또 고집이 센 성격은 자기의 어린 시절의 가정생활에 기인한 것이라고 말했다.

초등학교 때는 그리 뛰어나지는 못했다. 평소에는 얌전하였으나 일단 비위에 거슬리는 일이 생기면 아주 괴상한 일을 저지르곤 했다. 방학이 되면 목사로 계시는 조부에게 놀러가 헐벗고 굶주리고 비뚤어진 농민의 어린이들과 놀았다. 어린 마음에도 그는 장차 이 농민들을 구원하여 보겠다는 결심을 하였는데 그의 사업은 바로 여기서 싹튼 것이다.

一六세 때 그는 大學에 들어가 神學을 공부하게 되었으나 당시만 해도 아주 後進國에 속하는 瑞西의 다른 일반학생과 같이 정치에 뜻이 있어 法律學전공으로 옮아가게 되었다. 바로 이 무렵, 전 유럽을 매혹한 루쏘의 『에밀』과 『民約論』에 나타난 자주주의 및 자연주의의 사상이 학생들 간에 퍼지게 되었다. 一七六二년 당국은 빠리의 의회를 본받아 『에밀』을 邪惡하고 비기독교적인 著作이라 하여 有罪宣言을 하고 저작을 몰수하여 불살라버렸다. 페스탈로치는 진보적인 학생의 모임인 『愛國團』의 일원으로서 다른 동지들과 더불어 당국과 투쟁하다가 구금을 당한 후 풀려 나온 그는 大學을 버리고 농촌으로 들어가 당시 새로운 農業技術로 돈을 많이 번 찌페리의 농장에 견습생으로 들어갔다.

그 후 二四세 때 자기보다 七세나 위인 안나라는 부유한 상인의 딸과 결혼하였다. 이 안나는 교양이 높고 아름다운 여성이었다. 페스탈로치는 자기의 理想과 그의 아름다운 마음씨에 이끌려 四六九통이나 되는 편지를 주고받게 되고 안나는 부모의 만류도 뿌리치고 피아노 한 대와 옷가지 몇 벌만 가지고 페스탈로치에게로 왔다. 그때 그녀의 집에서는 안나를 보내면서 『너는 평생 물과 빵만으로 지내게 될 것이다』고 말하며 부모는 눈물지었다.

이 예언은 적중하였다. 경제관념이 희박한 페스탈로치 밑에서 안나는 일생 고생하였으나 그를 잘 도와 페스탈로치가『거지들의 아버지 페스탈로치』(Vater Pestalozzi)가 되었을 때 그녀는『어머니 페스탈로치』(Mutter Pestalozzi)가 되었다. 그녀가 없었더라면 페스탈로치의 生涯와 業績도 없었을 것이다.

농업실습에 자신을 얻은 그는 어느 은행가와 합자하여 농장을 경영하게 되었다. 노이호프(Neuhof)라는 이름은『새뜰』이라는 뜻이며 그가 자기 농장에 붙인 이름이다. 자신만만하게 출발은 했으나 결과는 실패였다. 토질이 나쁜데다가 눈싸래기와 전염병이 겹쳐 농작물을 망쳐버렸다. 은행가는 재치 있게 손을 떼었다. 이제 알거지가 된 그는 비로소 자기의 옛 꿈 敎育에 눈을 떴다. 우선 長男 야코프를 데리고 자연을 산보하면서『에밀』을 되새기게 되었고 자기가 막다른 골목에 빠지게 됨으로써 비로소 거지나 다름없는 농민에 대한 사랑이 관념이 아닌 현실로서 육박했다. 빈민을 구제하겠다면 어린 시절의 꿈을 이루도록 하나님은 이렇게 그에게「苦難의 攝理」를 베풀었다.

〈貧農學園 및 著者活動〉

그는 貧農學園을 만들고 그들과 더불어 여름에는 흙을 파고 겨울에는 실을 빼어 紡織手工業工場을 경영했다. 고아들 안에도 존엄한 人間性의 힘이 깃들어 있으니 그들에게 우선 밥벌이를 마련해 주면서 인간성을 개발 도야시켜 참된 사람을 만들어 주자는 것이었다. 그러나 이것은 실패였다. 거지들은 그를 아버지같이 섬기고 안나 부인을 어머니같이 사랑하였다. 그러나 몇몇 거지 애들은 이미 비꼬인 못된 성품을 고치지 못하고 항상 말썽을 부렸다. 매일 몇몇 고아가 나가는가 하면 몇몇 새로운 고아가 들어오곤 하였다. 페스탈로치는 자기 학원은 마치 비둘기집과 같다고 푸념하였다. 그러나 무엇보다도 슬픈 일은 마을사람들의 비난이었다. 『저 친구, 자기는 고용살이만도 못한 처지에 민중을 구하느니 교육을 하느니 허풍을 떤다』고 그들은 그를 비웃었다. 그 자신도 나는 뭇 새들에게 조롱을 받는 올빼미였다고 후에 고백하였다. 그러나 이 시련을 통해서 그의 사상과 信念은 더욱 굳어 갔다. 그는 이제 文筆로 자기의 「信仰告白」을 발표하면서 식자들에게 호소했다.

『隱者의 黃昏』(Die Abendstunde eines Einsiedlers)이 그 첫 작품이다. 『玉座 위에 앉아 있으나 草家의 그늘에 살고 있으나 本質로서 본 人間性은 같다』는 것이 그 첫 구절이다. 교육이란 딱딱한 글을 집어넣어 줌으로서 어린이들을 책벌레로 만드는 것이 아니고 어머니가 안방(Wohnstube)에서 어린이들을 가르치듯이 흥미와 자연을 쫓아 가장 친근한 일로부터 시작하여 어린이들 안에 깃들인 하나님이 주신 人間性의 여러 힘을 개발하고 도야시키는 일이라고 그는 이 저작에서 인역설했다.

이듬해 그는 교육계몽소설『린할트와 겔트루트』(Lienhard und Gertrud)를 써서 절찬을 받았다. 빈곤한 가정주부가 술버릇 나쁜 남편을 어떻게 悔改시켜 바로잡고 이 어머니가 어린이들을 어떻게 재미있게 교육시키고 마을 원님이 이 가정을 도와 어떻게 새 마을을 건설하느냐 하는 것이 이 소설의 줄거리이다. 각국의 계몽군주와 식자들은 이 방향으로 敎育立國코자 하여 앞을 다투어 읽었기 때문에 이 책은 베스트·쎌러가 되어 페스탈로치의 명성은 전 유럽에 퍼졌다. 그러나 그의 생활 자체는 이 저작으로 별 도움을 받지 못했다. 이 저작은 원고지를 살 돈마저 없어서 옛 고아원의 生活記錄簿의 余白에다 초교를 썼다는 것은 주목해야 할 일이다.

이 저작 다음에 그는『안방에서의 아동교육』(Erzihung in der Wohnstube)을 썼고 출판사를 경영하던 그의 스폰서 이제린의 권유로 매주 목요일에 자신이 발행한『瑞西新聞』(Ein Schweizerblatt)에 宗敎, 敎育, 時事評論 등에 대하여 썼다. 또『린할트와 겔트루트』가 너무 흥미 본위로 읽혀지는 데에 대하여 반발해서 『크리스토프와 엘제』(Christoph und Else) 및 『린할트와 겔트루트』의 第二部와 『立法과 嬰兒殺害』(Gesetzgebung und Kindermord), 『린할트와 겔트루트』 第三部 및 第四部를 발표하였다. 일생을 페스탈로치 연구에 바친 슈프랑거는 이 무렵의 그의 사상을 『家父長的인 基督教國家의 再建』이라고 특징짓고 있다. 페스탈로치가 敎育이라는 영위를 가정, 학교, 사회, 교회, 국가라는 광범위한 계기로 포착한 것은 주목할 일이다.

一七八九년 그가 四四세 때, 역사적인 프랑스 大革命이 터졌다. 그는 처음에는 自由와 平等의 우상인 나폴레옹과 그의 혁명에 기대한 바 컸었다. 그러나 날이 갈수록 나폴레옹은 일개 전제권력자가 되어버렸고 그의 자유의 깃발이 지나가는 곳마다 파괴와 황폐 외에는 남는 것이 없음을 자기 눈으로 똑똑히 보았다. 그렇다! 人間을 행복하게 만드는 것은 제도의 개혁에 있는 것이 아니고 참된 사람됨에 있다는 자기의 이론을 그는 재확인하게 되었다. 프랑스議會는 『린할트와 겔트루트』의 저자인 그에게 名譽市民의 칭호를 선사하였으나 그는 반갑지 않았다. 후에 그는 나폴레옹을 만나러 갔다가 『나는 ABC의 선생들 하고는 만날 시간이 없다』고 거절당하고 돌아왔다는 逸話가 전해지고 있다.

그는 이 혁명을 계기로 하여 정치와 교육을 峻別하게 되었고 교육의 이론적인 기초를 얻으려고 人間本性의 연구를 더욱 파고들게 되었다. 그 대표적인 것이 『인류 발전의 自然過程에 관한 나의 探求』(Nachforschungen über den Gang der Natur in der Entwicklung des Menschengeschlechtes)이다. 그는 이 저작에서 인류는 自然的, 社會的 단계를 거쳐서 도덕적 단계로 완성이 된다고 논증하였다. 이 단계를 식물적, 동물적, 인간적 단계에 대응시키기도 했다. 이 무렵에 나온 저작들은 프랑스혁명의 원인을 분석한 『可냐, 否냐』(Ja oder nein?)에서 보는 것처럼 家父長的인 선의의 정치의 출현이 불가능함을 체험함으로써 政治 아닌 敎育, 아니 그 정치를 움직이는 敎育에 눈을 돌리고 있다. 이 무렵, 그는 그의 筆力을 인정받아 『헬베티아 國民新聞』의 편집장의 자리에 오르기도 했다. 그러나 그의 본래의 사명은 언론에 있지 않고 敎育에 있었다. 하나님은 그를 다시 敎育의 마당으로 끌어들였다.

〈敎育活動〉

一七八九년, 그가 五三세 때 새로운 憲法에의 서약을 거부한 지방의 내란으로 슈탄쓰孤兒院의 원장으로 위촉을 받았다. 고기가 물을 갈구하듯이 그는 이 敎育의 마당으로 뛰어갔다. 八〇명이나 되는 전쟁고아들을 다루기는 힘들었다. 그러나 그는 고아의 아버지로 그들과 같이 먹고, 같이 마시고, 같이 자고, 같이 울고, 같이 웃었다. 그리하여 이 거지어린이들을 뒤덮고 있던 후천적인 악습은 눈 녹듯이 녹고 그 속에 하나님이 주신 아름다운 人間性의 힘이 진흙을 헤치고 돋아나는 새싹과 같이 나타났다. 이 아름다운 광경을 독자들은 그의 『슈탄쓰孤兒院通信』(Brief an seinen Freund Gessner über seinen Aufenthalt in Stanz)에서 읽을 수 있으리라. 페스탈로치의 위대한 점은 그가 고아들에게 자선을 베푸는 데 그치지 않고 그들을 인간으로 길러냈고 또 그 과정을 통해서 敎育理念 및 方法을 모색한 데에 있다. 그는 그들의 하나하나의 소질과 개성과 가정환경을 조사했다. 남자 二九名, 여자 一六명에 대한 자세한 『生活記錄』이 남아 있다.

이 아늑한 자리에 다시 혁명의 여풍이 불어왔다. 프랑스軍의 陸軍病院으로 고아원을 양도하라는 명령이 그것이다.

그는 씨 뿌릴 마당마저 빼앗겼다. 그가 이제 얻은 일자리는 부르크돌프의 서민층의 어린이들을 가르치는 글방이었다. 그는 고용된 글방의 훈장이 되었다. 그러나 정부는 그의 능력을 인정하여 부르크돌프의 古城 전체를 그에게 양도하고 이상적인 국민학교를 해보라고 격려해 주었다. 그는 여기에서도 슈탄쓰에서 하던 教育方法을 썼다. 그러나 舊敎를 고집하던 이 지방의 사람들은 기독교문답서와 詩篇의 암송을 가르치지 않는 그의 敎育方法에 의혹을 품었다. 어린이들을 제멋대로 놀리며 매로 다스리지도 않는 그에게 교사로서의 자질이 없는 것으로 그들은 보았다. 그들은 어린이들이 「實驗」의 도구가 되고 있다고 분개하기도 하였다. 그러나 그가 一八〇〇년에 발표한 새 교육의 『方法』(methode)을 읽고 유럽의 식자들은 이 古城에 모이게 되었다. 『새교육』이 이룩한 기적을 보려고 그들은 마치 순례자처럼 이 「멕카」를 찾아들었다. 그가 이때 발표한 『겔트루트는 어떻게 그 子女를 가르치나』(Wie Gertrud ihre Kinder lehrt)는 가히 새 교육의 聖典이다. 그는 이 속에서 새 교육의 理念 및 方法을 체계적으로 논했다. 『우리에게는 지금 읽기학교, 쓰기학교, 맞춤법학교가 있지만 人間學校(Menschenschule)는 없다』고 한탄하면서 人間敎育은 德育, 知育, 體育의 조화적인 통일발전으로 이룩되어야 한다는 것을 피력했다.

　一八〇三년 부르크돌프 학원은 全盛을 자랑하였다. 학원은 큰 가정 같이 번성하였으며 그는 이 교실, 저 교실로 뛰어다녔다. 이때 그를 중상하는 간책이 성공하여 정부에서 사실 여부를 조사하러 그의 학교를 검열한 끝에 정부는 이 학교에는 올바른 宗敎敎育이 이루어지지 않고 있다는 판정을 내려 버렸다. 그에게는 청천벽력이었다. 그는 종교교사인 니데러를 시켜 심한 어조로 반박문을 써서 공표하게 하였다. 그러나 여기에 학원의 경비문제까지 얽히게 되어 학원과 정부와의 알력은 더욱더 심해만 갔다. 그는 드디어 새 교육의 발상지인 이 古城을 양도하고 三년 반이나 정들었던 곳을 뒤로 하면서 七명의 교사와 六七명의 생도를 데리고 필렌벨크가 초빙한 뮨헨브흐제로 옮아갔다. 그러나 여기에서는 학원의 창립자인 필렌벨크에게 실권을 뺏기게 되었다. 아름다운 허수아비가 되고 싶지 않았던 그는 눈물로서 어린이들에게 송별강연을 하고 단신 이벨당으로 건너갔다. 그러자 다시 그에게

고성을 양도할 터이니 와달라는 청탁이 있었기 때문이다. 그는 일자리를 찾아 헤매느라고 안일한 때가 없었다. 뮨헨브흐제에서의 강연은 그의 가장 아름다운 강연 중의 하나이다. 독자들은 그의 『學園講演』(Rede an mein Haus)에서 직접 읽을 수 있을 것이다.

부르크돌프 시대의 교육학적 업적은 『자기 어린이들에게 注意力과 話法을 기르는 어머니의 指針書』(Buch der Mütter oder Anleitung für mütter ihre kinder bemerken und reden zu lehren)와 數學敎育의 理念, 方法, 課程을 제시한 『數關係의 直觀論』(Anschauungslehre der Zahlueerhältnisse) 및 『量關係의 直觀論』(Anschauungslehre der Massverhältnisse)이라는 저작 속에 나타나 있다. 특히 후자는 수학, 기하학의 入門書인 동시에 교수지침서이기도 하여 수학교육을 학문적으로 사상 최초로 다룬 귀하고도 역사적인 文獻이 되고 있다. 인간도야에 있어서 수학의 敎育學的 意義를 이 저작들은 다룸과 동시에 敎科課程 즉, 수학, 기하 교과서의 원형이 되어 있기도 하다. 우리는 교육학자로서의 그의 모습을 이러한 저작에서 볼 수 있다.

一八〇四년 정부의 호의로 적은 생도수이나마 그는 새로운 학교를 古城안에 창설했다. 이것이 이벨당學園이다. 이 이벨당은 독일어 발음으로는 이펠텐(Iferten)이 된다. 이벨당이란 불어식 발음이다.

정부는 페스탈로치가 죽을 때까지 이 성을 써도 좋다고 보증까지 해 주었다. 학원은 또 융성하였다. 각국의 계몽군주가 파견한 유학생들, 이제 모범학교가 되어 들어오게 된 귀족과 부유층의 자녀들 페스탈로치가 데리고 들어온 고아들로 학원은 들끓었다. 貧富 양 계급의 대립, 新舊 양 교도들의 예배시간을 싸고도는 알력, 英, 佛, 獨, 伊 四個國語를 사용하는 데서 오는 喜悲劇, 그때만 해도 희귀한 일이었던 男女共學에서 오는 잡음, 그 사이를 누비고 다니는 유능한 교사들의 뽐내는 모습, 매일같이 찾아드는 참관인들이 일으키는 소란극, 『사랑』 대신에 학원을 싸고도는 『理論』……이 안에서 二五〇명이나 되는 생도들과 교사들, 참관인들이 법석을 떨었다. 겉으로 보기에는 이와 같이 번영을 자랑하고 있을 때 어둡고 침울한 마음을 둘 곳이 없었던 사람은 바로 원장인 페스탈로치 그 사람이었다. 그는 학원에 생명이 사라졌음을 직감하였다. 학원과 자기 사업의 생명인 사랑이 사라졌음을 통탄하였다. 빈민을 구하겠다던 자기의 옛 꿈은 어디로 사라졌는가! 그는 위기를 느꼈다. 외관상으로는 가장 번성한 一八〇八년이었지만 그는 정신적인 위기를 느끼고 그것을 토로하기 위하여 자기가 죽으면 들어갈 관을 옆에 놓고 통곡을 하며 강연했다. 이것이 유명한 그의 柩前講演이다.

그 속에서 자기는 어떤 죽음의 예감이 든다는 것 학원의 한 사람 한 사람을 묶어 놓고 있던 사랑의 紐帶가 풀어졌다는 것, 학원의 파멸이 눈앞에 보인다는 것,……등을 토론하면서 학원이 사랑으로 재생하도록 호소하였다. 그러나 그의 호소도 실효를 거두지는 못했다. 공명 다툼으로 알력과 대립은 더욱 심해만 갔다. 교사 간의 파벌 싸움은 학원의 평을 떨어뜨리게 하였고 敎育理念의 대립에서 오는 교사 간의 理念투쟁은 감정적인 투쟁, 드디어는 중상모략으로까지 확대되었다. 그리하여 한 패가 쫓겨나가는가 하면 다른 한 패는 다시 들어오는 소용돌이를 번번이 되풀이하는 것이었다. 심지어는 한 여교사를 두 교사가 사랑하게 되는 데서 오는 신파극까지 연출되었다.

敎育理論의 대립에서 오는 알력에 대해서는 몇 마디 해설이 필요하다. 페스탈로치의 首弟子는 종교, 도덕교사인 니데러와 수학교사인 슈미트의 두 사람이다. 니데러는 학벌도 좋고 교양도 풍부한 哲學을 전공한 교사이다. 한편 슈미트는 학벌은 없으나 강철 같은 意志와 세밀한 두뇌를 가진 수학교사였다. 니데러는 페스탈로치의 敎育理念은 人間性의 高揚에 있다고 외쳤고 슈미트는 서민층의 생활에의 적응에 있다고 대항했다. 둘 다 페스탈로치의 理念의 일면을 보인 것이 아니었던가, 그러나 그들은 페스탈로치의 魂인 사랑을 내버린 교사였다. 인간성의 고양, 생활에의 적응 그리고 그것을 키워주는 사랑, 이것을 한 몸에 지닐 수 있는 사람은 페스탈로치 외에는 없었다. 이 셋 중의 하나만 빠져도 그것은 敎育이 아니다. 학원의 경영문제에서도 이 두 수제자는 번번이 대립을 하였다. 슈미트는 니데러를 중대가리라고 비꼬았고 니데러는 슈미트를 장사치라고 비꼬았다. 많은 교사들도 이 두 수제자 중의 어느 한 사람에 가담하여 제각기 한 마디씩 던지기 때문에 교수회의는 마치 聲討大會같이 되어 버리곤 하였다. 페스탈로치 역시 이쪽에 가담했다 저쪽에 가담했다 하면서 갈피를 잡지 못했다. 학원은 그가 감당하기에는 너무나도 컸고 교사들은 그가 다루기에는 너무나도 위대해졌다.

그 위에 학원의 어머니로서 이 모진 싸움을 완화해주던 안나 부인이 七七세를 일기로 세상을 떠났다. 비탄 가운데에서도 그는 이 학원을 떠나 자기 실권 아래 빈민학원을 다른 곳에 다시 세워보려고 제자들에게 도와달라고 호소했다. 그러나 허사였다. 때마침 페스탈로치의 全集을 간행하겠다는 출판사가 있어 그는 이를 쾌락하고 그 예약금 및 私財를 몽땅 털어 클란디에 소원인 빈민학원을 세웠다. 이것이 클란디의 고아원이라고 불리는 학교다. 그러나 그의 나이 벌써 七三세, 어찌 학원을 감당할 힘이 있으랴! 제자들은 그를 도운답시고 이곳에 몰려들어 다시 이벨당 학원의 再版을 만들어 버렸다. 그리고 드디어는 이 학교도 이벨당 학원에 倂合되고 말았다.

이 이벨당 시절에도 페스탈로치의 교육학 연구는 계속되었다. 一八〇四년 말 그는 『基礎陶冶의 理念』(über Idee der Elementarbildung)의 初稿를 썼다. 이것은 후의 렌쓰불크에서의 강연의 원고가 되었는데 그는 이 속에서 교육에는 直觀力의 양성이 제일 중요하다고 말하고 있다. 一八〇六년에는 『貧民學校의 목적과 계획』을 썼고 一八〇七년에는 니데러의 편집 책임 아래 人間陶冶를 위한 『敎育週報』를 간행했다. 또 이해에는 『敎授 및 교육개선에 대하여』, 『聲明』,(一八〇七년의 학원의 상태와 경영에 대하여 양친 및 公衆에게 드리는 報告),『身體陶冶에 대하여』 및 『數學的 直觀의 A. B. C.』를 간행했다. 一八一五년에는『나의 조국의 순박하며 성실하며 아량이 깊은 사람들에게 호소한다』를, 그리고 一八一八년에는 영국의 巨商이었고 후에 그의 제자가 된 그리브스에게 보낸『幼兒敎育에 대한 書翰』(Letters on early Education)을 썼다.

一八一八년에는 그의 全集 예약분 중에서 『린할트와 겔트루트』가 콧타版(Cotta)으로 나온 것은 특기할 일이다.

이 이벨당 시대에 그의 제자로 있다가 후에 교육계에 큰 영향을 끼친 사람으로는 유치원을 맨 처음으로 창설한 프뢰벨, 영국의 새 교육에 공헌한 그리브스, 프랑스에 돌아가 페스탈로치 정신에 입각한 학원을 세운 보니화스 등이다. 그리고 영국의 그리브스를 통해서 미국의 올곳트는 페스탈로치主義를 알게 되었다. 그는 一八二八년에 보스톤에 幼兒學校를 창설했고 이 올곳트의 문화에 오늘날 미국 교육의 보산을 이루게 한 피바디 女史가 있었다. 특히 프러시아는 이벨당 학원에 많은 유학생을 파견하여 근대국가의 公敎育의 개념을 확립시켰다. 오늘날 페스탈로치의 고향인 瑞西, 그리고 그를 가장 주목한 프러시아의 후신인 독일이 가장 안정된 교육을 하고 있고 또 페스탈로치, 프뢰벨, 그리브스, 올곳트, 피바디, 듀이의 계보를 역사적으로 지니고 있는 미국이 새 교육, 생활교육의 챔피언이 되고 있음도 주목할 일이다.

〈그의 晩年〉

그의 학원은 이제 완전히 끝장났다. 그는 가슴의 공백을 메우기 위해 다시 저작을 시작했다. 자기가 직접 쓰기가 힘들어 제자들에게 필기시키기도 하였고 제자들에게 대필시키기도 했다.

이즈음 縣當局은 말썽 많은 제자들에게 추방령을 내렸다. 이제 손발

마저 빼앗긴 그는 학원을 해산하고 一八二五년 그러니까 그가 八〇세 되던 해, 이른 봄 아직 녹지 않은 눈을 밟으며 자기의 생애와 운명의 시발점이었던 노이호프로 孤影哨然하게 돌아갔다. 수제자 슈미트와 네 명의 고아가 그를 뒤따랐다. 그는 아직도 빈민학교의 재건을 꿈꾸었기 때문이다. 안나 부인도 없는 황폐한 농장에서 그는 인생의 무상함을 느꼈다. 그럴수록 그에게는 자기의 교육 이념만은 후세에 남기고 싶었다. 그는 또 붓을 들었다. 그는 『白鳥의 노래』(Schwanengesang)를 썼다. 서양 전설에 의하면 백조는 죽음을 예감하면 마지막으로 한 번 슬프고 아름답게 운다고 한다. 그는 생전 처음으로 自序傳을 쓰고 싶었다, 교육이념도 다시 다듬고 싶었다. 이런 동기에서 저술된 『白鳥의 노래』는 그의 생애와 업적을 대표하는 저작이다. 그 속에 나타난 基礎陶冶의 理念은 대략 다음과 같다.

『나무를 보라. 核은 자신 안에서 나무를 만드는 나무의 精이다. 보라! 싹이 어머니 된 大地에서 움터 나오는 과정을! 核에서 뿌리, 뿌리에서 가지, 가지에서 열매로 발전한다. 이것은 核안에 소질로서 선천적으로 깃들고 있던(schon da waren) 힘의 끊임없는 전진이며 유기적인 生命의 영위이다.

人間도 나무와 같다. 눈에는 보이지 않지만 어린이들 안에는 생활을 통해서 개발 발전되는 소질의 核芽가 깃들고 있다. 인간도 이 자연의 길(Gang der Natur)을 통해서 발전된다.…… 인간성의 힘은 心情力, 知能力, 技能力, 추상적으로는 가슴, 머리, 손(Herz, Kopf und Hand)으로 大別되는데 이 세 힘은 스스로 발전하려고 하는 억센 衝動(Trieb)을 지니고 있다.』

자연의 길을 통해서 자연적으로 인간성이 발전을 하는 것이라면 교육이란 작용은 다른 동식물에서와 같이 필요치 않을까! 이 물음에 그는 다음과 같이 대답한다.

『보라! 연한 싹이 돌에 덮이며 모래 위에서 말라비틀어지며 비바람
에 시달리며 벌레에 좀 먹히는 모습을! 정원사가 화초를 가꾸듯이 인
간도 인간을 길러야 한다. 生命을 주시며 빛을 주시며 자연을 주시는
것은 하나님의 役事다. 그러나 가꾸는 것은 인간의 使命이다.』

이렇게 말하고 자연현상에는 成長(Aufwachsen)이 있을 따름이다. 인
간에게는 陶冶(Bildung)가 있어야 한다. 자연의 길(Gang)에다 인간의
기술(Kunst)을 가하여 생명을 조화 발전시키는 영위가 교육이라고 정
의했다.

그의 敎育學에는 세 종류의 「三位一體」가 있다. 敎育理念으로서는
德, 知, 體의 세 힘의 조화 통일이 그것이요, 敎科課程으로서는 數, 形,
語의 기본과목의 이수가 그것이요, 敎育目標로서는 直觀, 言語, 思考가
그것이다. 그러나 이 모든 것이 생활을 통해서 이루어져야 한다면서
그의 유명한 命題『生活이 陶冶한다』(Das Leben bildet)를 풀이했다.

一八二六年, 그는 자기의 옛 추종자 보이겐이 경영하는 학교를 참관
하였다. 어린이들은 그를 정중한 의식과 아름다운 讚歌로 환영하며 그
의 白雪의 머리 위에 화환을 씌우려 했다. 그러나 그는 이것을 받아
들고『이 꽃은 나에게는 어울리지 않는다. 티 없고 아름다운 어린이
여러분들이 써야 할 것이다』고 하면서 한 어린이의 머리에 씌워 주었
다. 바로 이해, 그는 또 자기가 청년시대에 가입했던 헬베티아協會(Die
Helvetische Gesellschaft)의 집회에 참가하여 그는 이듬해에 회장으로
추대를 받았다. 그는 이 자리에서『상한 갈대도 꺾지 않고 꺼져가는
등불을 끄지 않는 이 會에 축복이 있을 지어다』하면서 축배를 올렸다.

이해에는 또『이벨당에서의 학원장으로서의 나의 生涯와 운명』,『란
겐탈의 강연』,『기초도야의 본질에 관한 略說』및『부르크 문화협회에
서의 강연』을 썼다.

一八二七年, 페스탈로치의 수제자인 니데러가 비버라는 교사의 이름
을 빌려 페스탈로치를 공박한『페스탈로치 傳記에의 寄與』(Beitrag zur

Bibliographie Pestalozzis)가 세상에 나왔다. 페스탈로치의 『생애와 운명』
은 거짓투성이며 그는 명예욕에 사로잡힌 사람이며 성격에 파탄을 일으
켜 남들마저도 자기 수렁에 빠트리는 사람이다. 그는 인간의 고상한 면
을 부정하며 신앙을 부정하는 사람이다. 그는 이제 막다른 골목에서 처
량하게 서서 우리의 심판을 기다린다.……』 이것이 니데러의 三四二面이
나 되는 공박문의 줄거리였다. 이것은 페스탈로치가 슈미트 편에 들어
니데러를 재판에 관련시킨 데에 대한 앙갚음이 아니고 무엇일까!

 페스탈로치는 魂이 떨려 반박문을 쓰려고 했다. 자기 자신에 대한
모욕은 참을 수도 있으나 자기가 평생 피땀으로 이룩한 教育理念에
대한 모독은 도저히 참을 수가 없었다. 그리하여 그는 붓을 들다가 몇
번이고 쓰러졌다.

 一八二七년 二월 一七일, 이른 아침 정확하게는 아침 七시, 비둘기
떼들이 막 아침 하늘을 나르고 참새들이 하루의 양식을 얻고 기뻐 노
래할 무렵, 페스탈로치는 얼굴에 미소를 띠며 천사의 날개를 타고 조
용히 하느님의 품 안으로 들어갔다. 병중에 있을 때 그는 괴로움도 잘
참고 언제나 미소와 감사를 잊지 않았다. 『내 遺骸로 하여금 내 敵에
대한 無制限한 격정은 沈靜케 하고 내 最終의 호소가 저들을 움직여
서 平靜과 품위와 예의로 옳다고 생각하는 것을 정대하게 행하도록
해 주소서, 내가 지금 들어가는 평화 속으로 그들 역시 들어갈 수 있
도록 이끌어 주소서, 나는 그들의 모든 일을 용서하노라, 이제 저들이
내 친구이니 내 저들을 祝福하고 저들에게 바라는 바는 저들이 사랑
속에서 먼저 떠난 者를 회상하고 그가 죽은 뒤에도 그의 일생의 사업
을 저들의 최선의 힘을 다하여 촉진함이로다.』라는 말을 남기고 세상
을 떠났다. 그러하여 그의 墓石은, 그가 늘 입버릇처럼 말하던 『꼭 자
기의 모습과 같은 다듬지 않은 自然石』이었다. 사람들은 그의 墓에 들
장미를 심고 그를 위로하며 추모하였다. 一八四六년 一월 一二일, 그
의 誕生 一〇〇年을 기념하기 위하여 그 墓자리에 학교가 세워지고

그의 墓는 그 곁으로 옮겨졌다. 그때 비로소 그의 유명한 墓碑가 새겨졌던 것이다.

『여기에 하인리히·페스탈로치 누워 있노니
一七四六년 一월 一二일에 나서
一八二七년 二월 一七일 부르크에서 가다.
노이호프에서는 貧民의 救助者
린할트와 겔트루트에서는 民衆의 說敎者
슈탄쓰에서는 孤兒의 아버지
부르크돌프와 뮨헨브흐제에서는 國民學校의 創設者
이벨당에서는 人類의 敎育者
人間, 基督者, 市民
모든 것을 남을 위하여,
나를 위하여 한 것은 아무것도 없다.
그의 이름에 榮光이 있을지어다!』

　지금 우리들은 가장 어려운 역사의 갈림길에 선 것 같다. 밖으로는 兩大陣營이 격돌하고 있는 전초지에 놓여 있어서 우리나라 주위에는 일본을 제외하고는 거의 공산권에 포위되어 있다. 더욱이 일본까지도 그대로 믿지 못하고 있지 않는가. 안으로는 국내의 극심한 가난에 직면하고 있다. 가난에는 어떤 사회를 막론하고 무지와 질병이 따르게 마련이다. 뿐만 아니라 한편으로는 경제건설을 통하여 조국의 현대화에 매진하고 있으나 다른 한편으로는 국민도의의 심각한 崩壞를 본다.

　이 위치에서 지금 우리에게 필요한 것은 저마다의 危機意識을 직감하고 深化하는 일이요, 한 걸음 더 나아가 페스탈로치를 올바로 구현하는 일이다.

　그의 외침은 세기를 꿰뚫고 대륙과 대양을 가로질러 우리나라 교육의 先覺者에게까지도 깊이 영향을 주었던 것이다. 南岡이 그러했고 島山이 그러했고 翰西 및 月南이 그러했다.

페스탈로치 사상의 핵심은 「사랑」이었다. 그의 교육 실천은 글자 그 대로 하나의 용광로였다. 그는 인간을 사랑으로서 높이고, 높이는 교 육을 보였던 것이다. 이 숭고한 얼이 이 나라 뭇 교사의 가슴에 영원 한 퍼득임을 주었던 것이다.

그는 국가주의자도 아니고 세계주의자도 아니다. 그는 오직 자기의 민족과 국가사회가 올바로 서서 하나의 세계를 향하여 마음을 열어젖 히는 세계인의 집합을 바랐던 것이다. 이 성스러운 정신이 현대사회에 있어서 특히 우리 사회에 잊지 못할 의미를 주는 것이다. 올바른 국가 주의는 착실한 민족의식을 통해서 이루어질 수 있기 때문이다.

그는 우리들 마음속 깊이에 민주성이라고 하는 眞理의 계시를 심어 주었던 것이다. 그는 서민적인 생리와 보편적인 사회를 想望했던 것이 다. 민주주의는 人間關係를 律하는 최선의 질서다. 그는 위에서부터 아래로의 제도로부터 아래에서부터 위에로의 개혁에 일생을 바쳤다. 눌리고 짓밟히는 무리는 말이 없고 조용하다. 이 침묵을 페스탈로치는 캐고 집어내어 사회에 고발했던 것이다. 그는 진정한 뜻에서 사회개혁 가였던 것이다. 그는 격동하는 사회에 몸소 뛰어들고 민중을 교도하는 강력한 역사의식으로 사회참여를 했던 것이다. 학문도 예술도 과학도 이 모든 것이 사회개혁과 인류의 꿈을 실현하는 데 기여하기 위하여 필요한 것으로 그는 믿었던 것이다. 끝으로 페스탈로치는 勞作의 중요 성을 우리에게 가르쳐 주었다. 그에게는 태초에 말씀(Logos)이 있은 것 이 아니라 태초에 勞作이 있었다고 했다. 그는 우리에게 인간은 勞作 을 통해서만 참된 인간이 될 수 있다는 것을 가르쳐 주었던 것이다. 그는 장래의 학교는 勞作學校가 될 것이라고 예언했던 것이다. 그는 앉아서 안일하게 교육한 사람은 아니었다. 그는 온몸을 사회에로 내던 졌고 그의 四肢는 언제나 땀으로 차 있었다.

지금 우리들에게는 과연 무엇이 긴요한가? 우리들은 오랜 농업국가 에서 산업국가로 옮겨져야 한다. 오랜 인문적인 전통을 깨치고 실업적

인 진보에로 나아가야 한다. 우리들은 누워 있을 것이 아니라 앉아야
한다. 앉아 있을 것이 아니라 서야 한다. 서 있을 것이 아니라 걸어야
하고 또 뛰어야 한다. 페스탈로치는 노동이야말로 神性의 표현으로 보
았던 것이다. 神은 노동을 통해서 작용한다. 이 얼과 가슴이 이 나라
교사의 심장을 마구 움직였다고 본다. 그는 교육을 연필이나 백묵이나
약간의 지식으로서 그 직분을 지킬 수는 없다는 실례를 보였던 것이
다. 교육은 평탄한 길이 아니라 가장 험준한 준령임을 우리에게 告知
했다. 그는 우리에게 강력한 의지와 교육실천의 방법을 주었다.

　이 세상에서 가장 귀한 사람이 있다면 각자의 마음에 신념의 뿌리
를 깊이 해주는 분이 아닐까.

김 선 양

차 례

　　당신은 나에게 民衆敎育에 관한 의견을 지금이야말로 공표할 때라고 말하였다. 지금 나는 당신의 말을 그대로 실천해 볼 생각이다. 그리고 라파―터가 靈魂不滅論을 써서 짐머만에게 보낸 것처럼 나도 당신에게 몇 장의 편지를 쓰고 그 후에 나의 견해를 되도록 명확히 전할 생각이다.

　　나는 지금까지 민중교육이란 마치 밑 모르는 늪이라고 여기고 있었다. 그리고 이 흙탕물 속을 비상한 노력을 다하여 이리저리 헤치고 다닌 후 겨우 물이 솟은 原泉과 용솟음치는 물을 막게 되는 원인과 또한 부패된 물을 배제하는 가능성 등을 규명할 생각이다.

　　나는 오랫동안 나의 두뇌나 숙련의 결과라기보다는 도리어 우연이라고 하는 편이 타당할 것 같다. 나는 오랫동안 迷路를 헤맨 끝에 많은 의혹을 풀게 된 과정을 당신에게 말하려고 한다.

　　생각하면 긴 세월이었다. 청년 시절부터 나의 가슴은 한 줄기의 큰 강물처럼 유유히 그리고 寂寂히 오직 하나의 목표만을 향하여 흘러왔던 것이다. 나의 주위의 많은 사람들이 비참한 생활의 굴레에서 벗어나지 못하는 원인을 찾아 終熄시키려는 것이 나의 소원이었기 때문이다.

　내가 이 일에 착수한 지 벌써 三〇년 이상이 지났다. 이제린이 발행한 에페메리덴(페스탈로치는 一七七七년의 에페메리덴 誌上에 貧民兒을의 교육에 대한 書翰 발표했다—譯註)을 보면 당시 내가 실현하고자 했던 노력과 같은 희망의 꿈을 지금도 계속 갖고 있다는 것을 알 수 있을 것이다.

　그러나 당시 나는 너무도 젊었었다. 나는 나의 念願을 실현하기 위한 필요조건을 몰랐고 그 준비에 필요한 주의사항도 몰랐을 뿐 아니라 이 이상의 꿈을 실현하기 위하여 없어서는 안 될 여러 방법과 수단을 몰랐다. 나의 이상이란 농업, 공업, 상업을 포함하는 것이었다. 나는 이 세 가지 분야의 가치를 인정하고 나의 계획을 실현하는 데는 반드시 이 작업이 뚜렷한 길잡이가 된다고 믿었다. 그 후 이 점에 대해서는 계속 경험을 쌓은 지금에도 내가 갖고 있었던 나의 근본계획의 기초는 나의 처음 생각과 별다름이 없다. 그러나 그 근본 진리에 대한 나의 신뢰가 오직 내 본능의 확실성에 서 있었기 때문에 실패를 自招했던 것이다. 내 의견의 진리는 텅 빈 架空의 진리였다. 나는 내 목적의 근본에 있어서 본능을 믿었으나 나의 사업의 기초를 믿는 것은 마치 꿈꾸는 사람이 꿈속의 진리를 믿는 것과 같다. 나는 나 자신이 실험하여 출발점으로 삼았던 이 세 가지 분야에 있어서는 미숙한 어린이와 같았다. 나에게는 세밀한 점에 대한 숙련이 결핍되었다. 뿐만 아니라 목적한 좋은 결과를 얻기 위하여 필요한 주의와 인내 그리고 능숙한 관리법을 전연 몰랐다. 그래서 나의 사업에 대한 무능력한 결과는 기대보다 빨리 드러났었다. 나는 시작부터 나의 일에 필요한 만큼 조수를 두는 데 게을리 했기 때문에 더욱 빨리 실패의 길에 들어섰던 것이다. 나는 조수가 없음으로 해서 오는 손부족으로 곤경에 빠진 순간, 적당히 일을 해낼 수 있는 사람이 절실히 필요하게 되었다. 그러나 벌써 나에게는 경제력도 신용도 탕진되어 助力을 필요로 하는 어떠한 조직도 가질 수 없었다. 이리하여 나는 계획의 破綻을 눈앞에 보면서도 도저히 피할 수 없었다.

실로 나의 실패는 결정적이었다. 그리하여 나의 운명에 대한 투쟁은 이미 쓰러진 무력자가 갈수록 보강되는 적군과 투쟁하는 것과 같았다. 불행에 대항하는 마지막 몸부림도 한낱 수포로 돌아갔다. 그러나 이 동안 나는 헤아릴 수 없는 苦鬪를 통하여 실로 헤아릴 수 없는 진리를 배웠고 또한 값진 경험을 얻을 수 있었다. 그리고 나의 의견이나 사업의 원리가 옳다고 확신하면서도 그것이 모두 실패로 돌아가는 순간만큼 확신한 일은 없었다. 그러나 나의 마음은 여전히 같은 목표를 향하여 고투했다. 지금 나는 서러운 입장에 놓여 있다. 한편으로는 사업의 근본적 실패를 실감하지만 다른 한편으로는 주위의 사람들이 사업의 목적에 대하여 공감하고 이를 성취할 수단과 방법에 대하여 별다른 입장에 설 수 없다는 데 도달한 것이다. 만일 나의 미숙한 시도가 얼핏 보아 좋은 성과를 이루었다고 하면 이와 같은 견해의 진실을 알고 미리 짐작한다는 것은 어려웠을 것이다. 나는 지금 천지를 지으신 하느님의 뜻에 감사하면서 闡明하는 것이다. 비록 내 한 몸은 비참한 深淵을 거닐지라도 나는 민중의 비참과 그 원인을 더욱 깊이 알 수 있었다. 그리고 행복한 많은 사람들은 아무도 알 수 없는 정도까지 나는 파고 들어갈 수 있었던 것이다.

나는 민중과 함께 고통을 겪었고 민중은 있는 그대로의 마음을 나에게 보였다. 아무에게도 보여주지 않은 姿態를 오직 나에게만 보여주었다. 나는 오랜 세월 동안을 마치 많은 새 가운데서 한 마리의 부엉이처럼 민중과 더불어 기거하였다. 그러나 나는 나를 멋대로 내어던진 많은 사람들의 嘲笑에 휩싸여 있었다.

『가련하다. 너는 저 초라한 품팔이꾼보다 더 불쌍한 놈이다. 자기를 건질 수 없는 주제에 남을 돕고 민중을 건질 수 있어?』 이런 말과 조롱을 주위의 모든 사람들이 하고 있을 때에도 나의 마음속에 힘차게 치솟는 奔流는 결코 줄어들지 않고 더욱 강하게 화염처럼 타고 있었다. 오로지 내 인생의 전부는 주위의 모든 사람들이 빠져가는 비참한 환경의 원인을 몰아낸다는 간절한 念願으로 集約되었던 것이다. 나의 수난은 나의 목적이 진리라는 것을 재확인해 주었다. 다른 사람들의 마음을 방황케 하지 않았던 것이다. 그리고 반대로 모든 사람들의 마음을 방황하게 한 것이 내 마음을 방황하게 할 수 없었다.

　나의 주위의 사람들은 그 누구도 몰랐으나 나만은 민중을 알고 있었다. 木綿工業者의 歡聲, 그들의 증가하는 富, 住宅의 개선, 놀라울 정도의 수확, 몇몇 교사의 친절한 問答敎授, 貴校의 子弟와 이발사 사이의 벌어진 독서층, 이러한 모든 것을 나는 속속들이 알고 있었다. 나는 그들의 비참을 보았다. 그러나 나는 그 비참한 원인의 全貌를 보고 내 자신의 重力을 잃지 않을 수 없었다. 이 慘禍를 구해보려는 나의 힘은 이 흩어진 사태에 관한 나의 통찰이 미치자 한 걸음도 전진할 수 없었다. 나의 이와 같은 傷心狀態의 感情에서 쓰인 著書 린할트와 겔트루트에서까지 실은 무력한 심정, 나약한 내심을 보여준 증거였다. 나는 삶을 말하면서도 마치 생명이 없는 돌처럼 많은 사람들 사이에 서 있었다. 허다한 사람들이 그것을 바라보았다. 그러나 나와 목적에 대해서는 아무도 모르고 있었다. 오로지 나만이 이 현실을 타개하기 위한 능력과 細部에 도달하는 데 필요한 지식 등을 이해하고 있었을 따름이었다.

　나는 나의 몸을 전연 돌보지 않았다. 외부의 활동에의 강한 충동이 나를 휘어 감았다. 물론 內面의 기초를 충분히 쌓아 올리지 못했다. 만일 내가 그것을 쌓아 올려 두었다면 나는 나의 목적에 대하여 얼마나 자신 있게 임할 수 있었을까. 또한 얼마나 빨리 나의 念願을 성취하였을까. 그러나 나는 외부에서 나의 목적을 구할 뿐이고 나의 내면에 있는 진실과 정의에 대한 사랑의 마음은 마치 인생의 파도에 떠도는 잎처럼 헛되고 안정할 수 없고 초조했기 때문에 나는 아직 한 번도 이루어보지 못했다. 나는 끊긴 나의 뿌리를 다시 땅 속에 묻으려

하였고 나의 목적에 대하여 본질적으로 필요한 영양을 다시 찾으려 노력을 하였으나 항시 방해를 받았던 것이다. 희망을 말하자면 누군가가 이 뿌리 없이 떠도는 잎을 주어다 내가 심으려던 地面에 묻어 주었으면 하였으나 이것마저 수포로 돌아가고 말았던 것이다.

친애하는 벗이여, 나와 같은 피 한 방울을 가진 사람이라면 누구나 나에게 동정을 쏟을 뿐 아니라 당시 내가 얼마나 실망의 캄캄한 늪 속에 잠겼던가를 알 수 있으리라. 나의 게스나여, 당신은 이 글을 더 읽기 전에 涙線을 통해 떨어지는 눈물방울로 나의 실망과 零落의 걸음걸음마다에 뿌려 주오.

깊은 불만은 나를 삼키었소. 영원한 진실, 영원한 정의인 모든 것은 오늘 나의 정열 속에서는 空中樓閣으로 변하여 버렸소. 나는 나의 내심으로 내면의 진실을 잃은 말이나 음향에 집착해서 새 시대가 인류 구제의 역할을 하기 위해 呪文과 禮拜나 다름없는 처방의 선전으로 하루하루를 보내고 있었던 것이다.

그러나 나는 이 타락을 느끼고 곧 이에 대항하였던 것이다. 나는 三年이란 세월을 거의 믿을 수 없는 노력을 경주하여 『人類進步에 있어서 자연의 진행에 관한 연구』를 著述하였다. 이것은 사랑의 관념의 진행을 청산하고 자연 감정과 시민권 및 도덕에 대한 諸槪念과 調和해 볼 생각으로 저술하였던 것이었다. 그러나 이 勞作도 나 자신에 대한 내심의 무력을 증명하는 것으로 그쳤던 것이다. 다시 말하면 나의 연구력의 단순한 유희, 내 자신에 대한 부조화, 그리고 내 목적을 이루기 위하여 필요한 실천적 수완을 쌓는 데 충분한 노력이 모자랐던 것이다. 단지 사물을 사색하는 데 힘을 헛되이 이 저서에 나타냈을 뿐이었다. 이리하여 나의 능력과 통찰의 부조화는 더욱 증대하였고 마음의 간격은 더욱 확대되어 목적을 달성하려면 이 간격을 메우지 않으면 안 되었으나 나에게는 메워나갈 힘이 모자랐던 것이다.

내가 수확한 것은 나 자신이 뿌린 것 이상을 거두어들일 수 없었다.

나의 저서의 효과는 마치 지금까지의 나의 사업이 사람들에게 미친 효과와 같이 누구도 이것을 이해해 주지 않았다. 반 정도의 이해를 해 준 사람도 거의 없었다. 지금에 와서 나에게 토의를 갖고 있는 어떤 사람이 瑞西風의 슬픔을 품고 이와 같이 말하는 것이다.

『페스탈로치여. 당신이 이 책을 썼을 때, 당신 자신은 어떤 願望을 품고 있었는가를 명확히 의식치 못한 것을 지금 와서 두고두고 느끼고 있지요』라고 했다.

그렇다. 오해받고 비난받는 것이 나의 운명인가 보다. 나는 그러한 일에 익숙했어야 하는 것을 사실은 그렇지 못했다. 나는 불행한 때에 언제나 내심으로 인류를 비웃고 또한 멸시했던 것이다. 이 때문에 내가 진심으로 가져야 할 뿌리 깊은 內的 기초는 무너졌다. 나를 이와 같은 상태에서 오해하고 조소한 사람들이 한 것보다 더 심히 깨쳐 버렸다. 그러나 나는 목적을 향하여 동요하지 않았다. 단지 나의 감각은 경화되고 파괴된 상상력의 불만뿐인 심장 속에서도 생의 餘命을 간직하고 있었다. 인류의 행복을 가져오는 聖樹를 신성치 못한 땅에 심겠다는 나의 염원은 점점 굳어졌다.

게스나여, 나는 최근 德의 연구 중에서 모든 시민권의 요구를 단순한 동물적 자연성의 요구라고 규정하고 그것이 인간성에 대하여 가치 있는 유일한 것에 대한 참다운 障碍가 되는 한, 그것을 나는 도덕적 순결에 대한 장애라고 간주했던 것이다. 그러나 나는 지금 외부적 압력과 내부적 정열을 이유로 하여 일부의 예외를 제하고는 대부분 나의 몸의 행복을 꾀하고 폭력을 구하고 맛있는 음식을 찾아 헤매는 俗人들의 귀에 달콤한 시민적 진리나 권리개념의 단순한 공허를 구할 만큼 생각이 타락되었던 것이다.

나는 이미 대머리가 되었으나 아직 어린이였다. 그러나 지금 마음속 깊이 충동을 받은 어린이였다. 나는 시대의 폭풍 속을 나의 생의 목적을 향하여 줄곧 걷고 있었다. 그러나 내가 나아가는 모습은 전보다도 단조로웠고 결국 방향을 잃었었다. 나는 오늘, 시민적 해악의 낡은 원인의 일반적 폐해를 적발하는 데서 내가 목적하는 진로를 구했던 것이다. 즉, 시민적 권리와 그의 기초를 激情的으로 서술하고 민중 개개인의 고민에 대한 반항심에서 일어난 분노 정신을 발휘하는 데 나의 목적에의 進路로 보았던 것이다.

그러나 보다 진실하고 선량했던 젊은 시절의 주장이어도 나의 주위의 뭇사람들에게는 단지 시끄러운 헛소리에 불과했다. 현재 나의 생각은 더욱 그들에게 어리석은 것임에 틀림없으리라. 이와 같이 이 종류의 진리를 진흙탕 물에 물들이고는 태연할 수 있었다. 그리고 나에게 대한 태도도 당연히 내가 짐작할 수 있었으나 나는 그렇게 하지 않았다. 나는 꿈속에서도 주위의 사람들을 내세워서 자기의 私慾을 채우려는 생각은 티끌만치도 생각하지 않았다. 나는 때때로 교활한 사람에게 걸려들었고 바보에게도 걸려들었다. 또한 내 앞에서 好言을 하는 사람은 곧 好意的인 사람으로 믿었던 것이다. 그러나 나는 누구보다도 민중의 황폐와 타락의 원인을 잘 알고 있었다. 그리하여 이 원인의 排除와 그 害惡의 근절 외에는 전혀 아무 욕망도 없었던 것이다. 그런데 이와 같은 것에는 아랑곳없이 헬베리우스 新人들은 내가 그들과 同類가 아니라는 것을 아는 것은 당연한 일이었다. 이들이 요구하는 것은 많았으나 민중에 대하여 아는 것이라고는 아무것도 없었기 때문에 내가 민중의 구제자라고는 전연 믿으려 하지 않았다. 이들도 서로 입장이 달라졌을 때 마치 難船에 탄 婦女子처럼 한 오라기의 짚이라도 국가를 안전한 기슭으로 닿게 하는 듯으로 잘못 생각하는 것과 같은 것이다. 이들은 나를 고양이도 잡지 않으려는 것 같은 짚이라고 경멸하였던 것이다. 그러나 그들은 물론 승인할 리 없고 또한 고의로 할 리가 없겠지만 나에게는 좋은 일, 지금까지 한 일 이상의 좋은 일을 해 주었다.

그들은 나를 바로 나 자신으로 돌아가게 했다. 그리고 배의 수선에서 難船에의 轉移로 재빨리 변한 것을 놀랍게 생각하면서도 더욱 그들이 혼란되어 있을 때 나는 전복 직전에서 말한 『나는 學校教師가 되겠다』라고 말을 할 수 있었던 것도 그들의 덕택이었다.

나는 교사가 되어 지금 이 입장에 서서 하나의 투쟁을 하고 있는 것이다. 이와 같이 하여 이 투쟁은 나의 목적에 대항하고 있는 나의 내심의 무기력한 간격을 채울 것 같은 의지에 강요하는 것이었다.

벗이여, 나는 그 후 나의 존재와 행동의 범위를 숨김없이 밝히겠다. 나는 처음 管理委員會에서 민중교육의 대상에 대하여 레그란트로부터 나의 목적인 民衆陶冶의 일을 부탁받았었다. 이 대규모적인 교육계획을 아르카우에서 공표하려 할 때 슈탄쓰는 兵火에 휩쓸렸을 당시 레그란트는 이 災害의 땅을 나의 奉職地로 택해줄 것을 물어왔다. 그래서 나는 그곳으로 부임하였다. 나는 목적을 이루기 위해서는 어떠한 산골 벽지라도 갈 마음이었다. 사실 나는 그곳에 갔던 것이다. 나는 그저 혼자다. 어떤 교육상의 원조도 없었고 그저 혼자였다. 나는 혼자서 主任監督者도 되고 會計도 하고 使喚도 되고 거의가 侍女였고 오직 서는 건물이라고는 상상할 수도 없는 초라한 집이었다. 더욱 배우지 못한 어린이와 병약한 어린이들에게 에워싸이고 그 밖에 보는 것, 듣는 것이 모두 신기한 것뿐이었다. 그중에도 어린이들의 수는 차차 불어서 八〇명에 달했었다. 어느 누구나 서로 나이가 달랐고 멋을 내는 어린이가 있는가 하면 또 거지 어린이도 있었다. 그중에서도 소수를 제외하면 모두 글 한자 모르는 무식자였다. 이러한 어린이들을 키우고 發育進步시킨다는 일은 그 얼마나 힘든 과제였으랴.

나는 이 과제를 해결하려고 시도했었다. 나는 그들 속에 서서 발음을 하고 다음에 따라서 발음을 시켰다. 이것을 참관한 사람은 누구나 그 결과를 보고 놀랐다. 그것은 마치 하늘에 보였다가 사라진 流星과도 같았다. 누구도 그 본질을 이해하지 못했다. 나 자신도 그것을 모르고 있었다. 이것은 나의 감정에 존재하지만 나에게는 확실히 의식되지 않는 하나의 간단한 심리적 理念의 작용이었다.

이것은 오래전부터 계속 구해오던 人爲的인 術의 鼓動이었다. 나는 그것을 멋지게 잡았던 것이다. 참으로 신비스러운 것을 잡았던 것이다. 관찰력이 풍부한 사람이라면 결코 하지 않았을 것이다. 나는 맹목적이었다. 나는 무엇을 하였는지 확실히 알 수 없으나 나는 무엇을 바라고 있었다는 것을 알고 있었다. 말하자면 죽음이냐, 아니면 목적의 관철이냐로 말할 수 있을 것 같다.

그러나 여기에 도달하는 수단이 나에게 있어서는 심히 혼돈된 상태에 있었으나 반드시 일하지 않을 수 없는 어떤 苦難의 결과에 지나지 않았다.

나는 어떻게 이토록 하였는가도 몰랐고 또 알지도 못했을 뿐 아니라 이해도 할 수 없었다. 나는 苦難과 함께 살았고 산적되어 있는 여러 困難에 항거하며 육체적으로 불가능하게 보이는 것에는 意志의 힘으로 임했던 것이다. 나의 의지는 그때 다가온 순간을 향하여 뚫고 나아가야 한다는 생각으로 믿고 나아갔던 것이다. 또한 나의 生과 死는 그것으로 결정된다고 생각했다.

이와 같이 나는 슈탄쓰에서 일하였다. 그러나 잦은 오스트리아軍의 침입 때문에 사업의 核心에 충격을 받고 스며드는 슬픔 때문에 나의 몸은 점점 쇠약해졌다. 이때까지 나는 나의 장래의 기초에 대하여 자기 자신에 결론을 얻을 수 없었다. 그러나 나는 이 불가능한 것을 시도할 때 나는 상상하지도 못했던 가능성을 생각하게 되었고 몇 세대에 걸쳐 발자국마저 없었던 밀림을 헤치고 꿋꿋이 나아갔을 때 나는 때때로 몇 세대나 아직 한 번도 걸은 일이 없는 큰 길로 통한 발자국을 그 밀림에서 발견할 수가 있었다.

나는 이제부터 자세히 이야기를 할 생각이다.

나는 혼자 어린이들에게 사물을 가르쳐야 했으나 그렇게 하고 있는 동안에 나는 동시에 많은 사람들을 교수하는 術을 배웠다. ―그리하여 음성을 크게 하는 것 외에 어떠한 교수법을 적용할 수 없었으므로 학습 중에 어린이들과 함께 그리거나 쓰거나 작업을 시켜야 한다는 創意的 생각이 머리에 떠올랐던 것이다.

많은 어린이들이 복창하기 때문에 몹시 혼란해지므로 나는 拍子를 맞추어 행동하면 조화를 이루는 것이 어린이들에게 과업의 인상을 깊게 한다는 것을 느꼈던 것이다. 모든 어린이들이 전체 배운 것이 없기 때문에 나는 아무도 초보를 가르치는 데 수고와 시간을 허비하지 않을 수 없었다. 이 때문에 초보의 원리를 외워버리도록 하면 어린이들의 내부의 힘이 開發되고 또 최저의 원리를 완전히 외웠다는 느낌이 효과적인 결과를 가져온다는 것을 나는 실감 있게 경험할 수 있었다.

나는 어떠한 종류의 지식이라도 初步나 지식의 완전한 윤곽에로 올라갈수록 이러한 점에 있어서 혼란과 미완성을 실지로 보여주는 커다란 차이가 있다는 것도 그때 느꼈다. 이리하여 내가 이 초보의 지식을 완전히 배우도록 배려한 결과 나는 기대 이상의 성과를 얻을 수 있었다. 어린이들에게 아직 알려지지 않았던 諸能力 특히 美와 秩序와의 감정을 급속히 발달시켰다. 그들은 자기 자신의 능력을 알았다. 그리고 권태로 가득 찬 일반 학교에서 흔히 볼 수 있는 모습은 이 교실에서 사라져 버렸다. 그들은 결심하고 試圖하고 持續하고 성공하였다. 그리고 웃었다. 그들의 情緖는 다만 배우는 자의 태도가 아니라 형용할 수 없는 잠에서 깨어나는 정서이며 태도였다. 이 自覺된 힘이 그들로 하여금 스스로 일을 할 수 있고 또한 일을 하겠다는 意慾을 일으키게 하는 느낌으로 하여 정신도 심정도 감격되었던 것이다.

어린이들은 서로 가르쳤다. 그들은 내가 하도록 말한 것을 자진해서 실천하고자 노력하였다. 그리하여 실천의 방법을 스스로 탐구해 냈던 것이다. 학습 초기에 여러 방면으로 발전하는 자기 활동성은 실지로 보고 참된 敎授, 모든 陶冶敎育이 아동 자신의 內面 속에서 우러나오도록 해야겠다는 신념이 굳어지고 또한 이 고난의 결심이 나를 이곳에까지 인도하였다. 나에게는 협력자가 없었기 때문에 비교적 똑똑한 어린이를 똑똑치 못한 어린이 두 명에게 활당하였다. 그는 두 명을 두 팔에 끼고 자기가 아는 것을 그들에게 가르쳤고 두 명의 어린이는 그를 닮아서 그들이 모르는 것을 말하는 습관을 길렀다. 그들은 친밀한 애정으로서 자리를 같이했고 환희와 동정이 그들의 마음을 싱싱하게 하였다. 그리고 서로 자각한 내적 생활은 그들이 꿋꿋하게 하였고 전진하게 하였다.

친애하는 벗이여! 당신은 이 공동학습에 대하여 들은 일이 있는가. 또 그들의 활기와 환희에 찬 모습을 본 일이 있으리라. 그것을 보았을 때 어떻게 느꼈을 것인지를 상상해 보시오. 나는 당신의 눈에서 눈물을 보았고 동시에 내 마음에는 『민중의 교화는 하나의 꿈에 지나지 않는다』라고 말하는 사람들에게 의분을 가지고 이것이 마음속에서 파도처럼 출렁거렸다. 아니다, 그것은 결코 꿈이 아니다.

나는 어머니 손에, 어린이 손에 그리고 배우지 못한 사람들의 손에 기초를 가르쳐 주었다. 그렇게 하면 비웃던 자는 침묵을 지키게 되고 『그것은 꿈이다』라고는 이미 말할 수 없으리라.

신이여! 저는 저로 하여금 고난과 必要로 하는 것을 주신 것을 감사합니다. 만일 이 고난이 없었다면 저는 결코 이러한 말을 하지 못했을 것이고 따라서 비웃는 자들의 입을 침묵시키지 못했을 것입니다. 나의 신념은 이제야 확실한 자리를 찾았다. 이렇게 되기까지는 참으로 오랫동안이 걸렸던 것이다. 그러나 슈탄쓰에서 가르친 어린이들은 沒理解한 가정과 학교의 훈련에도 그 힘을 누르는 일 없이 이곳 어린이들보다는 신속히 그 힘이 뻗어 나갔던 것이다. 이것은 곧 인간의 類形이 달랐던 까닭이었다. 같은 가난한 어린이들이었으나 도시의 가난한 어린이와는 다르고 또한 보리의 産地나 포도주 산지의 허약한 어린이와도 다른 것이다. 그리하여 평범한 유희 속에서도 나는 인간의 자연성의 힘과 그 본질을 보았던 것이다. 그리고 인간성의 결함은 건전한 자연에서 타락한 것으로서 인위적인 敎授 때문에 생긴 것이다. 말하자면 절망적인 상태, 완전히 불구가 된 마음과는 비교도 안 될 정도로 변했던 것이다.

나는 이 죄 없는 無知의 혼란 속에서 특히 直觀力을 발견하였고 또한 어린이들은 이것을 인식하고 직관한 것을 굳게 의식하고 있다는 것을 알았다. 이와 같이 어린이들은 확실히 생각하고 있지는 않으나 나는 그들 속에서 그들만의 확실한 개념이 있다는 것을 알아냈다.

나는 그들의 덕택으로 다음과 같은 것을 배웠다. 만일 배우지 못했다면 나는 盲人이었으리라. 사실의 지식은 文字의 지식과 대립하지 않으면 안 되는 자연의 관계를 배웠다. 또한 이 일면적인 文字上의 지식과 오직 말 그것이 그 배후에 아무것도 없을 때에는 단순한 음성, 음향에 불과하다고 믿는 것이 얼마나 해롭다는 것을 그들에게서 배웠다. 나는 그것이 올바른 直觀力, 나아가서는 우리들 주위의 대상을 확실히 의식하는 데 얼마나 해로운 것인가를 알게 되었다.

이것은 슈탄쓰에서 생각했던 것이다. 나는 민중교육을 심리적 기초 위에 쌓아 올리고 직관을 기초로 해서 얻어야 할 올바른 지식을 놓고 그 위에 공허한 지식의 껍질을 벗길 수 있는 가능성에 대하여 확실한 결론을 얻었다고 느꼈다. 나는 사물을 깊이 통찰하고 자유로운 능력을 가진 사람은 이 과제를 풀 수 있다고 느꼈다. 그러나 固陋한 사람들은 마치 껍질을 벗긴 다음에도 다시 둥우리나 좁은 새집 속에 들어 있어 그로 인해 날거나 헤엄칠 힘을 잃어버린 거위와 같은 것으로서 도저히 그들을 이해하게 하지는 못한다는 것을 알았다.

이러한 것에 대하여 부르크돌프에 와서 나는 그 이상의 것을 배웠다.

상상해 보라! 당신은 나의 마음을 알았을 것이다. 내가 어떠한 느낌을 가지고 슈탄쓰를 떠났던가를! 한 사람의 漂流者가 지치고 휴식 없는 며칠 밤을 지새운 후 겨우 육지를 발견하고 이제는 살았다는 희망의 호흡을 쉬자마자 또다시 끝없이 망망한 大海로 흔들리며 몇 번이고 초조한 마음으로 『왜 죽을 수 없는가』라고 입버릇처럼 반문하면서 그래도 深淵에 말려 들어가지도 못하고 피로에 찬 두 눈을 뜨고 주위를 둘러보고 기슭이 어딘가 찾아 헤매었다. 기슭을 발견했을 때는 벌써 온 몸은 극도로 마비되어 버려 자신의 몸조차 알지 못하였었다. 나는 이렇게 되어 있었던 것이다.

게스나여! 이 모든 것을 샅샅이 상상해주오. 나의 심정과 의지, 나의 노력과 실패—나의 불행, 神經의 激動과 落膽—벗이여! 슈탄쓰의 땅을 떠나 베른에 도착했을 때 이러한 처지에 있었다.

퓌잇샤는 그루니겔의 쯔엔다에게 소개해 주었다. 나는 쯔엔다의 친절한 호의로서 그곳에서 휴양할 수가 있었다. 나는 휴식을 필요로 했던 것이다. 내가 지금까지 살고 있다는 것이 기적이다. 그러나 그곳은 결코 기슭은 아니었다. 그것은 휴식한 뒤에 또다시 헤엄치지 않으면 안 될 大海가운데의 바위였다. 쯔엔다여! 내가 살아 있는 동안 결코 그 당시를 잊지 않으리다. 당시의 휴식이 나의 생명을 구해 주었다. 그러나 나는 내 일을 하지 않고서는 살아 있을 수가 없다. 그루니겔의 산마루에 서서 눈앞에 전개되는 아름답고 깨끗한 계곡을 바라보는 순간 아마도 지금까지 그토록 넓은 自然의 아름다움을 나는 한 번도 본 일이 없었다. 그러나 그것을 바라보는 순간일지라도 나는 자연의 아름다운 경치보다도 그릇된 교육을 받고 있는 민중의 일을 한층 더 깊이 생각하고 있었다. 나는 나의 목적을 잊고서는 잠시라도 살아 있을 수 없고 또 살아 있을 생각도 하지 않았던 것이다.

슈탄쓰에서의 退去할 당시 나는 죽음에 몸을 던지려 하고 있었던 것이다. 그러나 나의 기진맥진한 결심에서 그렇게 한 것이 아니라 軍隊의 作戰上 나의 계획의 수행이 일시적이나마 불가능하게 되었기 때문이다. 나의 퇴거가 또한 내가 무능한 사람이고 직업을 계속할 능력이 없는 사람이라고 세상에 비평이 떠돌기 시작했다. 나를 잘 아는 사람까지도 『참 그래, 지난 五개월간은 무난히 사업가로서 일을 해냈던 것이나 六개월째에는 안 그럴걸. 그렇게 되리라는 것은 처음부터 알 수 있지 않아. 무슨 일이든 철저하게 해낼 수 없는 인간이야. 결국 소설 속의 영웅 같지만 실제 생활은 아무것도 아냐, 끝이 희미해. 이번 일도 마찬가지야. 그저 생명만을 잡아 놓았다는 것에 불과하지』라고 말했던 것이다.

그들은 맞대고 나에게 이렇게 말한 때도 있었다.

『三〇代에 감정적인 것을 쓰고 있던 사람이 五〇代가 되어 합리적인 것을 생각하는 것이 도대체 우스꽝스러운 일이다.』 그리고 또한 큰 소리로 말하는 사람도 있었다.

『나는 아름다운 꿈을 꾸고 있다. 그러나 무슨 생각에 잠겨 있는 바보 같으나 때로는 그 꿈이 특별한 의미를 실현할 때도 있다. 이와 같이 해서 아무도 내가 말하는 것에 귀를 기울이는 사람은 없었다. 슈탄쓰에서도 일에 싫증이 난 것이 틀림없어. 무엇을 해도 실패만 하는 친구야.』라고 세상 사람들은 저마다 나를 비평하였던 것이다.

F君이 이 점에 관해서 어느 친절한 사람들의 대화를 나에게 알려주었다. 나는 그 사실을 자세히 기록할 마음은 없다.

첫째 사람은 말했다. 『자네는 봤나? 무언가 처절해 보이는 저 친구 말야.』

둘째 사람은 대답했다. 『글쎄, 저 바보는 참 가엾어.』

첫째 사람은 또 말을 이었다. 『나도 그래. 그렇지만 어쩔 도리가 없단 말야. 한때는 曙光이 비쳐서 참 그렇구나, 저 친구는 무엇을 좀 하는구나, 생각하다가도 곧 그다음 순간 주위는 캄캄하구나 하고 여기게 돼. 그러나 접근해서 가까이 보면 저 친구야말로 자기 몸을 불태워 버릴 뿐이야』

둘째 사람은 다시 대답했다. 『저 친구는 자기 스스로 타죽지 않는 것이 무엇보다도 불쌍해, 재가 되기까지는 어쩔 수 없어.』

첫째 사람은 다시 말했다. 『참 딱한 친구야. 우리는 저 친구를 위해 그것을 바래야겠군.』

그런데 아아, 이것이 슈탄쓰에서 내가 한 일에 대한 보수였다. 그 사업이란 어떠한 사람일지라도 보잘것없는 규모로 저토록 심한 환경 밑에서 도저히 꾸려 나가기 힘든 사업이며 그 사업이 내 마음에 미친 결과가 드디어 오늘의 이러한 환경으로 나를 몰아넣은 것이다.

내가 옛 그대로의 의지와 목적을 품고 그루니겔의 山을 내려와 중단했던 사업을 다시 잡고 다른 아무것도 탐내지 않은 채 오직 한 뜻으로서 어떤 땅에서라도 다시 그 실마리를 찾으려 할 때 세상 사람들은 놀라워했다.

랭거와 스탓파는 나를 환영하였다. 法官 슈네르는 부르크돌프에 가기를 권해 주었다. 二, 三일 후 나는 그곳으로 갔다. 知事 슈네르와 의 사인 크리므는 우리들의 낡은 학교가 모래 위에 서 있다는 것을 알고 있을 뿐 아니라 그러한 모래 밑에서 더욱 견고한 地盤을 찾는 것이 불가능하지는 않다고 생각하는 사람들이라는 것을 알았다. 나는 그들에게 감사하지 않으면 안 되었다. 그들은 나의 목적을 진심으로 이해해 주고 내가 모색하고 있는 길을 찾아 가는 데 실천과 호의로서 도와주었던 것이다.

그러나 여기에도 곤란한 문제가 따르고 있었다. 다행히도 이곳 사람들은 처음, 나도 衣食만을 찾아 전전긍긍하는 많은 교사들과 같이 생각하였다. 몇몇 富者는 친절하게 나를 대해 주었고 몇 명의 목사는 확실한 實利意識도 없지만 정중히 나의 사업에 神의 축복이 있기를 기원해 주었다. 몇몇 현명한 사람들은 이 어린이들에게 무엇인가 유익한 일이 나의 사업에서 생길 것이라고 믿었다. ―누구나 안심하고 만족한 것 같았고 나의 사업에서 自己 어린이들에게 유익한 무엇이 엿보이는 것이 드러날 때까지 기다리는 것같이 보였다.

그러나 이 민활한 小都市에서는 지주들의 子弟를 가르치는 교사가 있어서 그 교사의 교실에 내가 파견되었으나 이 교사는 자기 장사에 더욱 열중하고 있었다. 더구나 내가 그곳에 가서 발음의 초보를 입으로 가르치는 것이 결국 자기의 지위나 수입이 나로 인해 빼앗기지나 않을까 하고 그 교사가 우려하고 있는 것처럼 나는 생각했다. 언젠가 그 교사가 가르치고 있는 하이델베르크 敎理問答이 나 때문에 폐지되려고 한다는 소문이 두루 퍼졌다. 대체로 이 문답서는 오늘날에도 극히 시대에 뒤진 마을의 사람들과 같이 下層市民의 젊은이의 심정을 기르는 양식으로서 잘 알려져 있듯이 그들은 결혼하는 날까지 그것을 가장 소중한 것으로 읊조리고 있었다.

또한 이 하이델베르크 問答書 하나만으로 그친 것은 아니었다. 더욱 이 거리에서는 내가 글자를 쓸 줄도 모르고 셈도 할 줄 모를 뿐 아니라 책도 정확히 읽을 줄 모른다는 소문이 사람들의 입에서 입으로 전해졌던 것이다.

나의 벗이여! 이 거리의 소문을 모두가 거짓은 아니었다. 나는 쓰기, 셈하기, 읽기에 완전하지는 못하였다. 그러나 세상 사람들은 항시 이러한 거리의 평판 따위는 너무 흔히 들어서 그대로 신용은 하지 않는 것이다. 슈탄쓰에서 그러하였던 것은 당신이 잘 알고 있을 것이다. 나 자신이 완전히 글을 쓰지 못한다고 할지라도 쓰기는 가르칠 수 있었다. 그리고 실제로 내가 그러한 것을 일체 모른다는 것은 대체로 교수방법이 심히 단순한 초보적인 점에 접촉하기 위하여 또는 경험이 없는 그리고 배우지 못한 어른도 그들의 어린이들과 같은 것을 할 수 있는 방법을 찾아내기 위하여 반드시 필요한 것이었다.

잠시 동안은 부르크돌프의 하층계급의 사람들이 내 교수방법을 어떠한 것이든 하나에서 열까지 받아 주리라고는 처음부터 기대하지 않았다. 또한 그들이 그것을 믿으리라고는 더욱 생각조차 할 수 없는 것이었다. 그들은 사실 믿지 않았다. 그래서 그들은 화합을 열고 나의 새로운 교수법으로 그들의 어린이들에게 실험하는 것을 원치 않는다는 뜻을 결의했던 것이다. 동리 사람들은 자기들의 고유한 교수법에 의해서도 훌륭히 가르친다고 믿었다. 그러나 다행히도 후원자나 친구들은 나의 교수법을 실제로 행하기 위하여 필요한 모든 조치를 취해 주었기 때문에 마침내 나는 산 밑에 있는 初等學校에 職을 갖게 되었던 것이다.

나는 나와 나의 몸이 행복하다고 생각하였으나 그래도 처음에는 조심스러웠다. 언제나 나는 동리 사람들이 나를 학교로부터 그만두게 하지 않나 하여 걱정하고 있었다. 이 때문에 나는 다른 때보다 더 깊은 생각을 하곤 했다. 내가 슈탄쓰에 가서 처음으로 열심과 즐거움으로 가르쳤을 때는 마치 자신도 신비로운 靈廟를 다듬어 세운 것 같은 느낌이었다. 이번 부르크돌프에 와서 보니 일변되어 아무리 일 때문이라고 할지라도 세상의 구속에 굴종하지 않으면 안 되는 맥 빠진 환경을 이것저것 생각하니 어찌하여 다 같은 사람으로서 그렇게도 마음의 쓰임이 다른가. 그 까닭을 모를 정도다.

이곳학교는 얼핏 보아 합리적이라고 생각되는 학교 훈련이 이루어졌는데 그것은 哲學的이며 보이기 위한 형식적인 것이었다. 나에게 있어서 이러한 교육방식은 처음이었다. 나는 지금까지 그러한 것을 어떠한 경우에도 참지 못하였으나 나의 목적을 위해서는 참고 있었다. 나는 예의 字母發音을 아침부터 밤까지 큰소리로 외웠다. 그리고 나는 따로 教案없이 슈탄쓰에서 중지해야 되었던 경험적 방법에 의하여 계속해 나아갔다. 나는 綴字의 系列을 맞추었다. 이리하여 이 순서로 모든 책에 적어 놓았다. 나는 다양한 방법으로 철자와 계산의 초보를 단순한 形으로 만들려고 공부하였다. 그리하여 어린이들은 아주 엄밀한 심리적 순서로서 초보에서 다음의 걸음으로 나아갈 수 있었다. 그렇게 하여 마침내 끊임없이 완전하게 이해된 둘째 단계를 토대로 하여 셋째, 넷째 단계에로 쉽사리 나아갈 수 있었다. 나는 처음에 어린이들에게 石筆로 글씨를 쓰게 하였으나 이번에는 그 대신 角이나 方形, 直線이나, 曲線 등을 그리도록 하였다.

이러한 과업을 하고 있는 동안에 차차로 나는 『直觀의 ABC』라는 것이 가능하다는 생각이 들었다. 이것은 지금 나에게는 중요한 것이다. 그리고 나는 이 생각을 음미하고 있는 동안에 일반 교수방법의 고안이 차차 희미하게나마 나의 염두에도 충분히 전면이 나타났다. 그러나 그것이 확실하게 터득되기까지는 매우 오랜 시일이 걸렸다. 당신에게는 지금 그것이 뚜렷하게 이해되지 않을지 모르나 그것은 확실히 진실이었다. 나는 몇 달 동안이라도 교수방법을 그 要素에까지 遷元하려는 참신한 계획의 첫 단계적인 여러 가지를 샅샅이 考察하고 힘을 다하여 그것을 극도의 單純性에까지 이끌려고 했다. 그러나 나는 그것이 서로 관계되는 樣相을 알 수 없었고 또한 뚜렷하게 그것을 의식하지 못하였다. 그러나 가르치는 매 시간마다 나는 점차로 그것이 확실하게 알아지는 것 같은 느낌이었다.

내가 아직 어렸을 때 아랫사람이 윗사람을 섬기는 것은 신성한 일이라고 설교를 받았다. 그러나 지금 나는 사람이 奇蹟을 이루기 위해서는 老年이 되어도 윗사람을 섬겨야 한다는 것을 배울 수 있었다. 더욱 나는 하나의 기적 따위를 행할 리 없고 또한 그것을 행하도록 태어나지도 못했고 행하도록 되지도 못했다. 나는 실제의 사실에 있어서도 그렇게 고상한 기적 따위의 정도에는 이를 리 없고 또한 어떠한 일이 있어도 奇術에 의한 기적의 모방 따위를 보일 생각은 전혀 없었다. 생각해도 되지 않는 것이다. 오늘 나의 능력이 어떻게 미약한 것인가를 잘 알고 있는 것이다. 그러나 만일 나와 같은 노인이 모든 정신을 모아 不屈不撓의 熱意로 나 자신과 같은 주의 밑에서 아랫사람이 윗사람을 섬기고자 생각한다면 반드시 성공하리라. 그러나 그러한 사람은 한 사람도 없다. 나만큼의 나이가 되면 그러한 사람도 대체로 安樂椅子를 희구하게 된다. 그리하여 그것은 지당하고 잘못이 없다. 그러나 나의 경우 그러한 것은 아니다. 나는 몸이 老境에 있을지라도 역시 밑에서 윗사람에게 섬기는 허락을 즐거워해야 할 것이었다. 나는 스스로 즐겨 그렇게 하였다. 즉, 내가 실제로 하고 꾸미는 경우, 나는 바른 길을 찾았던 것이다. 이러한 바른 길을 통하는 이익이란 곧, 바른 길이나 公道가 굴곡이 많은 길을 통해서 보통 명예나 칭찬을 누리게 된다고 하는 먼 길의 재미를 파괴하는 데 있다. 적어도 내가 하고 싶은 시도를 충분히 할 수 있다면 그것을 설명하면 뒤에 남는 일은 없다. 그렇게라도 하면 극히 단순한 사람이라도 후에 그것을 할 수 있을 것이다. 그러나 나는 나의 일로 인하여 명예나 칭찬을 얻을 생각은 추호도 없다. 확실한 신념은 갖고 있으나 역시 그 일을 내 생애의 꽃이며 冠이라고 인정하고 있다. 그리고 이렇게 해서 긴 세월이 흘러 마침내 노년에 이를지라도 밑에서 윗사람에게 섬기라면 더욱 그것을 일생의 영광으로 생각하리라.

그러한 이익이 나날이 나의 마음을 자극한다. 쓸 데 없다고만 할 수 없는 학교의 사소한 일을 맡아서 하며 아침 八時부터 밤 七時까지, 간혹 휴식을 하지만 열심히 일을 한다. 나는 잠시라도 物理機械的法則의 존재를 증명할 실재의 사실을 잡으려고 했다. 그리하여 그 법칙에 따라 우리들의 마음이 용이하게 또는 困難하게 外界의 印象을 잡고 이것을 보존하는 것이다. 나는 매일 매일 그와 같은 법칙의 느낌에 교수법을 맞추고 있다. 그러나 내가 작년 여름 사업의 본질을 설명하여 들려준 事務官 그레에르가 나에게 불란서 말로 『당신은 교육을 기계화하고 싶다는 말씀이군요.』라고 했을 때까지 나는 실로 법칙의 원리를 깨닫지 못하였던 것이다. 나는 佛語는 불과 몇 마디밖에 모른다. 그러나 이 말로서 그는 내가 교육과 교수를 심리적으로 올바른 순서에까지 환원해야 할 수단을 구하고 있다는 것을 의미하고 있다고 생각하였다. 그리고 이 말을 그 의미로 해석한다면 그는 참으로 要點을 건드렸으며 또한 나의 의견으로 그는 나의 목적과 그 목적에로 가는 모든 수단의 요령을 나에게 보여주는 말을 한 것이라고 생각하였다. 내가 그것을 발견하기까지는 그래도 기나긴 세월이 걸렸을 것이다. 나는 교수를 하고 있으면서도 스스로 그것을 실험하지 않은 채 지나쳤고 선명하기는 하였으나 막막한 느낌에 의지하고 있었던 것이다. 그리하여 그 느낌은 실제로 내 교수의 진행을 정확한 것이라고는 느꼈으나 그 것 때문에 나는 그 법칙을 합리적으로 알려고 하지는 않았다. 나는 이 것 이외의 다른 방법이 없었던 것이다. 나는 三〇년이란 긴 동안에 단 한 권의 책도 읽은 일이 없다. 나는 한 권의 책도 읽을 수 없었으며 또한 지금도 읽을 수 없다. 나는 그 이상의 추상적 개념에 대하여 말 할 것이 없었다. 나는 확신, 즉 헤아릴 수 없는 그리고 대개는 이미 잊어버린 허다한 직관의 결과인 확신 위에 서서 살아왔다.

이와 같이 나는 현재 자기가 의지하고 실행하고 있는 원리원칙을 모르면서도 오직 지성으로 어린이들에게 직접 외계의 사물을 설명하 는 것이 어린이의 五官에 직접 접촉되는 이치를 어디까지나 주장하기 시작했다. 여기에서 나는 첫 단계에서 최후의 목표에 이르기까지 교수 를 하였다. 그리하여 나는 가르쳐야 할 어린이들의 초기의 역사를 그 근원의 첫 단계에까지 올라가 연구하려 하였다. 그래서 나는 곧 교수 의 첫 시간이 아동이 誕生한 시간이라는 것을 확신하게 되었다.

아동의 마음이 자연계에서 여러 가지 인상을 받을 수 있는 그 순간 부터 자연계는 아동에게 교수하는 것이다. 새 생명은 그것 자체가 실 로 이와 같은 인상을 받고자 하는 최초의 覺醒을 한 태도에 지나지 않는다. 다시 말하면 그것은 지금 막 그들 個性의 발전을 향하여 모든 힘과 충동을 가지고 돌진하는 완전한 신체적 봉우리의 각성이다. 즉, 그것은 지금 완전하게 된 동물의 각성이다. 그리하여 그 동물은 마침 내 하나의 인간으로 되며 또 되지 않으면 안 된다.

이렇게 본다면 인간을 가르친다는 것은 결국 자연을 도와서 그 독 특한 일을 더욱 잘 진행시키는 인간에 지나지 않는다. 그리고 이 術은 본래 어린이가 받은 인상과 어린이가 발전하는 힘의 정확한 정도 사 이의 관계 및 조화에 기초를 두는 것이다. 교수에 의하여 어린이들에 게 미치는 많은 종류의 인상 사이에는 그곳에 일정한 순서라는 것이 있어야 하며 이것이 필수 조건이다. 그리고 이 순서가 있기 때문에 인상의 처음과 진행과는 어린이의 마음에 발전하는 힘의 처음과 진행과 보조를 맞추어 나아가는 것이다. 나는 인간지식의 모든 범위를 통하여 또 특히 인간 心意의 발전을 일으키게 하는 근본적인 여러 가지 점을 통하여 이 순서가 어떠한 것이라도 연구하는 것이 실로 우리들의 본성과 욕구에 알맞고 만족할 정도의 학교와 교과서를 얻고 또한 보존할 유일의 방법이라는 것을 곧 터득하였던 것이다. 이와 동시에 나는 이 모든 교과서를 만드는 데 교수의 재료는 아동의 발전하는 힘의 정도에 따라 配分安配되어야 한다고 하는 것을 터득하고 교수상의 모든 경우에 있어서는 모든 교수재료 중 어느 것이나 아동의 나이에 맞는가를 정확하게 결정하는 것이 필요하다. 그러나 어는 면에 있어서는 만일 어린이의 힘이 어느 정도로 발생 발전되어 있다면 아동의 그 정도를 막지 않도록 해야 하고 또한 그와 반대로 전연 아동이 견딜 수 없는 것으로 과중한 짐을 지우든가 아동의 마음이 심란해지지 않도록 하기 위해서는 정확하게 결정할 필요가 있는 것이다.

　이것이 내가 명확히 알고 있는 것이다. 대체로 아동에게 맞춤법이나 읽기를 가르치더라도 도리상 별 지장이 없는 시기에 이르기 전에 아동은 먼저 외계의 사물과 언어와의 두 가지 지식을 어느 정도까지는 갖도록 해야 한다. 아동은 그 첫 연령에서 만물의 명백한 감각적 인상을 얻도록 심리적 훈련을 할 필요가 있다는 것을 나는 확신하였다. 그러나 그러한 훈련이 術의 도움 없이는 도저히 생각조차 할 수 없고 또한 우리들 인간에게 기대할 수도 없는 것이므로 할 수 없이 나는 그림책의 필요를 느끼게 되었다. 모든 그림책은 문자의 초보 독본보다 先行해야 한다. 그것은 우리들이 언어로서 표현하는 여러 관념을 잘 선택하고 바른 사물로서 아동에게 명확하게 하기 위함이다. 이 참된 사물은 실재 그대로 혹은 교묘하게 만들어진 모형이나 그림의 형으로 어린이들의 心意에 제공되어야 한다.

나는 여러 편의가 결여되어 있었고 또한 나의 실험 중 일연에 誤謬가 있었음에도 불구하고 다행히 어떤 실험이 당시 무르익지 못했던 나의 의견을 뚜렷하게 확증하여 주었다. 그것은 어린이들의 일에 관심이 깊은 한 어머니가 아직 三歲도 되지 못한 어린이를 개인 교수에 맡긴 일이었다. 나는 잠시 매일 한 시간만 그 어린이를 감시하고 잠시 동안은 그와 함께 나의 방법의 鼓動을 느꼈다. 나는 그 어린이를 글자나 형체 그 외에 손에 잡히는 모든 사물로 가르치려고 했다. 나는 이러한 수단으로 그 어린이에게 명확한 관념과 표현을 주려고 생각했다. 나는 그가 무엇이나 알고 있는 것, 예를 들면 손, 발, 모양 등에 대하여 그가 알고 있는 것이면 무엇이나 틀림없이 이름을 말하게 하였다. 어린이에게는 최초의 설명이라고 할 힘든 글자를 가르치지 않았다. 그는 그림과 실물만을 원했다. 그는 곧 그가 알고 있는 범위 내의 사물에 대하여 명확히 혼자 표현하게 되었다. 그는 街路나 정원이나 방에서 보통의 실물이나 그림을 발견하면 곧 動植物의 어려운 이름을 발음하고 이미 알고 있는 것과 전연 모르는 것을 비교하고 마음속에서 그 사물의 명료한 감각적 인상을 일으키게 되었다. 가령, 이 실험은 옆으로 벗어나거나 기이한 현재와는 다른 것을 위해 도움이 되어 도리어 현재 당면한 것을 위해서는 불리한 점을 초래한 일이 있기는 하였으나 그와 그의 환경과의 접촉을 촉진시키고 또한 그의 힘의 확장을 위한 자기활동의 즐거운 맛을 스스로 맛보도록 수단을 여러 방면에서 밝혀준 것만은 사실이다. 그러나 이 실험은 아직 내가 특히 찾고 있던 것에는 결코 만족할 만한 결과를 주지 못하였다. 왜냐하면 그는 나에게 오기 전에 이미 특별한 교양을 받지 못하고 三년을 허비하였기 때문이다. 그러나 이 나이가 되어서도 역시 자연은 그로 하여금 무수한 사물을 아주 명확하게 의식하게 하였다고 나는 믿고 있다. 단지 심리적인 術로서 이 지식과 언어를 맺어주고 그것으로 언어를 고도한 명확성에 올려놓는다는 것이 필요하다. 그리하여 우리들은 여러 방면의 인위적 기술과 진리의 기초를 자연 자신이 가르치는 것과 맺어주고 또한 자연이 가르치는 것을 그것과 맺어야 할 인위적 기술과 진리의 모든 기초를 설명하기 위한 수단에 제공될 수 있는 것이다. 이 시기의 나이에 있어서 어린이의 힘과 경험은 모두 큰 것이지만 원래 오늘의 비심리적 학교는 자연 자체가 어린이들의 心意에 생명을 주는 힘과 경험의 모든 결과를 파괴하기 위한 단순한 인공적인 窒息器로 보이는 것이다.

벗이여! 이것은 당신도 잘 알고 있는 것이지만 잠시 이 虐殺의 恐怖를 상상해 보시오. 우리들은 어린이가 五歲가 되기까지는 그들로서 자연을 충분히 향락하게 하고 자연이 주는 하나하나의 인상을 자유롭게 어린이들 안에서 활동하게 하면 그들은 자신의 힘을 느낄 것이다. 그들은 이미 구속이 없는 자유와 이러한 모든 쾌락의 즐거움을 충분히 잘 알고 있다. 감각적이고 즐겁게 野育的으로 자란 어린이가 자기의 발육 발전에 있어서 취하는 자유로운 자연적 경향은 아동의 心意에 있어서 이미 그 결정적인 방향을 취했던 것이다. 그리고 아동이 五년 동안 감각적 생활의 즐거움을 맛본 후 우리들은 그들을 둘러싼 모든 자연계를 아동의 눈앞에서 빼앗고 그들의 구속 없는 자유의 즐거운 進路를 난폭하게 끊어 버리고 그들을 마치 냄새나는 우리 속에 한 떼의 羊을 비좁게 쓸어 넣듯 무참하게 數日間, 數時間, 數週日間, 數個月間, 數個年間을 묶어 두고 한결같이 무미건조하고 단조한 글자의 공부를 시키고 어린이의 그 이전의 경우와 비교하면 확실히 미친 듯싶은 인생행로를 강요하고 있는 것이다.

나는 이 이상 더 쓰지 않으리다. 만일 이 이상 더 쓴다면 드디어 오늘의 幾千이라는 많은 교사들이 스스로 존경할 만한 生計의 길을 찾는 데 부적당하다는 이유만으로 싫으면서도 직업에 종사하고 그보다 나은 일에는 맞지 않으니 교사의 職에 종사하고 있다면 굶주림만은 피할 수 있으리라는 정도로 자기의 직무를 생각하고 있는 심정을 쓰게 되기 때문이다. 그러한 사정에서 얼마나 많은 고통을 어린이들이 받아야 되는가. 또한 그 때문에 얼마나 많은 害를 받는가. 아마도 일일이 상상할 수 없을 것이다.

벗이여! 저 사람의 목을 베고 죄인을 삶에서 죽음에로 보낼 칼이 사람의 몸에 끼칠 결과는 지금까지 긴 세월을 즐겨온 이 자연의 아름다운 지도로부터 싫어지고 情이 없는 학교과정에서의 생활 변화가 아동의 心靈 위에 끼치는 영향보다 과연 더 큰 것인가를 신중히 생각해 주오.

일반 민중은 항상 앞 못 보는 盲人일까. 우리들의 정신 착란과 우리들의 악의 없는 파괴와 우리들의 재능의 소멸 그리고 모든 사람으로 하여금 불만에 찬 생활을 하게 하고 수많은 사람들을 병원에서 죽게 하고 또한 미치게 하는 이 모든 비참한 일을 빚어내는 온갖 결과가 솟아 나오는 근원의 샘, 이 샘에 일반 민중은 영원히 도달하지 못하는 것일까.

친애하는 게스나여! 만일 내가 이 근원이 되는 샘을 일반 민중에게 알리기 위하여 미력하나마 힘을 쓴다면 얼마나 즐거운 마음으로 나는 이 세상을 떠날 수 있을까. 만일 내가 오늘 무참히도 격리되어 있는 자연과 人爲와의 통일을 밀접하게 할 수 있다면 얼마나 기쁘게 죽어 갈 것인가. 아아, 내 깊고 깊은 심령은 얼마나 행복에 요동치고 있으랴. 자연과 術을 서로 떼어 놓았을 뿐 아니라 실로 이 둘은 무정한 사람들을 위하여 미친 것처럼 산산이 찢어졌던 것이다.

그것은 마치 惡靈이 현대의 우리 국토에 저주할 兩者의 不和를 地獄의 선물로서 남겨 놓은 것과 같다. 그리고 지금까지 어떠한 시대, 어떠한 국토에 있어서도 自己欺瞞과 오만 그리고 경솔함이 인류를 나약하게 하고 비참한 함정에 틀어넣은 것 이상으로 그 철학적 시대에 있어서 우리들을 약하게 하고 비참하게 만들려고 이 같은 선물을 현대의 우리들에게 준 것이 아니랴.

이러한 세계를 잊을 수 있다면 얼마나 기쁘겠는가. 나는 사랑하는 아들 루드뷔히의 옆에서 전연 그러한 세계를 잊고 있다면 그 또한 얼마나 행복스러운 일이겠는가. 지금 루드뷔히의 마음씨는 나로 하여금 점점 깊이 嬰兒를 위하여 入門書의 정신을 배우게 하는 것이다. 그렇다. 내 벗이여! 이 초보의 입문서에서 현대의 어리석은 교육에 대한 絶好의 공격을 가하지 않으면 안 된다. 또한 할 결심이다. 입문서의 정신은 점차로 나에게 明瞭해졌다. 그리고 이 입문서는 최초에 인간 지식의 가장 간단한 要素, 또는 초보에서 출발하지 않으면 안 된다. 그것은 만물의 가장 근본적인 형태로서 아동의 마음에 깊이 새겨 주어야 한다. 그 속에 數나 저울의 관계의 첫째 의식을 빨리 그리고 명확하게 생기도록 해 주어야 한다. 그리고 이 입문서는 아동에게 그들의 지식과 경험의 전 범위에 걸쳐서 말과 글을 주고 더욱 자연 그것이 우리들을 모든 예술과 기술에로 인도하기 위한 지식의 징검다리의 첫걸음을 완전히 밟은 것이어야 한다.

만일 그러한 책이 없다면 그 얼마나 큰 결함을 느낄 것인가. 우리들은 우리들 자신의 재주로 얻을 수 있는 것을 바랄 뿐 아니라 아직까지 얻을 수 없었던 것도 바라는 것이다. 우리들이 더욱 바라는 것은 精神이나 心靈이다. 곧 자연 그 자체가 인간의 助力을 기다리지 않고 그 심령으로서 우리들을 둘러싼 정신과 심령이다. 이 정신 또는 심령이 우리들 인간에게 결핍되어 있다. 그리고 우리들이 지금 보고 있는 슬픈 庶民學校와 그 단조로운 글자 교수 때문에 자연이 우리들에게 낙인을 찍으려는 燃燒方式의 불길까지도 우리들 심중에서 꺼져가기 때문에 우리들은 우리들과 우리들의 몸을 학대하고 있는 것이다.

그러나 여담은 그만두고 이야기의 원 줄거리도 돌아가자. 나는 이와 같이 한편으로는 심리적으로 전개하는 인간의 능력과 재능이라는 실제상의 수단을 최초의 출발점으로 하는 방침에 따라서 搖籃時代의 어린이로부터 계속해서 어떠한 年令에 이른 어린이의 발전에 대해서도 이것을 실지로 적용하는 동시에 다른 한편으로는 그 연령에 이르기까지 전연 이러한 의견이나 수단의 범위와 전혀 교섭 없이 陶冶되고 養育되어온 아동을 가르쳐야 했다. 거기서 나는 물론 여러 방면으로 나 자신의 의지를 억제하였으나 나의 주의, 나의 원칙, 특히 내가 사물과 언어에 대한 지식의 심리적 순서를 증거로 삼아 어린이들의 여러 가지 관념의 발전을 지도해 나아간다는 나의 원칙에 반대하고 생각된 수단 방법을 적용했고 또 채용도 했다는 것은 말할 나위도 없다. 나는 이 이외에 다른 방법이 없었다. 나는 마치 어두움 속에서 어린이들의 헤아릴 수 없을 정도의 여러 가지 능력을 탐지하는 일을 해야만 했다. 나는 가능한 한, 모든 방법을 다하여 일을 착수하였다. 그리하여 불량한 아동이라도 뚜렷한 진보를 찾을 수 있었다. 아니 인위적인 術에 대한 일체의 지식이 거의 상상할 수 없을 만큼 결핍되었다는 것을 생각하면 실제로 나에게 가능하다고 생각했던 것보다 그 이상으로 진보했다는 것을 발견했다.

인간의 힘이 미치는 범위 안에서 나는 일종의 말할 수 없는 睡眠狀態를 보았다. 그러나 이 수면상태의 배후에 자연은 죽어 있지 않았다. 나는 지금 다음과 같은 사실을 알았고 말할 수 없는 데 이르렀다. 말하자면 인간의 過誤와 無分別이란 아무리 긴 세월이 걸려도 전연 아동의 심정에 깃드는 인간성을 질식시키지는 못한다는 것이다. 여기에는 神이 계셔서 神이 우리들 인간의 가슴속에 거슬리는 狂氣에 대하여 하나의 저항력을 넣어 주셨다. 우리들을 둘러싼 모든 자연의 생명과 진리는 이 저항력을 지지하고 造物主의 영원한 환희를 산 것이다. 그리하여 조물주는 우리들 인간의 신성한 본성이 우리들의 약하고 무지한 어린시절에 사라지는 것을 결코 원하지 않으셨고 모든 사람의 자녀들이 확실히 진리와 정의의 지식에까지 향상하는 일을 원하셨다. 우리들 인간은 자기 마음속에 본성의 가치를 자기 자신을 통해서, 자기 자신의 상하는 일을 원하셨다. 우리들 인간은 자기 마음속에 본성의 가치를 자기 자신을 통해서, 자기 자신의 과오로서 그리고 충분한 의식으로서 사라지게 된다면 誤謬의 迷路에 방황하고 不德의 深淵에 빠지는 理致를 神은 인간으로 하여금 자각하게 하려는 것이다. 그러나 대다수의 사람들은 신이 자기들을 위하여 어떠한 일을 해주셨는지 전혀 알지 못하고 우리들의 발전에 대하여 자연이 끼친 無限無量의 영향을 조금도 소중히 여기지 않았다. 아니 도리어 그들은 자연의 일에 비하면 전연 歪曲되고 심히 졸렬한 인간의 빈약한 發明考案을 큰소리로 떠들고 마치 인간의 기능이 만능한 것으로 자연은 인류에게 아무런 공헌도 한 것이 없다고 생각하고 있다. 그러나 그것은 오해다. 자연이야말로 아니 자연만이 우리들 인류에게 쓸모 있는 것이다. 우리들의 타락을 막고 또 방황에서 지키고 한결같이 진리와 지혜에로 인도하는 것은 오직 자연뿐이다. 내가 자연의 진로를 찾아갈수록 나는 나의 사업을 자연과 일치하게 하고 그리하여 전력을 기울여 자연의 진행과 보조를 맞추고자 노력하였다. 그러나 이 진행이 점점 무한에 미치는 것이라고 생각하였다. 그리고 자연의 진행을 밟아가는 아동의 힘도 역시 무한한 것이었다. 나는 단지 자기 자신과 또한 그 속에 있는 것을 사용하는 術 외에는 어디서나 힘의 나약함을 볼 수 없었다. 나는 어떠한 진행도 가능하지 못했던 곳을 달려가려고 했다. 그곳에는 그것 자신 속에 각기 진행의 힘을 갖춘 수레에 탑승할 수는 있었다.

보다 적절히 말하자면 나는 아동의 내부에서 끌어낼 수 있는 곳에 아동의 내부에 있고 아동의 내부에서만 자극되도록 하고 외부에서 아동에게 주입되지 못하도록 노력하였다. 나는 어떠한 것에 대하여 생각하기 전에 미리 『아동이 그것을 할 수 없는가』하고 세 번씩 생각하고 또 『그것은 그들로서는 할 수 없는 것이다』라는 말을 하기 전에 열 번 생각하기로 했다. 그 나이로서는 도저히 할 수 없다고 생각한 것을 그들은 실지로 했다. 나는 세 살 난 어린이에게 무의미한 말을 하게 하였다.

벗이여! 당신은 네 살 이하의 어린이들이 길고 어려운 글을 역어 냈다는 말을 들었겠지. 당신이 실지로 그것을 목격하지 않았더라면 과연 그것을 할 수 있다고 믿었을까. 그렇지만 나는 印刷한 글자로 요령 있게 그린 地圖를 전연 綴字조차 모르는 年令의 어린이에게 읽게 하고 거의 몰랐던 많은 말도 읽는 것을 가르쳤다. 그리하여 얼마나 정확하게 그들이 모든 지도를 읽고 또한 어려움 없이 쉽게 그것을 외웠던가. 그것은 당신이 실제로 본 그대로였다.

그뿐 아니라 나는 三, 四명의 어린이에게 복잡하고 뜻도 알 수 없는 자연과학의 갖가지 命題까지도 순서를 따라 설명해 보았다. 그들은 이 모든 명제를 몇 번이고 반복하여 읽고 완전히 暗誦하였다. 그리고 또한 모든 명제를 설명한 몇 개의 문제도 암송했다. 그것은 다른 모든 문제와 같이 흥미 없고 이해할 수 없는 말을 앵무새와 같이 반복해서 誦讀하다. 그러나 하나하나의 관념 사이의 예리한 구별, 이 구별에 있는 일정한 배열, 마침내 깊고 지울 수 없는 인상을 주었다. 이러한 흥미 없는 말의 의식이 그와 같이 흥미 없는 가운데 또한 광명과 빛을 받아서 점점 그들은 눈앞에 전개되는 사실을 통찰하고 진리의 느낌을 얻기에 이르렀다. 그리하여 그 모양은 마치 짙은 안개 속에서 새어 나오는 햇빛과 같이 서서히 자태를 나타낸 것이다.

이러한 시험적인 그리고 過失투성이의 처리에 의지하면서도 그동안 나는 나의 목적을 뚜렷이 마음속에 떠오르게 함으로서 나는 이 최초의 시험이 나의 일에 관한 원칙을 차차 세워 주었다고 느꼈다. 그리고 나는 나날이 다음과 같은 것이 분명해진 것을 깨달았다. 그것은 幼兒에게는 그들에게 이유를 설명해 줄 필요가 없다는 것, 다만 한결같이 우리는 다음과 같은 방법으로 아동의 心意를 발전시키기 위하여 전심전력을 다해야 한다는 것이다.

첫째, 그들의 감각적 인상의 범위를 끊임없이 擴張시켜야 할 것.

둘째, 그렇게 해서 그들의 의식에까지 온 감각적 인상을 그들에게 확실히 그리고 혼란을 일으키지 않도록 인상을 갖게 할 것.

셋째, 자연과 인위가 그들의 의식에 가져온 것에 혹은 일부는 가져 왔으리라고 생각된 모든 것에 대한 언어의 완전한 지식을 그들에게 줄 것.

내가 말한 대로 이 세 가지 점이 나날이 나에게 明瞭해졌고 그와 동시에 다음과 같이 확실한 신념이 나의 마음속에 이루어졌다.

첫째, 어린 아동에게는 여러 가지의 그림책이 필요하다는 것.
둘째, 이 모든 그림책을 설명해야 할 일정하고 확실한 방법이 필요 하다는 것.
셋째, 사물의 이름과 여러 가지 그림책과 설명에 따르는 많은 말의 지식에까지 인도하는 방법이 필요하다는 것. 그리고 아동은 글자를 배 우기까지는 모든 말을 완전히 알고 있지 않으면 안 된다는 것.

대체로 어릴 때부터 말할 수 있다는 이익은 아동에게 있어서는 소 중한 것이다. 사물의 이름에 대한 명확한 인상은 적어도 그 사물이 아 동의 지식에 떠오르자마자 그 사물을 잊지 못하게 하는 것이다. 그리 고 실지와 진리에 따른 일정한 순서대로 여러 사물의 이름을 배열하 고 배합한다는 것은 사물 상호가 진실한 관계의 의식을 그들 아동의 심의 속에 발생하게 하고 또는 보존하게 하는 효과가 있다. 또한 이러 한 이익이란 나이와 함께 점점 커지는 것이다. 그러므로 아동은 어떤 사물을 충분히 이해할 수 없다고 해서 그 때문에 이런 것은 아동에게 쓸모가 없다고 생각해서는 결코 안 된다는 것이 긴요한 것이다. A, B, C를 배우며 동시에 A, B, C를 배움으로서 아동은 스스로 과학상의 명 칭에 대하여 대체로 발음과 리듬을 제 것으로 하였을 경우, 그는 그것 때문에 가정이나 큰 상점 같은 곳에서 요람시대부터 매일같이 헤아릴 수 없는 여러 가지 사물의 명칭을 알고 있는 아동이 받는 그 이익과 조금도 틀림없이 받을 수 있다.

汎愛派의 퓌잇샤는 나와 비슷한 목적을 가진 사람이지만 나의 교육 사업을 처음부터 실지로 시찰하고 나의 방법이 그 자신의 방법과 의견이 다를 때에는 그것이 오류라고 비평하였다. 그가 슈타인뮤라에게 나의 실험에 대하여 써 보낸 편지는 지금 그가 이 문제에 대하여 어떤 의견을 갖고 있는가를 나타내고 있다. 그리하여 나는 다소 나의 고찰을 섞어 여기에 덧붙여 두고자 한다.

『페스탈로치의 교육 사업을 비판할 때 만사는 그가 세운 건물의 토대가 된 심리적 기초를 우리들이 어떻게 비판하는가에 따라서 결정된다. 그리하여 그의 심리적 기초는 혹 그 건물의 外觀이 다소 거칠고 균형이 잡히지 못한 곳이 있다고 하더라도 확실하고 견고한 것이다. 이러한 결점의 많은 부분은 거의 作成者의 경험적, 심리적인 방법에 따라 또한 그의 외부의 사정과 사건, 시험과 실험 등에 따라 설명될 것이다. 그가 얼마나 부지런하게 많은 실험을 기도하는가도 거의 믿지 못할 정도다. 그는 이 모든 실험을 하기 전보다 도리어 대부분 그 후에 이론화하기 때문이다. 그는 확실히 몇 번이고 실험을 거듭했는 데 틀림없으나 그 결과는 점점 확실성이 증가하는 것이었다. 그런데 최후의 실험을 더욱 일상생활에까지 가져오기 위해서 다시 말하면 그것들을 일반 사람들이 예상했던 관념과 갖가지 사정과 요구 같은 것에 적용하기 위하여 그는 관대하고 동정심 있는 助力者의 힘을 빌어서 그것을 정리된 형태로 만들 필요가 있으리라. 그렇지 않으면 그는 스스로 긴 시일 동안 하나하나 서서히 그 실험의 정리된 형태를 발견해야 한다. 이렇게 함으로서 마치 그를 싱싱하게 한 정신과 심령에 형체를 주는 데 기나긴 시일을 요할 것이리라. 그의 방법을 토대로 한 원칙은 대개 다음과 같은 것이다.』

첫째, 『그는 심의의 능력을 內包的으로 향상시키자는 것이고 단순히 온갖 개념을 주어서 그것을 外延的으로 풍부하게 하려는 것은 아니다.』

『그는 허다한 방법으로 그곳에 도달하고자 희망하고 있다. 그는 아동에게 큰소리로 거듭거듭 여러 가지 말과 설명, 句, 긴 문장 같은 것을 읽고 그것을 아동에게 받아 읽게 한다. 그리하여 제각기 각 단계가 있는 명확한 목적에 따라 아동의 여러 기관을 陶冶하고 그들의 관찰과 사고를 연습시키려 했다. 또한 이 같은 이유로 그는 復誦練習의 시간에 아동을 자유롭게 石板 위에 그리게 하거나 색이 있는 백묵으로 글씨를 쓰게 하기도 한다.』

『그는 학생들에게 비치는 얇고 작은 종이로 된 A, B, C 연습장을 나누어 주었다. 이 작은 노트에는 글자의 획과 글이 새겨져 있으며 학생들은 그것을 교본으로 사용한다. 그리고 그들은 그 쓴 글자 위에 그것을 대고 쓰면 쓸수록 점점 쉽게 쓰게 되고 또한 종이가 투명하여 비치므로 필요한 비교 즉, 교본과 자기들이 쓴 것을 비교할 수 있다. 한 번에 할 수 있는 두 가지 일은 서로 관찰을 나누어 조금도 헛되고 산만하게 흐트러 놓지 못하도록 인생에 있어서 수백 가지의 사건과 일을 위한 준비가 되는 것이다. 예를 들면 여러 실업학교 같은 것은 전부 이 준비 위에 기초를 두는 것이다.』

둘째, 『그는 그의 교수를 전부 언어에 의지하게 하는 것이다.』

『인류의 모든 진보의 결과는 언어에 기록되어 있다. 그러므로 언어의 진보과정을 심리적으로 따라가는 것이 필요한 것이다.』

『그는 아동에게 대하여 허다한 언어와 발표를 제공하고 아동이 그것을 일일이 알맞은 곳에 가져오고 그것을 뜯어 맞추고 또는 분간할 수 있도록 배우기까지는 결코 아동에게 이치를 따져서 설명하려고는 하지 않는다. 거기서 그는 감각적 사물에 대한 간단한 설명으로 아동의 사상을 풍부히 한다. 그리하여 그는 아동에게 그 주위에 있는 여러 가지 사물을 기술하는 것을 가르치고 아동의 모든 관념을 말하도록 가르치고 또 그것에 충분히 통하도록 가르친다. 그것은 아동이 그렇게 함으로서 비로소 그들에게 있는 것에 대하여 뚜렷이 의식하게 되기 때문이다.』

『機械的인 容易性, 그리고 말하는 어떤 기술, 그것을 그는 어린이 앞에서 語尾의 변화를 연습하여 만들어내는 것이다.』

『아동의 심의의 자유는 이렇게 함으로서 빨리 촉진된다. 그리고 그들이 많은 예로서 어느 일정한 서술 양식을 배우고 또한 그것을 실지로 사용하는 것을 배운다면 그들은 장래에 있어서 수백, 수천의 사물을 이와 동일한 방식에 환원하고 그 사물의 定義나 서술에 있어서 확실한 形像을 아로새길 것이다.』

셋째, 『그는 심의의 모든 작용에 대하여 교재나 또는 標題 혹은 지도 관념을 주고자 시도한다.』

『교재는 그것이 주어질 때 아무 연락을 갖지 않을지라도 그것이 서로 의존하는 것이다. 하나의 관념이 다른 관념을 암시하고 이들 관념은 다만 이상과 같은 이유로 연구욕을 자극한다.』 즉, 개개의 사물을 연결시키지 않고서는 도저히 놓아두지 않는 完結力과 그것을 연락하는 便宜라는 心意의 필연성으로 추진된다.

표제는 蒐集되어야 할 諸觀念의 분류를 가져오는 것이다. 다시 말하면 그것은 混沌 무질서한 여러 가지 관념에까지 질서를 주고 맞도록 구성된 骨字, 아동으로 하여금 착실히 하나하나의 棚의 내용을 채우게 하는 것이다. 이것이 地理나 博物, 工學이나 그 밖에 표재의 價値다. 더욱 그 이상의 사고를 위한 題材의 선택을 지배하는 類推가 이루어진다는 가치가 있다. 또한 지도관념은 그 자신에 있어서 이미 모든 과학의 제재이고 아니면 제재가 될 수 있는 어느 문제 중에 있는 것이다.

이러한 문제를 그것이 지닌 요소로서 분석하여 아동에게 이해되도록 제공하고 그렇게 하여 아동이 이미 갖고 있든가 아니면 용이하게 찾아낼 수 있는 교재와 결부시키고 관찰력을 위한 연습으로 사용한다면 아동의 심의는 끊임없이 문제의 해결에 따르게 되는 것이다. 그『세 가지 자연계에서 인간은 어떠한 것을 갖고 옷을 만들 수 있는가』라고 하는 간단한 문제는 이 과정을 설명하는 단적인 例이다. 아동은 이 입장에서 많은 사실을 실험했고 또 증명할 것이고 그 사실로 아동은 전문적인 문제해결에 공헌할 수 있기를 예상하는 것이다. 이렇게 하여 아동은 자기의 지식을 만드는 것이다. 물론 어떠한 경우에도 아동에게 많은 재료를 주지 않으면 안 된다. 또한 처음에는 단지 실제의 格言을 專念으로 외우게 할 것이나 차차 힘과 적용과 의의 등을 받아들이고 점점 깊이 인상을 받고 또 확실해야 할 여러 가지의 명제도 역시 이 지도관념에 속하는 것이다.

넷째,『그는 교수와 학습의 기구를 단순화하려고 생각한 사람이다.』

『그가 그의 교과서에서 뽑아 아동에게 가르치려고 생각한 사실은 훨씬 간단한 것으로서 어떠한 어머니도 또 후에 어떠한 교사도 다소 교수의 능력만 있다면 누구나 이것을 이해하고 반복하고 설명하고 관계를 지을 수 있는 것이어야 한다고 말한다. 특히 그는 세상의 어머니들이 그의 자녀를 최초로 교육할 때 쉬운 말이나 읽기의 교수로서 그 교육을 유쾌한 것 또는 의의 깊은 것이 되기를 바란다. 그리하여 그의 설명에 따르면 세상 어머니들로 하여금 차차로 초등학교의 필요성을 희박하게 하여 그것을 개선된 가정교육으로 보충하고자 바라고 있다. 그리하여 그는 자기가 고안한 교과서의 인쇄가 끝나자마자 어머니들에게 실험의 준비를 시키려고 생각한다. 그리고 政府가 다소의 懸賞으로 조력해 줄 것을 바라고 있다.』

다섯째, 다섯째의 원칙은 다음과 관계가 있다. 즉,『그는 지식을 民衆化할 것을 꿈꾸고 있다』라고 하는 것이다.

『이것은 이미 精選된 말과 명제에 의한 지식의 중요성을 포함하고 또한 비유하자면 후에 쉽게 아―취를 쌓아 올리기 위한 石材를 공급하는 많은 교과서로서 이루어져야 한다.』

『이 목적은 다시 교과서를 적게 나누고 싼 값으로서 만들도록 되어 있다. 교과서의 面數는 적고, 적게 나눈 데는 상당한 이유가 있어서 그 자체로는 叢書의 체재로 출판되었고 각 책마다 서로 보충하도록 되어 있으나 역시 그 하나하나의 책은 그 자체대로 각기 독립된 것이고 한 책, 한 책씩 팔리게 되어 있다. 이와 같은 목적을 위하여 그는 또한 地圖나 幾何圖나 그 외에 것을 木板으로 인쇄하여 싼 값으로 널리 펴려고 하였다. 그는 이 叢書出版의 비용을 제하고 남은 이익을 그의 독특한 교수법의 개선을 위하여 제공하였다. 다시 말하면 그는 그 이익금으로서 이미 있는 한 학교, 한 학원, 혹은 고아원에서 실지로 자기의 교수법을 시도하기 위한 비용으로 소비하였던 것이다.』

『학교 교수에 있어서의 이익은 아무리 교사가 어느 정도 낮은 능력과 기술만을 갖고 있다 하더라도 그 때문에 어떤 해를 끼치는 일이 없을 뿐 아니라 적절한 진보를 수행해 갈 수 있다는 점이다.』

『더구나 이 이상의 이익은 다음 방법으로 얻을 수 있다. 즉, 많은 아동을 同時에 교수함으로서 그들 사이에 서로 격려하게 되고 또 서로 자기가 얻은 지식을 다른 아동에게 가르치는 일이 아동들 자신 간에 점점 쉽게 이루어지고 지금까지의 알기 힘든 記憶增進法은 다른 방법으로 완전히 추방되거나 간단하게 된다. 다른 방법이란 곧 題材의 類推나 훈련, 주의력의 증진, 큰소리로 復唱하거나 그 밖에 연습 등이다.』

이상은 퓌잇샤의 기록인 것이다. 지금 그가 書信 전체를 통해서 보면 그는 참으로 잠옷을 입은 모습일지라도 역시 진리를 숭상하고 더욱 그 진리가 실제로 어두운 그림자에 덮여 있다고 보일 때에도 여전히 그것을 존경하여 마지않는 고상한 인물임을 알 수 있다. 그는 내가 전에 슈탄쓰에서 어린이들을 가르치는 모양을 보고 놀라움과 즐거움을 금치 못했고 그 당시의 인상이 깊이 새겨져 있기 때문에 그 후 그는 내 사업 전체에 대하여 성실한 주의를 기울이게 되었다.

그러나 그는 나의 실험이 아직 무르익기 전에 이 세상을 떠났다. 만일 살아 있어서 나의 실험의 大成을 보았다면 그는 실제로 본 것 이상으로 볼 수 있었을 것이다. 그러나 그의 죽음과 동시에 나에게는 새 시기가 도래했던 것이다.

벗이여! 나는 슈탄쓰에서와 마찬가지로 부르크돌프에서도 얼마 안 되어 피로해 버렸다. 만일 당신이 다른 사람의 손을 빌리지 않고 돌덩어리 한 개도 들 수 없다는 것을 안다면 당신은 사람의 도움 없이 一五分이란 짧은 동안이라도 일을 계속할 수 없다. 나는 당연히 해야 할 책임 이상으로 많은 일을 했으나 사람들은 내가 실제로 한 일 이상으로 할 책임이 있다고 생각한다. 나의 심정은 학교의 일 때문에 아침부터 밤까지 고통을 받았고 또 그 고통 때문에 나는 또다시 최악의 고통 속에 빠지려고 하였던 것이다.

내가 가끔 이러한 환경에 처해 있을 때 퓌잇샤가 죽었으므로 새로 크류시라는 교사와 함께 일하게 되었는데 그 사람의 소개로 나는 토부라와 푸스 두 사람과 서로 알게 되었다. 이 두 사람은 크류시보다 二, 三주일 후부터 나와 일을 함께 보도록 되었다. 그들이 나와 합동한 것은 충분히 살기 전에 뜻밖의 죽음을 보지 않도록 나의 생명을 보존해 주고 나의 사업의 수명을 더 끌어 주었다. 이렇게 지내는 동안 사업이 멸망할 위험이 임박하였던 것이다. 나는 이 경우에 財政뿐 아니라 거의 정신적이라고 해도 좋을 만큼 온갖 고난을 뚫고 나아갈 수

밖에 별다른 도리가 없었다. 나는 일생을 바쳐온 꿈의 실현을 지금 막 단념해야 할 처지에 굴러 떨어져 있었다. 이 때문에 나는 거의 사람들의 마음속에 미쳤다고 하는 인상을 줄 정도로 초조한 기분과 불안한 행동을 하였다. 이리하여 한편으로는 주위의 환경에 시달렸고 다른 한편으로는 노력의 중심을 뒤흔들어 놓은 불행과 재난이 계속하여 일어났기 때문에 나는 지금이야말로 항시 애매하게 느꼈던 것이 드러나기 시작했다고 생각한 찰나, 마음속은 깊은 혼란에 빠져버렸던 것이다.

나의 목적 전 범위에 걸쳐서 이 사람들의 조력을 받기 위하여 나는 재정적으로나 정신적으로 또다시 生氣를 받았다. 나의 사업과 환경이 이 사람들에게 준 인상 그리고 이 사람들이 나에게 합동한 결과는 나의 교수법으로 볼 때 매우 중요한 것이다. 또한 그 심리적 기초의 정신을 명백히 밝힌 것이어서 나는 나와 이 사람들과의 행동, 사업의 모든 경과를 이제 들추어 말하지 않으면 안 되겠다.

크류시는 나와 第一 처음으로 알게 되었는데 이 사람은 소년시대에 여러 가지 일을 하였기 때문에 손재주와 비상한 일에 능숙했다. 그러나 이 손재주의 일이란 가령 그것이 어떤 일이라도 가끔 높은 心的修養의 기초를 助長시키는 것이며 또한 소년시대부터 그것을 즐겨한 사람은 일반적인 그리고 包括的인 有用에까지 이끌어 올리는 것이다.

그가 불과 열두어 살 때 소규모의 상점을 경영하고 있던 그의 부친은 그를 자주 五, 六마일이나 떨어진 곳에 보내어 六弗 내지 八弗 정도의 물품을 사오게 하였다. 그것에 덧붙여 다소의 用達과 소규모의 중개업을 하였다. 그 후 그는 織物工場과 行商따위의 일을 하였다. 그가 一八歲 때에 별로 교양도 없었으나 그의 고향 가이산에서 학교 교사로 발탁되었다. 그가 지금도 말하지만 그 당시는 극히 초보 문법을 구별하는 명칭조차 몰랐다. 물론 그 이상의 지식은 도저히 있었으리라고 생각되지 않는다. 왜냐하면 그는 흔한 瑞西의 촌락 학교에서 읽기와 쓰기 그리고 宗敎問答의 暗誦 등을 배웠을 뿐 별다른 교육은 받지 못했기 때문이다. 그러나 그는 어린이들과 접촉하는 것을 좋아하였고 또 이 敎職이 수양과 지식을 얻는 方便이기를 희망하였다. 실은 그가 용달을 맡고 있었기 때문에 이 수양과 지식이 필요하다는 것을 痛感하였기 때문이다. 왜냐하면 학교에서는 이와 같은 지식이 모였기 때문이었다. 그는 곧 여러 가지의 造製物과 鹽化암모니아, 硼砂 등 그 밖에 그가 처음 보고 듣는 여러 가지 물건의 주문과 부탁을 받았다. 그는 그와 동시에 작은 일이나 부탁에도 결코 잊지 않으려 했고 一, 二원까지도 충실히 책임을 진다는 것이 습관으로 되어 있었다. 그리고 어떠한 어린이들에게도 읽고, 쓰고, 셈하고 모든 심적 훈련은 물론 말하기를 배우는 것도 그것을 전진하게 한다는 것이 얼마나 유익하고 복된 일인가를 그는 깊이 납득하게 되었다. 그 이유는 그 자신 빈약한 직무상의 자격 때문에 어떻게 해서라도 그러한 지식을 닦고 싶다고 하는 것을 통절히 느꼈기 때문에 더욱 그렇게 생각했을 것이다.

그가 처음 교직에 선 三週間에 벌써 百여 명의 학생을 다루었다. 그러나 이들 많은 아동을 적당히 다루고 그들을 가르치고 또 그들을 충분히 관리한다는 것은 실로 그의 힘에 벅찬 것이었다. 그는 글자나 읽기, 암송 같은 여러 가지 과업을 주는 것밖에는 학교관리의 어떠한 術도 몰랐다. 즉, 학생의 순번에 따라 과업을 되풀이하고 또 미리 경고해서 만일 그 과업을 깨우치지 못할 때에는 회초리로 때리는 것 외에는 다른 아무것도 몰랐다. 그러나 그는 자기의 소년시대를 경험으로 이러한 학교 관리법을 보고는 도리어 대다수의 아동들이 과업시간의 대부분을 헛되게 보내거나 바보 같은 일, 못된 장난을 하게 된다는 것을 알고 있었다. 즉, 이러한 방법으로는 수양을 위한 귀중한 시간이 헛되게 지나가고 학습의 유익마저 학교 관리가 필연적으로 가지고 있는 해로운 결과 때문에 역효과를 준다는 것을 그는 알고 있었다.

목사 쉬이스는 전통적인 어색한 교수라는 반대의 방법을 끈기 있게 해 온 사람인데 最初 八週間은 크류시를 도와서 학교 교수를 했다. 여기서 이미 그들은 아동들을 三班으로 나누었다. 이와 같은 分團學習과 얼마 안 되어 학교에서 채택한 새로운 독본을 사용했기 때문에 五, 六 명의 아동과 함께 맞춤법과 읽기를 연습시키고 그렇게 해서 전에 한 것보다 한층 더 아동에게 골고루 미칠 수 있는 교수를 하게 되었다.

쉬이스는 또 크류시에게 크류시 자신의 수양을 위해 필요한 책을 빌려주고 크류시는 자기의 筆記體를 바로잡기 위하여 수십 번이나 複記하였다. 그리고 그들은 곧 학생의 부모들의 가장 큰 요구도 그는 충족시킬 수 있었다. 그러나 그것으로 그는 만족하지 않았다. 그는 학생에게 읽기와 쓰기를 가르치려고 생각할 뿐 아니라 학생의 이해력을 기르려고 생각하였다.

그 牧師가 자기의 敎區에서 채택한 새 독본에는 俗談과 聖書이야기로 된 宗敎의 敎材가 포함되었고 自然 교수와 博物, 지리, 정치 등 여러 가지의 글이 포함되어 있었다. 크류시는 읽기의 과업을 교수할 때마다 목사는 아동이 읽은 것을 이해했는가, 안 했는가를 밝히기 위하여 每節마다 여러 문제를 아동에게 준다는 것을 명심했던 것이다. 그래서 크류시는 역시 같은 것을 하려고 노력하였고 그것으로서 대강 학생들이 독본의 내용에 완전히 통달할 수 있도록 했다. 그러나 그는 이 점에 있어서는 겨우 성공의 入口에 들어갔을 뿐이었다. 왜냐하면 그는 마음 좋은 휘부너와 같이 그 제시하는 문제는 이미 교과서 속에 있는 해답에 꼭 맞추었기 때문이다. 그래서 해답에 앞선 문제가 교과서 안에서 찾아내기 전에는 해답은 아무것도 요구되지 않았고 또 기대되지도 않았다. 그러나 그가 특히 성공한 것은 그가 그 문답교수 속에서 이해력을 위한 참된 연습을 조금도 받아들이지 않았기 때문이다. 우리들이 문답교수라고 부르는 본래의 교수방법은 理智의 참된 연습과는 거리가 먼 것임을 특히 주의하지 않으면 안 된다. 소위 문답 교수법이란 아동에게 제시된 혼잡한 문장을 간단한 말로 분석한다는 것에 지나지 않는데 그것이 여러 가지의 관념을 차차로 밝히기 위한 예비훈련에 지나지 않는 한, 그것은 개개의 말과 글을 하나하나 뚜렷이 아동의 감각적 인상에까지 제공할 만한 효과가 있다.

소위 소크라테스적 방법, 곧 問答法이 여기서 처음으로 이 문답 교수법과 혼합되었다. 더욱 이 문답법은 본래는 순전히 종교상의 사항에만 한하였던 것이다.

목사는 크류시가 이와 같이 문답 교수법으로 가르친 아동을 그가 스스로 가르치는 年長學生에게 대한 모범으로 하였던 것이다. 그러나 그 후 크류시는 당시 일반으로 쓰인 방법에 따라 소크라테스적 방법과 우리들이 문답 교수법이라고 부른 것의 적은 언어적 분석과를 결부시키려 했다. 그리하여 이 경우 소크라테스적 방법은 단지 題材의 高等한 취급을 우대하는 것이었다. 그러나 이 두 가지 방법을 결부시킨다는 것은 그 본질상 나무꾼이 도끼로 鐵板을 자르려고 하는 것과 같이 圓型을 方型으로 한다는 것으로 돌아갈 수밖에 없는 것과 같다. 본시 수양이 없고 생각이 깊지 못한 사람이 소크라테스가 정신과 진리를 찾아낸 그 深奧한 것을 측량할 수 있으랴. 그래서 그것도 또한 성공할 수 있었다. 그에게는 그가 제시한 문제의 기초가 결핍되어 있었고 아동은 또한 그것에 대한 해답의 배경을 갖고 있지 못했다. 더구나 아동은 그가 아는 사실을 발표할 만한 아무런 언어도 갖고 있지 못했고 그들이 이해했든가, 이해하지 못했던 문제에 대하여 그들 자신의 언어로서 일정한 해답을 발표할 수 있는 한 권의 교과서도 없었다.

이러한 방법으로 교수하면서도 아직 크류시는 비슷한 두 방법의 차이를 뚜렷이 느끼지 못했다. 그는 역시 문답 교수법 특히 추상적 관념에 관한 문답 교수법이 여러 가지의 말과 제재를 분석적인 形으로 분할하는 장점이 있을 뿐이고 그 자신에 있어서는 결국 뜻 모르는 소리를 앵무새처럼 되풀이하는 것에 지나지 않는다는 것을 몰랐던 것이다. 그리고 그는 또한 소크라테스법은 본래 아동에게는 불가능한 것이라고 여겼다. 그러나 그의 생각에 의하면 아동은 예비지식이라는 배경도 갖지 못했고 또 발표할 외적 수단인 언어도 갖지 못했기 때문이다. 그러나 이 소크라테스법이 불가능하다는 그들의 이유는 부당한 것이었다. 왜냐하면 그는 그 불가능의 원인이 그들 자신 속에 있다고 믿었고 혹 우수한 교사라면 누구라도 어떠한 종교적 또는 도덕적인 여러 관념에 관한 문제를 제시하는 것으로서 확실히 아동에게 바르고 명확한 해답을 할 수 있다고 생각하였다.

크류시는 우연하게도 소크라테스법의 유행시대에 태어나 종합한 것이다. 아니, 좀더 적절히 말한다면 그는 이 숭고한 교수법이 일반으로 하나의 나쁜 교수법에 흡수되었고 僧侶나 敎師와의 서로 다른 문답 교수법의 모범 양식과 결부하기 위하여 그 본질을 손상하고 그 가치가 떨어진 시대에 태어났다. 그렇지만 이 시대의 사람들은 대체로 이러한 방법으로 理智를 개발 유도하려 했고 無에서 기적을 만들어 내고자 꿈꾸었던 것이다. 그러나 그들은 지금 이 꿈에서 깨어나기 시작했다고 나는 생각하는 것이다.

그럼에도 불구하고 크류시 자신은 아직도 깊이 잠들어 있는 것이다. 그는 그 잠에 온전히 갇혀 있다. 아니면 저 아펜쩨르의 사람들이 거의 깨었을 때, 새나 독수리는 아무것도 둥지 속에 남아 있지 않을 때에는 알을 꺼내지 못한다는 것에 대하여 눈치를 채지 못했는가를 의아하게 생각하는 것이다. 크류시는 자기의 직업을 대단히 중요하다고 생각한 어떤 교수방법을 배우려고 결심하였다. 그래서 그는 아펜쩨르 사람들이 다른 데로 이주해 갈 때 퓌잇샤에게 올 기회를 얻었다. 그때 그의 일에 대한 희망은 다시 불타올랐던 것이다. 퓌잇샤는 자기 의견대로 모든 힘을 기울여 그를 교양 있는 교사로 키우려고 했다. 그러나 나의 의견을 말한다면 퓌잇샤는 우선 크류시로 하여금 스스로 그 문답 교수법을 해야 할 기초를 점차로 그에게 밝혀 주어야 했는데 도리어 그 방법을 先行하지 않고 단지 피상적인 문답교수의 術을 외우도록 했던 것으로 생각한다.

크류시는 퓌잇샤의 은혜를 고맙게 생각하고 이 은인이며 또한 친구인 사람에 대해서는 무엇이든 慈愛와 감사로서 말했다. 그러나 퓌잇샤의 마음과 나의 마음에 맺어진 진리의 사랑은 적어도 나와 나의 助手들의 마음에 크거나 작거나 간에 견해와 의견을 깊게 하는 데 작용한 이 일이 더구나 이 일에 있어서 오늘 우리들의 마음이 서로 결합되어 있는 이 사항에 대해서는 어떠한 견해 어떠한 사정도 결코 의심되는 점을 남기지 않았다는 것을 나에게 요구했다. 따라서 나는 다음의 말을 감추어 둘 수가 없다. 즉, 크류시는 일방으로 퓌잇샤가 간단히 많은 제재에 관해서 많은 문제를 신속히 제시한 것을 칭찬하였고 또 人智의 모든 주요 제재를 해명하기 위하여 많은 시간과 노력으로 충분히 여러 문제를 수집하도록 희망하였으나 그러면서도 그는 만약 敎員養成所가 地方의 교사들이 이 정도의 문답법을 할 수 있도록 해야 한다면 그러한 양성소는 여전히 그 효과와 이익이 의심스러운 것으로 결국 스스로 고백하는 것이라고 말해야 하겠다.

그는 퓌잇샤와 더불어 교직에 종사하는 중에 점점 눈앞에 솟은 산이 높아가는 것을 느낀 동시에 그가 山頂에 올라가기 위하여 필요하다고 생각한 힘이 자신에게는 감퇴해 간다고 느껴졌다. 그 후 그는 나를 처음 방문했을 때 그는 내가 퓌잇샤와 교육 및 민중의 교화에 대하여 말하는 것을 듣고 내가 오늘의 교원지원자들이 소크라테스법을 명백히 비판 공격한 것을 들었다. 그리고 그때 나는 다음과 같은 말로 표현했다. 즉, 어떠한 사실에 있어서도 적당한 시기가 오기 전에 아동의 판단을 익숙하게 하려는 것은 반대하고 도리어 아동이 모든 방면에서 또한 개별적인 조건 밑에서 스스로 판단을 내려야 할 사항을 실지로 그들이 직접 관찰하고 그 사실의 근본 특질을 말해야 할 언어에 충분히 통달할 때까지는 될수록 오래 그들의 판단을 조심해야 한다고 나는 말했다. 그 말을 듣고 크류시는 당연 자기도 그렇게 하고 싶다고 느꼈고 내가 자기 학생들에게 주려고 한 교수법이 필요하다고 그는 느꼈던 것이다.

그리고 한편 퓌잇샤는 퓌잇샤대로 크류시에 향해 교수의 교양을 갖도록 하고자 모든 힘을 기울여 여러 가지 學課를 가르쳤으나 크류시는 이미 교과서가 많거나 적거나 예상한 사물과 언어의 기초적 지식에 충분한 자신이 없으면 그의 갈 길이 결코 교과서는 아니라는 것을 날이 갈수록 깊이 실감했던 것 같다. 다행히도 그는 인간 지식의 초보 또는 起點에 아동을 되돌려 보냄으로서 아동에게 어떠한 결과와 영향이 나타나는가를 실지로 보고 또한 내가 끝까지 이 지식의 초보 또는 기점을 고집하는 것으로 그는 이 자기지식, 즉 그의 길은 교과서에만 의지할 것이 아니라는 실감이 더욱 확실해 갔던 것이다. 여기서 그의 교수에 관한 견해 또 그가 아직 그것에 대하여 품고 있던 모든 기초적 관념이 일변했다. 내가 실지로 한 모든 것으로서 나는 충심으로 오직 아동의 내적 능력을 발전시키는 것만을 생각했고 결코 내 교수로서 떨어진 개개의 결과를 아동에게 생기도록 하지 않는 것을 지금 크류시는 깨달았던 것이다. 그리하여 이 원리가 내 발전 방법의 범위에 영향을 준 결과 그는 이렇게 함으로서 비로소 理智와 그 이지의 끊임없는 진보의 기초가 아동의 심중에 심어지고 결코 다른 어떠한 방법으로도 그것은 할 수 없다고 확신하기에 이르렀다.

그러나 얼마 안 되어 퓌잇샤의 교원양성소 설립안은 다음의 사정 때문에 중지되었다. 그것은 내가 敎育局長官에 선임되었기 때문이다. 그는 그 교원양성소 설립을 위하여 후에 좋은 기회를 얻고자 하여 부르크돌프를 떠나더라도 당분간은 이곳의 모든 학교를 지도 관리하려고 각오했다.

부르크돌프의 모든 학교는 의당 改造해야 할 것이고 또한 그것을 요구하였던 것이다. 그러나 그가 그곳에 없었고 또 그렇게 하기 위해서는 그의 많은 시간과 정력을 할애해야 했기 때문에 그는 도저히 착수할 수가 없었다. 거기에 그가 없었다면 또는 많은 일에 바빠서 開始

經營하는 일은 불가능했을 것이다. 크류시의 사정은 퓌잇샤가 그곳에 있지 않았기 때문에 더욱 곤란해졌다. 그는 퓌잇샤가 가까이 있으면서 원조해주지 않으면 퓌잇샤가 그에게 기대했던 사업을 더 이상 실행할 수 없다고 느꼈을 것이다. 그리하여 퓌잇샤가 부르크돌프를 떠나자 그는 퓌잇샤와 나에게 그 자신과 퓌잇샤가 맡고 있었던 학생들을 나의 학교에 합치고 싶다는 희망을 전해온 것이다. 그러나 나는 조수가 필요했으나 당시 그의 희망을 받아들이지 않았다. 왜냐하면 교원양성소의 설립을 희망하고 그 때문에 크류시를 전적으로 신뢰하고 있는 퓌잇샤에게 의혹을 주고 싶지 않았기 때문이다. 그러나 퓌잇샤는 얼마 안 되어 病으로 누워 급기야 크류시는 퓌잇샤의 臨終에서 나와의 합병할 필요를 그에게 강조했던 것이다. 그런데 생사의 기로에 있는 환자의 대답은 애정에 찬 긍정이었다. 퓌잇샤의 이 추억은 영원히 나에게 잊혀지지 않는 것이었다. 아아, 그는 나 자신과 같은 목적을 향해 부지런히 그리고 끈기 있게 노력했던 것이다. 만일 하늘이 그에게 더 많은 생명을 허락하였고 나의 실험의 완성을 기다리게 해 주었다면 확실히 우리들의 견해는 완전히 일치되었을 것이리라.

퓌잇샤의 死後 나는 자진해서 크류시 학교를 나의 학교와 합병하고자 제의했다. 여기서 우리들은 우리들의 일이 輕減된 것을 느꼈다. 그러나 나의 方案의 곤란은 증가되었다. 나는 이미 부르크돌프에서 年齡, 교양, 풍습도 서로 다른 많은 어린이들을 수용하였다. 또한 작은 여러 州의 많은 어린이들이 왔기 때문에 여러 가지 곤란이 증가했다. 부르크돌프의 어린이들과 다른 어린이들이 나의 교실에서 자연히 사상, 감정언어상의 확실한 독립을 갖고 왔기 때문에 나의 교수 방법에 대한 반감과 함께 교수에 확고한 조직이 빈약해서 그것 역시 그들에게는 단지 하나의 실험에 지나지 않는 것으로 보일 수 있었고 나는 나날이 정열이 식어갔던 것이다. 나 개인의 사정으로는 마음대로 또 자유자재로 실험을 거듭해 갈 필요가 있었으나 나에게 어린이를 보낸 사람들이 어린이에게 어떻게 가르쳐야 할 것인가에 관하여 제안을 해왔던 것이다. 累世代를 걸쳐 좁은 교수만으로 만족해 왔던 어떤 곳에서는 돌변해서 나에게 요구해왔다. 적어도 인간 지식의 모든 요소를 포괄하고 어린 아동의 초기에 사용하기 위하여 편성된 교수방법은 一二歲 내지 一四歲 어린이로서 무분별하게 날뛰는 방종을 발휘하고 모든 교수에서 不信의 태도를 갖는 아동에게 보편적, 절대적인 큰 영향을 지닌 것이어야 한다는 것이다. 그러나 나의 방법은 분명히 그런 방법은 아니었다. 그리하여 그들은 그것이 이러한 영향을 주지 못하여 하등의 쓸모가 없다고 말했다. 그들은 그것과 A, B, C 및 쓰기를 가르치는 방법을 고친 것과 융합된 것으로 착각했던 것이다.

인간의 기술 및 인간의 지식의 모든 부문에 있어서 확실한 기초를 구하려는 나의 목적, 모든 기술을 간단하게 또 일반적으로 아동의 여러 가지 능력을 强化하려는 나의 노력, 원리 그것에서 점차로 발생, 발전하는 원리의 결과를 냉정하게 또한 무관심한 듯 기다리는 태도, 이 모든 것은 실로 허공에 지은 樓閣이었다. 그들은 나의 목적, 노력, 태도에서 아무것도 바랄 수 없었고 또 그 속에서 아무것도 찾지 못했다. 아니 도리어 내가 능력을 쌓아 올리는 곳에서 그들은 텅 빈 허공을 발견할 뿐이었다.

그들은 말했다. 『어린이들은 읽기를 배우지 않는다』라고. 그러나 그것은 결국 내가 아동들에게 정당하게 읽기를 가르쳤기 때문이다. 그들은 또 말했다. 나는 바르게 쓰기를 가르쳤기 때문에 『어린이들은 쓰기를 배우지 않는다』라고. 그리고 최후로 『어린이들은 선량하도록 배우지 않는다』라고. 그러나 그것은 내가 당시 학교에 있었던 善行에 대한 최초의 장애물을 제거하기 위하여 전력을 다하고 특히 하이델베르크 종교 문답서를 단지 앵무새처럼 외우는 것이 세계의 군주가 인류로 하여금 神을 존경하고 또한 정신과 진리에 있어서 신을 숭배하게 하는 유일한 교수방법인 이러한 사상에 반대하였기 때문이다.

참으로 나는 痴愚와 誤謬와 僞善과 巧言을 즐겨 듣는 神은 결코 신이 아니라고 대담하게 언명한 것은 사실이었다. 또 나는 대담히 말했다. 우리들은 旣成神學上의 여러 가지 사실 그리고 끝없는 논쟁은 아동들의 理智를 培養하는 수단으로서 또 심령의 연습으로서 아동에게 반복 암기시키기 전에 먼저 우리들은 아동들로 하여금 바르게 생각하고 올바르게 느끼고 올바르게 행동하게 하고 그들의 심중에 믿음과 사랑의 은총을 자극하고 그것을 활용하게 하도록 가르치라고 하였다. 이렇게 하는 것은 결코 신과 종교를 반대하는 것은 아니다. 그러나 나는 오해받았다고 나무라는 것은 아니다. 그들이 그렇게 해석한 것은 상당한 이유가 있었다. 그 이유는 오늘날 일반적으로 시행되고 있는 교육방법이 너무도 詐欺性이 있으므로 근본적인 새 방법을 세울 의도가 다른 사람들과 같이 산기슭에 잉어가 많은 호수를 보려하지 않고 한결같이 못 속에 있는 한 마리의 물고기를 보려고 하는 사람들을 실망시킬 것이라는 것을 나는 충분히 이해하기에 이르렀다.

나는 내가 가야 할 길을 걸었다. 그리고 크류시는 나와 동조하게 되었다.

그가 납득한 주요한 여러 가지 문제점은 다음과 같은 것이다. 그러나 그는 여러 가지 점을 완성된 교육적 진리라고 생각한 것은 아니다. 단지 점점 명확히 발전하는 교육원리로서 전개된 예비적 견해에 불과하다고 생각했다.

一, 교묘하게 편성된 名目集을 하나하나 지워지지 않도록 강하게 인상시킴으로서 여러 종류의 지식에 대한 일반적인 기초를 인식시킨다. 그것에 의하여 아동과 교사가 함께 또는 각각 완전한 진행법으로 지식의 모든 부문에 있어 뚜렷한 관념에까지 도달하게 한다.

二, 당시 내가 사용하기 시작한 直線, 角, 曲線을 연습하여 아동으로 하여금 모든 事物의 감각적 인상을 신속하고 쉽게 얻게 하고 그와 동시에 적어도 그들의 觀察圈內에 들어온 것을 무엇이든지 이것을 만들

효과가 있는 손재주의 숙련이 점점 밝아지고 또 간단하게 된다는 것.

　三, 실물로 혹은 실물과 대등되는 打點을 처음부터 계산하고 연습을 시키므로 우리들은 산수의 학과 전체에 통하는 기초를 쌓게 하고 나아가 아동으로 하여금 그 후 오류와 혼란에 빠지지 않게 하고 진행시킨다는 것.

　四, 아동이 확실히 외우면 걷는 법, 보는 법, 서는 법, 앉는 법 등에 대하여 아동에게 외우게 한 결과 第一原理는 내가 그 원리로서 얻으려는 목적, 즉 서서히 모든 관념을 밝히려고 한 것과 관련되는 것임을 크류시는 깨달았다. 곧 우리들이 더 한층 명백하게 하기 위하여 어떠한 실험도 필요하지 않을 만큼 숙련된 것도 아동들에게 입으로만 말하게 하면 아동은 모르는 것을 말하고 싶어 하는 지나친 욕망을 누르고 이미 아는 것과 그들의 觀察圈內에 들어온 것을 간결 명백하게 이해로서 말할 수 있는 힘을 얻는 것임을 크류시는 느꼈다.

　五, 나의 이러한 방법이 일반의 기성적 편견을 깨뜨리는 데 힘이 있다는 것에 대하여 나는 조금 말했으나 크류시에게는 심각한 인상을 주었다. 나는 이렇게 말했다. 감각적 인상에서 생기는 진리는 지루한 이야기나 알기 힘든 이론을 길게 엮어 늘인 쓸 데 없는 것으로 여긴다. 왜냐하면 감각적 인상으로 얻어진 진리는 인간의 심령으로 하여금 편견과 오류의 침입을 방지해주는 힘을 우리에게 주기 때문이다. 그리고 옛날이나 지금이나 우리들 인간이 줄곧 말하는 議論을 통하여 편견이나 오류가 계속해서 우리들 인간의 귀에 들려올 때에는 모든 것은 크류시의 마음에는 거의 단절되어 있기 때문에 평범한 사람에게 대하는 것과 같은 효과는 볼 수 없다. 대체로 일반적인 사람들을 보면 감각적 인상에 의하지 않고 신비로운 말로서 진리나 오류도 마치 魔의 등불을 통하여 그들의 想像에 던지는 듯이 보인다.

　그렇게 내가 말해서 크류시는 오류와 편견을 파괴하기 위해서는 나의 방법에 묵묵히 따르는 것이 효과적이라는 것을 납득하였다.

六, 우리들은 지난여름 試圖한 식물채집과 그에 관련된 우리들의 말이 특히 크류시로 하여금 우리들의 五官을 통하여 생긴 지식의 범위는 전연 자연계의 관찰과 자연이 우리들에게 떠오르게 하는 모든 사물을 채집하고 확실히 이해하는 정열로 얻어진다고 확신하게 되었다.

그러나 이와 같은 여러 견해는 다른 입장에서 교수의 모든 수단과 題材를 서로 조화시켜야 한다고 느끼게 된 것과 관련해서 그로 하여금 일종의 교수방법을 세울 수 있다고 하는 자신을 갖게 하였다.

그 방법이란 모든 동작과 지식의 원리를 결합 통일하고 교사가 자신과 아동을 자기의 교수가 어떤 표준까지 끌어올리기 위하여 단순히 그 원리를 어떻게 사용할 것인가를 배우면 그것으로 충분할 만큼 되어 있는 교수법이다. 이 방법은 아동에게 모든 지식의 확실한 기초를 놓기 위하여 또한 이와 같은 지식 획득의 수단을 사용함으로써 부모와 교사의 심중에 충분한 내적 자기 활동을 일으키기 위해서는 별로 博識을 필요로 하지 않고 건전한 인간의 이해와 實地練習을 필요로 할 정도에 불과했다.

이미 말한 바와 같이 그는 六年間 농촌학교의 교사로 종사하면서 서로 나이가 다른 아동들을 다루었다. 그는 苦心하였으나 조금도 아동의 여러 능력을 발전시키지 못하였으며 또한 우리들이 이미 도달한 정도의 확실, 견고, 이해 그리고 자유에 도달한 것을 한 번도 보지 못했다.

여기서 그는 그 원인을 생각하고 많은 것을 발견하였다.

그가 먼저 발견한 것은 다음과 같다. 우선 쉬운 것에서 시작하고 극히 단순한 것을 완전히 깨우치게 하였다. 그 후에 차차 완전히 배운 것에 조금씩 더해 간다는 원리는 학습초기에는 實際로 힘의 느낌, 힘의 自覺을 일으키는 일은 없으나 끊임없이 아동들의 마음 가운데 그들이 지니고 있는 자연의 힘이 조금도 약해져 있지 않다는 것을 나타내 보이는 생생한 증거였다.

그는 『우리들은 결코 아동들을 驅使해서는 안 된다. 오직 이 방법으로만 아동들을 지도하지 않으면 안 된다.』고 말했다. 교수하기 전에 언제나 『잠시 생각해 봐요, 여러분 기억나지 않습니까?』라고 하는 것이었다.

그는 산수에서 예를 들어 六三은 七의 몇 배냐고 물었을 때 아동들은 실제 배경을 갖고 있지 않았기 때문에 기억 가운데서 힘주어 알아내지 않으면 안 된다는 것은 너무도 당연한 것이었다. 그러나 이번에는 그들 눈앞에 七개의 실물을 九倍 놓고 몇 개의 것이 九배 있다는 것으로 그들에게 계산시키는 방법을 취한다면 아동들은 벌써 이런 물음에는 그 이상 생각할 필요가 없게 된다. 즉, 아동들에게 처음 물었다 하더라도 六三 가운데 七이 九倍 들어 있다는 것을 이미 배우고 있어서 알게 된다. 그러므로 다른 학과에서도 이 방법을 적용하게 되었다.

이제 한 예를 들면 아동들에게 名詞를 큰 글자로 쓰게 하려 해도 그들은 언제나 규칙을 잊어버렸다. 그러나 그가 교수방법에 준해서 만든 책의 몇 페이지를 아동들과 함께 읽는 간단한 연습을 시킨즉 아동들은 A, B, C 순서로 이미 알고 있는 명사의 순서를 자연스럽게 쓰기 시작했다. 이 실험이야말로 이 말과 다른 말과의 명백한 구별의 의식을 예상하게 했다. 만약 방법이 思考의 자극을 필요로 할 때에 이것은 아동들에게 불완전하게 된다는 것은 眞實이다. 다시 말하면 명백한 연습이 자연스럽고 어떠한 고통도 없이 아동들이 이미 알고 있는 사실에서 반사되어 나올 때 그 방법은 틀림없이 불완전하다.

그는 다시 이렇게 말했다. 내가 읽기의 학습에서 아동들에게 하나하나 제시하는 말이나 그림은 보통 교수에서 제시되는 句의 결합과는 전혀 별개의 효과를 아동의 心意에 준다. 그는 이 모든 語句를 잘 음미해 본 결과 그것은 하나하나의 語句가 대하고 있는 자연적 사물의 감각적 인상을 지니고 있지 않는 성질이라는 것을 알 수 있었다. 이때에 아동들은 많은 어구를 집합적으로 보게 되나 그것은 아동이 알고 있는 부분을 보는 것이 아니라 혼잡하고 뜻 모를 어구의 결합이라고 보는 것이다. 이리하여 우리들은 아동의 본성에 반해서 그들의 능력 이상의 것을 요구하고 또한 많은 기만으로 未知의 사물을 아동에게 제시하고 또 그들에게 관계나 초보조차 가르치지 않은 話術에 필요한 사고의 순서를 알리게 한다는 것을 크류시는 알게 되었다. 그는 또한 내가 우리 학교의 지식을 버리고 自然이 原始人에게 대하는 것처럼 언제나 아동의 눈앞에 그림을 제시해서 할 수 있는 말을 찾아내게 하는 방법을 쓰고 있다는 것을 알았다. 그리고 이 간단한 방법은 아동의 심중에 어떤 판단과 추리도 일으키지 못하나 그것은 아동에게 결코 하나의 신조로서 또는 어느 것이나 진리와 오류에 관계있는 것으로 제시하는 것이 아니라 관찰의 자료 후에 비판이나 추리의 배경으로 제시되어 아동들이 이미 경험한 것과 다음에 올 경험을 결부시켜 자발적으로 전진하게 하기 위하여 제시하는 것에 불과하다는 것을 크류시는 이해하였다.

그는 모든 지식의 부분을 第一의 起點, 또는 초보에까지 환원시키고 그로부터 서서히 그리고 조금씩 더해 나아가는 나의 방법을 많이 배웠고 그 정신을 차츰 깊이 알았을 뿐 아니라 이 방법의 결과가 서서히 새롭고 깊은 것으로 더해 나아가는 것이라는 것을 이해함에 따라 날이 갈수록 그는 이 원리의 정신을 가지고 나와 같이 일하게 되었다. 그리고 근본적으로 이 원리에 따른 나의 綴字敎科書와 算數교과서의 編述을 도와주었다.

나와 알게 된 얼마 후, 크류시는 그와 친분이 두터웠던 토부라에게 퓌잇샤의 죽음을 알리고 그의 現況을 보고하기 위하여 바젤에 다녀오고 싶다고 하였다. 나는 이 기회를 이용해서 쓰기를 지도하는 교수의 조수가 꼭 필요하다는 것을 그에게 말하고 만약 토부라가 나와 힘을 합하여 일할 수 있다면 매우 기쁜 일이라고 크류시에게 말하였다. 나는 크류시와 퓌잇샤의 교분에서 벌써 토부라의 그 사람됨을 알고 있었다. 나는 그때 크류시에게 역시 나의 목적을 위해서는 그림도 그리고 음악도 할 수 있는 사람이 필요하다는 뜻을 말하였다. 크류시는 바젤에 이르러 토부라와 서로 상의한 결과 토부라는 그 자리에서 나의 희망에 응하겠다고 결심하고 그 후 二, 三週日 지나서 부르크돌프에 도착하였다. 또한 나는 圖案家도 필요하다는 뜻을 토부라에게 말했기 때문에 토부라는 가끔 푸스를 만나서 권유하여 며칠 만에 푸스는 나의 조수가 되었다. 토부라와 푸스 이 두 사람이 나에게 온 지도 八개월이 되었다. 그리고 이 일에 대한 두 사람의 경험을 자세히 이야기한다면 당신도 흥미를 가지고 읽어 주리라 생각한다. 토부라는 바젤에 있는 어떤 유력한 가정에서 五년 동안이나 가정교사로 있었다.

　이제 그가 자기 자신의 방법과 비교하여 나의 교수방법의 성질을 어떻게 보는가를 소개하면 다음과 같다.

『나는 지난 六년 동안의 노력에서 나의 교수 결과가 예상했던 그대로가 아니었다는 것을 발견하고 내가 가르친 아동들의 내적 자발력은 나의 노력에 따라 증진되지 않았을 뿐 아니라 그들의 내적 자발력은 그들이 실지로 얻은 지식 정도에 따라 마땅히 그러해야 할 정도의 증진도 보지 못했다. 그들은 내가 교수한 지식의 하나하나 단편의 내적 관계를 알고 있는 것으로도 생각되지 않았고 또한 그들에게 필요한 그리고 엄밀한 영속적인 고찰도 이 모든 개개의 지식에 주입되어 왔다고는 생각되지 않았다. 나는 지금으로서는 가장 좋았다고 하는 교과서를 사용했다. 그러나 이 교과서는 어느 면에서는 아동들이 이해하기 곤란한 말로 되어 있었고 아동들의 경험을 떠난 온갖 관념에 가득 차 있을 뿐 아니라 그 연령에서 사물을 보는 방법과는 정반대되는 것이었다. 따라서 이 이해할 수 없는 사실을 설명하려면 많은 시간과 노력이 필요했다. 그리고 이 모든 설명은 그 자체가 실로 거추장스러운 것이었고 그것은 마치 암실이나 짙은 안개 속의 한 줄기 閃光과 같아서 아동의 참된 내적 발전에는 하등의 효과도 주지 못했다. 더욱이 이 여러 교과서는 대체로 책 속의 그림이나 도표까지도 아동으로 하여금 견고한 땅의 가운데서 혹은 인간 지식의 가장 깊은 데까지 생각되는가 하면 구름을 뚫고 솟아 있는 영생의 天界에까지 올라가는 듯하였다.』

『이토록 모두가 음산하고 어두운 의식에 싸여 있어서 나는 주저하지 않고 나이가 어린 아동들에게 사물의 그림으로서 그들의 마음을 즐겁게 하려 했으나 나이가 든 아동들에게는 소크라테스법에 의하여 점차로 명료한 관념에 이르게 하려고 생각할 수밖에 없었다. 여기서 처음 드러난 것은 내가 가르친 아동들은 같은 나이의 아동들이 실제 갖고 있지 않은 많은 지식에 통하게 되었다. 나는 이러한 교수방법과 가장 좋은 교과서 속에 보여지는 방법과를 연결하고 관련시키려고 생각했다. 그러나 내가 사용하려고 한 모든 교과서는 우선 아동들에게 꼭 주어야 되는 언어를 염두에 두고 씌었다. 그러므로 나는 나이가 든 아동들에게 소크라테스법을 사용한 결과 사물의 지식에 기초를 두고 아동들에게는 명료한 관념을 줄 수 없는 말로서 발표되어 있는 것, 즉 언어상의 설명을 가지지 않을 수 없는 처지였다. 따라서 아동들이 포착한 관념은 二, 三일이 지남에 따라 어느 사이에 그들의 마음에서 사라져 버린다. 이리하여 내가 아동에게 사물을 명확히 이해시키려고 노력하면 할수록 도리어 그들은 그들 자신의 힘에 의하여 혼돈되어 있는 많은 사물을 자연계에서 찾으려는 자발력을 점차로 상실해가는 것처럼 보였다.』

『그와 같이 나는 전체로서의 나의 목적에 도달함에 있어서 파괴할 수 없는 수많은 장애물이 있다는 것을 느꼈다. 나는 여러 교사와 목사에게 의논해 보았다. 오늘날 마치 먼 산을 쳐다보는 것 같은 교육상의 著書가 널리 퍼져 있어 그들 또한 그것을 다루어 아동들을 교수하고 있으며 모두가 같은 곤란과 번거로움을 느끼고 있다는 나의 확신을 짙게 하였다. 만일 비참한 번거로움이나 그릇되게 다루는 교사가 전혀 그러한 느낌조차 일으킬 여지가 없는 파경에 떨어지게 되면 이러한 곤란은 더욱 심할 것이고 또 말단 교사에 있어서는 몇 십 배나 가중하게 될 것이라고 나는 느꼈다. 나는 교육의 모든 범위에 걸쳐서 존재하는 이 결함에 대하여 희미하게나마 끊임없이 뜨거운 의식에 불타고 있었다. 그리하여 나는 어떠한 일이 있더라도 이 결함을 반드시 보충하겠다고 있는 힘을 다했다. 여기서 나는 한편으로는 경험에서 다른 한편으로는 교과서를 통하여 연령별로 모든 아동들에게 내가 痛感하게 느낀 많은 교육상의 곤란을 제거할 수 있는 모든 수단과 방편을 수집하기 시작하였다. 그러나 나는 곧 이러한 일을 하여도 목적을 달성하려면 일생을 통해서도 부족하다고 느꼈다. 나는 그 당시 이 문제에 관한 몇 권의 책을 썼다. 바로 그때 퓌잇샤가 五, 六通 書信을 보내주어 나의 主義를 페스탈로치방법으로 기울게 하였다. 거기서 나는 나의 방법과 다른 방법으로서 놀랍게도 페스탈로치는 내가 얻고자 하는 목적에 도달할 수 있을지 모른다는 생각이 마음속에 움트기 시작했다. 나는 생각했다. 나의 계통적인 과학적 방법, 그것이 아마도 페스탈로치방법 속에 나타나지 않는 많은 난점을 만들어 낼 것이리라. 또한 현대적인 방법 그 자체가 많은 단점을 수반할지도 모른다. 그리고 페스탈로치는 그런 방법을 알지도 못하고 사용하지도 않으니 그러한 단점을 보강하지도 못할 것이 아닌가? 더욱이 페스탈로치가 사용하는 用具의 대부분은 말하자면 石盤 위에 그림을 그리게 하는 방법 등 내가 보기에는 아주 간단한 것인데 나는 왜 그런 것에 생각이 미치지 못했는가를 도리어 의심할 정도다. 그는 무엇이고 가까이 있는 것을 사용하고 있다는 것이 나를 몹시 감동시켰다. 다음으로 그의 방법의 원리는 더욱 나의 마음을 이끌었다. 즉, 自然이 어머니를 위하여 전연 모르고 있는 敎育에 대하여 그 어머니를 교육하려고 한다는 것이 바로 그것이다. 왜냐하면 모든 나의 실험은 시종일관 이 원리 위에 서 있기 때문이다.』

『나의 이러한 견해는 크류시가 바젤에 왔을 때 그에 의하여 확인되었다. 그는 이곳 女子學院에서 페스탈로치의 읽기와 산수의 교수 방법을 실지로 해보았기 때문이다. 목사 휏슈와 혼·부룬은 대체로 페스탈로치 방법이 거의 알려지지 않았을 때 일찍이 크류시가 처음으로 보여준 방법에 따라 이 여자학원의 교수와 일부 관리를 편성한 사람들인데 그들은 곧 읽기와 철자를 동시에 연습하는 것이 아동에게 확실한 인상을 주는 것이라는 것을 알았다. 크류시는 그때 이 방법에 따라서 쓰기와 산수를 교수하기 위한 몇 가지의 재료와 페스탈로치가 아동들을 위하여 최초의 독본으로 編述한 책 二, 三部를 가지고 왔었는데 이것을 보고 페스탈로치의 방법은 깊은 심리적 기초를 가진 것이라는 것을 알았다. 이와 같은 여러 사정 때문에 나는 그 자리에서 페스탈로치의 희망에 따를 결심을 하고 곧 그와 손을 잡았다.』

『그리하여 나는 부르크돌프에 왔다. 이곳에 오자 눈부시게 진전하고 있는 사업을 보고 내가 여러 가지로 예기했던 것이 착착 실현되고 있음을 보았다. 그곳 아동들은 일반적으로 놀랍도록 자기 발표의 능력이 있는 것과 그 능력을 창조하기 위한 발전의 수단이나 용구 등이 매우 단순하고 또한 다양스러운 데 놀라지 않을 수 없었다. 페스탈로치가 모든 전통적 學校의 규정을 전혀 인정하지 않는다는 것은 그가 인쇄한 그림책이 간단하다는 것, 그 교재의 내적 부분을 수시로 교수해야 할 많은 부분에까지 엄밀하게 구분해 놓았다는 것, 어느 부분이나 복잡하고 혼란한 것을 없애 버렸다는 것, 그는 은연중에 아동들의 모든 내적 능력에 영향을 주는 것, 언제든지 언어가 필요할 때에는 반드시 언어를 고집하는 것과 특히 그가 사용하는 교수상의 설비가 빈약함에도 불구하고 그것이 마치 하나의 새로운 창조와 같이 또는 예술과 인간 본성의 근본 요소에서 출발된 것과 같은 위대한 힘을 가지고 있는 것 등, 모든 것이 극도로 나의 주의를 긴장시켰다.』

『나는 그의 실험에서 비심리적인 것이 몇 가지 있다고 느꼈다. 예를 들면 어려운 것, 혼잡한 명제, 그것의 처음 인상은 아동들에게는 전혀 막연한 것임에도 그 명제를 反復記誦시키는 그것이다. 그러나 그가 얼마나 강한 힘으로서 관념을 서서히 밝히기 위한 준비를 하고 있는가. 또한 어떻게 자연 그 자체가 처음에는 혼돈된 짙은 안개로 모든 감각적 인상을 포괄한 것인가라고 말한 그가 그것을 밝혀 나가고 있는 것인가를 나 자신 실지로 보았을 때 나는 그 이상 아무 말도 할 말이 없다는 것을 깨달았다. 또한 그가 교수의 개개의 구분에 있어서도 하등의 가치도 생각하지 않고 그것을 組織하는 데 고생을 겪으면서도 그 결과에 있어서는 그것을 물리쳐 나아간다는 것을 실지로 보았을 때 더욱 나는 그것을 비판할 아무것도 갖고 있지 않다는 것을 절실히 느꼈다. 이 많은 실험으로서 결국 그는 아동들의 내적 능력을 향상시키고 모든 방법을 사용하게 한 여러 근거와 원리를 발견하려고 하는 데 불과하다. 나는 그가 사용하는 수단과 설비가 적다는 것을 느꼈을 때 나 자신이 홀로 이것을 처음으로 실험한다는 것이 얼마나 불안한 것인가 하고 두려움을 가졌었으나 나는 결코 정신을 못 차린 일은 없었다. 더욱 나는 정신적인 진보가 그 모든 실험의 本性 가운데 있다는 것이 충분히 납득되었기 때문에 다시 여기저기로 헤매는 일은 없었다. 확실히 나는 그것을 산수, 도화, 및 언어교수의 기본적인 면에서 보았다.』

『지금이야말로 그의 특수한 방법, 즉 전체와 각개의 결합에 의한 그의 특수방법은 특히 그 하나하나까지 아동들의 감수성에 의존하는 것이라는 것은 날이 갈수록 나에게는 확실해졌다. 또한 이러한 방법은 실로 그의 일상 갖는 실지 교육에 의하여 완전하게 되고 나아가 그가 찾는 목적을 확실히 전진시켜 나아가는 원리로 발표된다는 것을 나는 알았다. 그는 적어도 企圖나 실험을 함에 있어서 원리의 본질을 그 이상 단순화하고 또는 기초에 더 이상 깊이 파고들 수 없다고 생각하기까지는 결코 원리를 신뢰하지 않았다. 전체를 단순화하고 개개의 부분을 완결하려고 하는 이 모든 처리를 전에는 막연히 품고 있었던 다음과 같은 생각을 확인하였다. 즉, 복잡한 용어로서 人間心意의 발전을 구하려고 하는 모든 수단은 그 결과로 생기는 장애를 그 자체가 스스로 가지고 있다는 것, 또 우리들 또는 자연이 인류 발전에서 보여주는 자기 활동에서 자연을 도우려고 생각한다면 교육과 발전의 모든 수단은 모든 내적 존재의 극도의 단순에까지 환원하지 않으면 안 된다. 동시에 심리적으로 조화적인 언어 교수의 편성까지 환원시키지 않으면 안 된다는 것을 확인하였다. 그리하여 페스탈로치가 언어의 연구를 타개하려는 목적이 차차 나에게 명료해졌고 또 그가 왜 산수를 환원해서 항시 기억해야 할 다음의 원리 즉, 모든 산수는 오직 간단한 계산 방법에 불과하다. 그리하여 결국 계산은 하나와 하나와 하나는 몇인가 하는 지루한 훈련 대신 간단한 방법인 원리에 귀착시켰느냐를, 또는 사물을 실지로 이루는 힘 ― 또는 모든 실물을 명확히 표현하는 힘 ― 을 쌓아 올리는 기초를 어째서 그는 아동들이 어릴 때 미리 발전시키는 직선이나 각, 직각, 곡선 등을 그리는 능력 위에 두었느냐의 이유도 차차 나에게 명료해졌다.』

『따라서 그가 방법의 효능에 대한 나의 확신은 나날이 강해졌다. 왜냐하면 나는 이 모든 원리에 의하여 일반적으로 각성되고 또 활용되는 힘이 계산이나 산수, 쓰기, 도화 등에서 현저하게 그 효과가 역력히 나타나는 것을 나는 매일 매일 실지로 보았기 때문이다. 나는 나 자신의 실행에 활기를 띄웠기 때문에 내가 위에서 말한 나의 목적 즉, 자연이 어머니를 위하여 어두워져 있는 일에 대하여서 어머니를 교육하는 것, 이 목적에 나는 매일 매일 접근해 가는 것을 느꼈다. 아니, 오직 어머니의 교육에 그치지 않고 그것을 통하여 일반학교 교수의 어떠한 최소한의 재료도 그것과 서로 도울 수 있는 어머니 교수의 결과에 근거를 둘 수 있다고 나는 확신하게 되었다. 어떠한 부모라도 마음 가운데 교육의 동기를 발견한다면 누구라도 일반적인 심리적 방법에 의하여 그들 자신의 자녀를 교육하고 그리하여 經費가 드는 長期의 教員養成所나 教育圖書舘에 의하여 대체로 생각되고 있는 교원 양성의 필요 등의 생각을 물리칠 수 있는 사정에 놓여질지도 모르리라.
이러한 일반적인 심리적 방법이 성립되어 있는 것을 나는 알았다.』

『요컨대 이것은 전체의 인상으로 또는 언제나 같이 느끼는 나의 경
험에 의하여 내가 교사로서의 첫 경험을 시작했을 때 매우 열렬히 품
고 있던 나의 신념, 더욱 현대가 일반적으로 보이고 있는 우열한 교수
의 術, 그리고 助力의 무거운 짐 밑에서 敎職의 사명을 수행해가고 있
는 가운데 잃어버리게 되고 퇴색되려고 했던 이 신념 즉, 인류를 진보
시킬 수 있는 신념, 이 신념을 다시금 부활시키게 되었다.』

앞에서 당신은 나의 목적, 나의 사업에 관한 토부라와 크류시의 견해를 읽었을 것이다. 지금은 나에 대한 푸스의 견해를 당신에게 전하고 싶다. 下層階級 사람들의 潛在 능력에 대한 나의 견해는 이미 당신이 알고 있는 바와 같으나 여기에 대해서는 푸스가 실로 유일한 증인이다. 이 사람은 어떻게 해서 六개월 동안에 그렇게도 발전하고 진보했을까? 우이란트에게 푸스의 直觀의 ABC에 대한 企圖를 알려주오. 그는 적어도 인류의 발전 방법을 闡明하는 데 족한 것에 대하여 그 얼마나 깊은 흥미를 가졌던가를 나는 잘 알고 있다. 그는 이 기도에서 명백히 낭비와 등한하게 여겨진 능력이 흐뭇한 조력과 자극으로 얼마나 활용되고 증진될 것인가 하는 문제에 대하여 증거를 볼 수 있으리라고 생각한다.

친애하는 벗이여! 세상에는 쓸모 있는 인간으로 충만해 있으나 그 쓸모 있는 인간을 하나하나 適材適所에 놓을 사람이 별로 없지 않는가. 오늘날 누구나 자기 자신의 피부 내부에 인간으로서의 유용성에 대한 관념을 局限하고 있다. 혹은 그것을 비유해서 말하자면 자기 속옷을 만지는 사람들에까지 확장하는 것이 최선의 것이다.

친애하는 벗이여! 진실로 앞에 세 사람과 내가 이 세 사람과 어떠한 일을 협동해서 일해 나아가는가 상상하시라. 나는 당신이 바로 그들과 그들의 생활 상태를 알아주기 바란다. 푸스는 나의 간청으로 당신에게 그것을 스스로 말할 것이다.

토부라의 어린시절의 교육은 한말로 해서 버림받았던 교육이다. 二二歲 때 그는 마치 기적이라고 생각될 수 있는 학문계통의 물속으로 특히 교육부분에 던져졌다. 그는 거기에 정통하려고 생각했으나 돌이켜본 결과는 반대로 학문이 그를 지배하였고 그는 자신의 불충분한 교육에 대하여 예감을 갖고 있었음에도 학문, 교육이 그로 하여금 막연히 필요를 느끼고 있었던 감각적 인상에 따라서 자연 자신의 길을 걷게 할 수 없었고 書籍에 의한 교육만을 믿게 되었다고 알게 되었다. 이리하여 그는 하나하나 떨어진 합리적이고 허다한 지식의 여러 가지 斷片에 몰두하였고 동시에 교육과 학교수양의 원칙이 참을 수 없는 위험에 빠진 것을 다시금 새삼스럽게 자각했다.

그래서 교육과 수양의 결과는 결코 합리적인 말과 합리적인 책이 아니라 精練된 理性의 힘으로 합리적인 인간이 되는 데 있을 것이 아닌가. 그러나 그는 二二歲 때 책의 공부가 아직 그의 타고난 능력을 감퇴시키기 전에 그는 벌써 오늘 三〇代가 걷고 있는 길을 발견치 못한 것을 슬퍼하였다.

그는 二二歲 때부터 현재의 三〇代에 이르는 過渡期가 얼마나 그를 해쳤는가를 깊이 느꼈다. 그리고 그는 교육을 받지 못한 무식한 사람이 도리어 그보다 쉽게 정확히 초보의 위치를 발견하고 여기서 점차로 층계를 밟아 올라갈 수 있다는 것을 스스로 말하기에 이른 것은 실로 그의 심정과 그의 교육방법을 함께 이 光榮에 빛나게 하는 까닭이다. 그리하여 그는 자신의 확신에 충실했다. 그의 재능은 진전을 확실히 확인했다. 여기서 그는 간단한 지식의 첫걸음을 많은 곤란으로 잘 교수하는 데 성공할 수 있다면 이 초보의 지식과 그것과 결부해

놓은 이전의 지식과는 그에게 있어서 그 방법과 학교 교수의 고상한 여러 점을 쉽게 맺을 수 있게 할 것이다.

당신은 크류시를 알고 또 그가 자기의 직무에 있어서 얼마나 역량을 드러냈는가를 보았을 것이다. 누구나 실지로 그의 일을 본다면 놀랄 것이다. 그는 자기에 있어서 독립을 지녔다. 이것은 단지 스스로가 독립을 지니지 못한 자가 본다면 불쾌한 것이 될 것이다. 그러나 그가 아직 방법을 몰랐던 때에는 기계적인 학교 교사의 틀에 박힌 방법 이외에는 모든 방면에 있어서 푸스에게 미칠 수 없었다.

그가 지금 스스로 고백한 것을 보면 이 방법을 모르면 독립에 대한 모든 그의 노력은 그로 하여금 능히 자신의 입장에 설 수 없게 했을 것이다. 그리고 그는 언제나 남의 지도 아래서 여전히 의지할 수밖에 없으리라고. 그러나 그것은 그가 타고난 아펜쩨르의 정신에 반대되는 것이었다.

그에게는 오백푸로린(一푸로링은 二실링－譯註)의 職을 주었으나 현재의 지위가 심히 부자유한 경우에 처해 있었다. 그래서 그는 지금부터 참다운 학교 교사가 되겠다고 다짐하였고 실제로 보기도 하였지만 그는 도저히 舊態를 校正할 수 없었고 또한 그 직무에 만족할 수도 없었다. 그가 어떻게 하여 그러한 결심을 하게 되었는지를 당신은 이상하게 생각할 것이다. 물론 그의 단순한 성질이 그렇게 했을 것이리라. 그는 이 방법에 몰두했다. 그 결과는 자연적이었다. 토부라가 정직히 말한 것처럼『그것은 그가 어떠한 術도 갖고 있지 않았기 때문에 그에게는 容易했다. 그리고 그는 어떠한 일이나 그 일에 대하여 몰랐고 오직 능력만을 갖고 있었기 때문에 정확히 그 術을 체득할 수 있었다.』

벗이여! 나는 최초의 성과에 대하여 감히 자랑할 이유가 없을까. 당신이 二年 前에 나에게 말한 것처럼 세상 사람들은 언제나 나의 방법의 토대가 되는 심리적 관념을 조금도 이해하지 못했을까. 모든 나의 방법의 성과는 이들 세 사람의 첫 어린이처럼 되기를 기원한다. 여기에 또한 푸스의 의견을 읽고 다음의 나의 소감을 들어주오.

푸스는 말했다.

『나의 아버지는 튜빙겐 신학교의 교직에 있었으며 그곳 사택에서 살고 있었다. 그는 나를 세 살 때부터 열세 살까지 라틴 학교에 보냈다. 그곳에서 나에게 교수된 것은 모두 배웠다. 그 시대에 나는 校外에서는 매우 쾌활한 소년과 놀기를 즐겨 한 年長者인 학생들과 대체로 기거를 같이했다. 내가 여덟 살 때 학생 하나가 나에게 피아노를 가르쳐 주었다. 그는 半年 後에 튜빙겐을 떠나서 나는 지금까지 받아온 과업이 없어졌기 때문에 나 혼자 연습해야 했다. 그러나 줄곧 노력을 쌓은 결과로 대단히 진보했다. 그래서 나는 두 살 때 귀부인과 한 학생에게 피아노를 가르쳐 대단히 좋은 성과를 올릴 수 있었다. 그리고 열한 살 때 나는 또 그림에 대한 교수를 받았고 고통을 참으면서 희랍語, 히부리語와 論理學과 修辭學의 공부를 계속하였다. 兩親의 생각에는 나를 완전히 학자로 만들려고 했기 때문에 나는 슈튜가르트에 新設된 高等學藝學校에 입학시킬 것인가, 아니면 튜빙겐 대학의 교수 지도 밑에 둘 것인가를 생각했다.』

『그 당시까지는 어떤 계급이라도 私費나 公費로 이 학예학교에 입학을 허락했다. 그러나 양친의 財力으로는 도저히 나를 위하여 한 푼의 돈도 줄 수가 없었다. 그리하여 나는 이 학교의 公費入學願을 제출하였는데 그 원서가 카르(學校 建立者－譯註)가 거절한다고 서명한 글로 되돌아왔다. 이 거절에 대해서 내가 기억나는 것은 中流나 下層계급의 자녀에 대해서는 거절한다고 하는 告示가 동봉되어 왔는데 이것이 나에게는 극심한 타격을 준 사건이었다. 그래서 할 수 없이 나는 그대로 나의 主義를 그림 그리는 데로 돌렸다. 그러나 이것도 半年을 넘기지 못하고 중지하고 말았다. 그 이유는 나를 가르치던 교사가 잘못을 저지르고 이 땅을 떠나야 했기 때문이다. 그래서 나는 홀로 생계

를 꾸려갈 정도의 자금이라도 얻을 희망이었기 때문에 곧 어느 製本
社에 年期契約을 맺게 되었다.』

『나의 기분은 거의 자포자기에 빠지고 말았다. 다른 어떠한 장사를
하든 결국은 종일 육체노동에 종사하고 있었으므로 전부터 품어온 청
춘시대의 꿈을 흔적조차 없이 잊어버린다는 것과 같은 것이므로 나는
장사를 시작했던 것이다. 그러나 나는 장사를 계속할 수 없었다. 나는
노동을 했으나 말할 수 없는 불만족을 느꼈다. 그리고 내가 하류계급
의 자녀이기 때문에 先例를 거슬려 온갖 학문 수업에 편의를 거절하
였고 소년시대의 대부분을 여기에 바쳐서 쟁취하려던 모든 희망과 志
望은 성취가 거절되었다. 그 불공평한 어떤 전력에 대하여 나는 잠깐
도 猶豫할 수 없는 것처럼 느꼈다. 그렇지만 나는 장사를 하여 나의
이 불만에 찬 노동을 버리고 잃었던 많은 것을 회복할 만한 자금을
벌겠다는 의욕이 일어났다.』

『나는 이곳저곳을 방황했다. 그러나 세상이 좁았다. 나는 우울증으
로 인하여 병에 걸려 집에 돌아가지 않을 수 없었다. 또다시 나는 내
가 좀 아는 음악을 가르쳐 瑞西에서 간단히 나의 생활비만이라도 벌
어야겠다고 생각했다.』

『나는 바젤로 가서 음악 교수의 기회를 얻고자 하였다. 그러나 나는
이전의 장사한 일로 일종의 수치를 느끼고 있었으며 그로 인하여 무
엇이나 돈벌이를 위하여 일할 기분이 나지 않았다. 나는 내가 희망한
것을 얻기 위하여 세상 사람들이 무슨 말을 하든 개의하지 않았다. 내
가 이처럼 갈피를 못 잡고 있을 때 우연히 만난 친구는 나를 위로해
주고 당분간 製本일을 보도록 말해 주었다. 그곳에서 나는 細工場에
들어갔다. 이번도 작은 공장에 들어가 첫날부터 시간과 기회를 얻어
무슨 다른 일을 할 수 있을 것같이 몽상했던 것이다. 그러나 나는 음
악과 그림을 오랫동안 연습하지 않았기 때문에 전혀 독자적인 생계를
세울 수 없다고 생각하였다. 그러나 공부할 시간을 얻고 싶었다. 나는

얼마 안 되어 처음 일하던 작은 공장에서 다른 곳으로 옮겼다. 그리고 하루 두 시간만은 자유 시간을 얻을 수 있었으므로 사업을 쉽게 해 줄 수 있는 친구를 만났던 것이다.』

『많은 친구를 얻었으나 그중에서도 나는 토부라와 더욱 친하게 되었다. 그는 재빨리 내가 당면하고 있는 고민을 알아주었고 나를 다른 職으로 옮기도록 충고해 주었다. 그는 크류시에게서 페스탈로치의 새 편성에 걸친 교수방법 때문에 음악과 그림을 이해하는 사람을 구한다는 말을 듣고 곧 그 후보자로 나를 생각했다.』

『나는 나 스스로 일반적인 교양과 그림에 뒤져 있다는 것을 잘 알고 있었다. 그래서 이 두 방면에 대하여 좀더 향상할 기회를 갖고자 부르크돌프에 가기를 희망하였다. 나는 페스탈로치라는 사람은 바보로서 스스로 자기 자신의 마음을 모르는 사람이기 때문에 그런 사람과는 관계를 맺지 않는 것이 좋지 않겠느냐는 말을 몇 사람으로부터 충고받았다. 페스탈로치에 대한 이야기는 지금도 자주 화제가 되곤 한다. 이 화제는 여러모로 해석할 수 있지만 지금도 되풀이되고 있다. 그가 전에 바젤에 왔을 때 짚으로 엮은 구두였었는데 그것을 이 거리 어구에 서 있는 걸인에게 그 구두 뒷굽을 뽑아 주었다는 것이다. 나는 그의 『린할트와 겔트루트』를 읽고 그 구두 사건만은 사실이라고 생각했으나 그가 바보라고는 믿지 않았다.』

『여하간 한마디로 표현하여 나는 한번 하고자 하는 마음으로 부르크돌프에 왔던 것이다. 나는 그를 처음 대하고 별로 놀라지 않았다. 그는 더럽고 뚫어진 양말을 신고 윗방에서 나왔는데 때마침 그를 방문한 찌임센과 함께 힘없이 걸어 나오는 것처럼 보였다. 나는 이 순간의 느낌을 무엇이라고 말할 수 없다. 그것은 거의 경탄의 감정과 뒤섞인 일종의 憐憫의 情을 찌르는 것이었다.』

『아! 페스탈로치여, 그때 나의 인상이 어땠을까? 그의 慈愛함, 초면에 나에게 대한 그의 기쁨, 추호의 허식이 없는 그의 태도, 그의 순박,

앞에 선 그의 어색한 태도, 모든 것은 한순간에 나의 눈에서 멀어지고 말았다. 이와 같이 나의 정서에 밀착되었던 사람은 지금껏 없었다. 또한 나의 신뢰를 그렇게까지 깊게 한 사람도 예전엔 없었다.』

『다음 날 아침, 나는 그의 학교에 가 보았으나 처음에는 그저 무질서, 아니 일종의 불유쾌한 혼잡으로만 보였다. 그러나 페스탈로치의 方案에 대하여 前日 찌임센이 나에게 어떻게나 정열을 품어서 말해 주었던지 나 자신 事前의 주의가 환기되고 나는 곧 이 인상에 사로잡혀 그의 교수방법에 많은 효과가 있다는 것을 알아챌 수 있었다. 처음 나는 한 가지에 너무 오래 고집한다는 것은 도리어 아동을 괴롭히는 것이 아닌가고 생각했으나 페스탈로치가 너무도 안전하게 아동들을 연습의 첫걸음에 오도록 한 것을 보고 나는 소년시절에 받은 교수방법이 비약이 심하고 거칠었다는 것을 처음 깨달을 수 있었다. 그래서 만일 내가 초보에서 충분히 긴 시간 동안에 서서히 교육되었다면 나는 좀더 높은 階機로 향상했고 퍽 도움이 되었을 것이며 동시에 내가 현재 빠지고 있는 이 우울이나 비관이나 생활의 모든 우환을 이길 수 있었을 것이다.』

『페스탈로치가 말한 것처럼 神이 이 지상에서 神 아닌 어느 누구도 사람을 구할 자 없고 또 구할 수 없기 때문에 신은 신의 방법에 의하여 사람들 스스로가 자신을 구할 수 있도록 한다는 페스탈로치의 원칙과 내가 앞에서 기록한 회상과 반성과는 꼭 일치되었다. 나는 처음 이 한 구절을 『린할트와 겔트루트』에서 읽었을 때, 온몸이 떨리는 것을 느꼈다. 하지만 신은 이 지상에서 스스로 자기를 구할 수 없는 자를 누구도 구해주지 않고 또 구할 수도 없다는 것이 나의 생애의 경험이었다. 그리하여 나는 나의 목적을 달성하기 위하여 메울 수 없는 많은 허점은 실로 오늘 그것에 따라가야 할 기술면, 특히 그 기술의 기초가 되는 여러 원칙에 대하여 아무것도 모르고 해야 했다. 그 기술의 면에 있어서 내가 전에 받은 박약하고 피상적인 교수에 인한 것임을 나는 오늘 명백히 알게 되었다.』

　『나는 확실히 오늘 페스탈로치가 구하는 나의 조력을 위하여 온 힘을 기울이고 있었으나 오랫동안 나는 그림에 관한 그의 의견에 대하여 전혀 이해가 가지 않았고 또한 그가 다음과 같이 말했을 때 과연 어떠한 것을 바라는지 처음에는 몰랐다.』(以下는 페스탈로치의 말을 인용한 것임—譯註).

　『「직선과 각과 곡선은 곧 그림 그리기의 기초다.」 그는 스스로 나에게 설명하기 위하여 「이 경우에는 역시 인간의 막연한 감각적 인상에서 명백한 관념에로 나아가도록 해야 한다.」고 했다. 그러나 나는 이것을 어떻게 하면 그림을 그릴 수 있는지 알 수 없었다. 그는 말했다. 「이것은 方形과 曲線을 각 부분으로 나눔으로서 또는 이 모든 부분을 눈으로 볼 수 있고 비교할 수 있는 단위로 분석함으로서 성취해야 한다.」 그래서 나는 이 분석과 簡單化를 어떻게 해서라도 찾아보려고 하였으나 그 간단한 방법조차 발견할 수 없었다. 그리고 오래도록 고심해 보았으나 결국 하나하나의 圓形이 꼬리에 꼬리를 물고 일어나 많은 시간을 허비할 뿐이었다. 더구나 그 모든 圓形은 그 자체로서는 간단한 것이었으나 페스탈로치의 간단성의 법칙은 조금도 명백히 되지는 않았다. 불행히도 그 자신은 쓰지도, 그리지도 못하였으나 그는 무엇인가 내가 할 수 없는 방법으로 이 양자에 있어서 아동들을 훌륭히 지도했던 것이다. 요컨대 수개월간 나는 그를 이해할 수 있었고 또한 수개월간은 그가 모형으로 나에게 준 몇 개의 직선을 어떻게 했으면 좋을지 전연 몰랐다. 그러나 나는 별로 지식이 없더라도 실지에서 하고 있으면 그것으로 족하지 않을까 하고 느꼈다. 나는 나의 지식 일체를 버리고 모방할 수는 없으나 그에게는 그만한 독특한 힘을 준다고 생각했다. 이 간단한 초보점에 나의 기초를 두어야 한다는 생각에 급기야는 다다랐던 것이다. 그러나 그것은 쉬운 일이 아니었다. 나는 페스탈로치가 그렇게도 끈기 있게 초보점을 고집함으로서 아동들이 얼마나 숙달되어 간다는 것을 알고 있었다. 드디어 내 識見이 무르익어서 나는 이 모든 초보점까지 거슬러 올라가야만 했다. 그리하여 直觀의 A, B, C에 대한 나의 企圖는 그 후 二日 후에 완성할 수 있었다. 여하간 지금은 존재하고 있으나 아직도 나는 그것이 어떠한 것인지 알 길이 없었다. 그러나 그것은 나에게 가장 큰 영향을 주었다. 나는 이 術이 단순히 직선만으로 성립된다는 것을 몰랐었다. 이렇게 되면 나의 눈에 보이는 모든 것은 곧 그 윤곽을 그리는 선과 선의 가운데 서는 것을 보게 되었던 것이다. 나의 눈에 비친 像에 있어서 그 윤곽은 사물에서 떨어져 일정한 형체가 되고 그 형체와 좀 다르면 그것을 분명히 알 수 있게 되었다. 그러나 처음에는 다만 사물만을 보았지만 이번에는 선만을 보게 되었다. 이 선은 아동에게 실물을 묘사시키거나 또는 음미시키기 전에 반드시 그것만을 절대적으로 또한 극도로 사용해야 한다고 생각하게 되었다. 그런데 페스탈로치는 이 그림의 규칙을 자기의 목적과 관계시켜 생각하고 또 인간의 術의 어떠한 부분도 인간의 마음속에 오래도록 개개의 고립을 허용하지 않는 자연과 관련시켜 생각했던 것이다. 그러한 의도에서 그는 幼兒時期로부터 줄곧 二重의 형체를 주었던 것이다. 즉, 아동을 위해서는 책 속의 형체와 일정한 형을 알기 위한 준비가 되는 형체가 이것이다. 그는 前者로서 자연의 일을 돕겠다고 생각했고 자연의 像을 몇 개든지 주어서 될수록 초기의 아동에게 언어와 사물의 지식을 발달시키려고 생각했던 것이다. 後者로서 그는 術의 규칙과 그 술의 감각적 인상을 결부시켜 순전한 형의 의식과 그 형에 적합한 사물의 의식을 동시에 두는 데 의하여 아동의 마음속에 오래 고착시키려고 생각했다. 그리하여 최후에 그것으로 術에 의해 점진적인 진보를 보증하려고 했다. 그렇게 하면 아동은 완전히 그릴 수 있는 어떠한 선도 사물을 그리는 대신 사용할 수 있으리라. 그리고 이 모든 사물을 완전히 그리기 위해서는 그가 잘 알고 있는 일정한 형의 반복에 불과한 것이다.』

『나는 그렇게 형체를 그리게 함으로서 혹은 아동의 감각적 인상의 힘을 弱化시키지 않을까 했으나 페스탈로치는 어떠한 부자연한 힘을 요구하지 않았다. 그는 말했다.「자연은 아동에게 어떠한 선도 주지 않고 다만 사물을 주었을 따름이다. 그리고 아동에게 선을 주어서 좋을 경우에는 그것으로서 아동이 사물을 바르게 인식할 수 있어야 한다. 그러나 아동이 선만을 보기 위하여 사물을 아동에게서 빼앗아서는 안 된다.」그리고 다른 기회에 그는 선을 위하여 자연을 물리치는 일의 위험에 대하여 마침내 이렇게 외치듯 말했다.「마치 저 偶像崇拜의 僧侶들이 迷信的인 설교로서 인간의 마음을 욕심껏 삼켜 버리고 자연적인 감각적 인상을 배제할 만큼 인간의 마음을 化石化한 것과 마찬가지로 이들 선이나 人爲의 術을 위하여 내가 인간의 마음을 삼키고 눌러 자연적인 감각적 인상을 배제할 정도로 인간의 心意를 화석화하는 것을 신은 금했던 것이다.」』

『최후로 나는 兩者의 책의 方案에 있어서 자연의 진행과의 완전한 합치를 인정하고 또한 발견하였다. 그리고 자연으로 하여금 인간의 諸才能의 발전상 긴요하고 근본적인 영향을 사람의 마음에 필요한 만큼 術을 인정하고 또한 발견한 것이다.』

『그러나 여기까지 오는 동안에 나는 進退兩難에 빠졌다. 페스탈로치는 나에게 이렇게 말하였다. 대체로 아동들은 언어와 같이 모든 윤곽을 읽도록 또 곡선이나 角의 개개의 부분을 글자로서 부르도록 가르치고 그렇게 함으로서 그들의 결합을 마치 몇 개 글자의 결합으로 말을 표현하는 것과 같이 명백히 이것을 발표할 수 있도록 해야 한다. 그리고 모든 직선이나 곡선은 이것을 직관의 A, B, C로 하고 그것으로 人爲의 術이 언어의 기초가 되도록 해야 할 것이다. 그러나 그 기초로서 여러 가지 허다한 모든 형을 극히 명백히 알릴 뿐만 아니라 명백한 말로 그것을 발표시켜야 할 것이다. 그러나 페스탈로치는 내가 이해하기까지에는 결코 안심할 수 없었다. 내가 그에게 대단히 걱정을 끼쳐서 미안한 마음을 금할 수 없었다. 그렇다고 슬퍼해도 소용이 없었다. 직관의 A, B, C는 그의 인내가 없었던들 도저히 발전할 수 없었으리라.』

『결국에 그것은 발견되었다. 나는 A의 문자에서부터 시작하였다. 이것은 곧 페스탈로치가 바란 것이었다. 그리고 하나의 글자에서 다른 글자로 순서를 밟아 나갔으며 나는 아무런 고생도 걱정도 없었다. 사물은 이미 완성된 그림 속에 있었는데 오직 내가 실제로 이미 아는 사실을 발표할 수 없었고 또한 다른 사람의 발견을 이해할 수도 없다는 난점이 있었던 것이다.』

『그러나 이 난점이 구제된다고 하는 것이 페스탈로치 방법의 긴요한 근본이 되는 결과 중의 하나였다. 사물을 발표한다는 術은 자연과 人爲의 術이 우리들에게 준 지식과 확실에 맺어질 것이다. 그리고 아동은 어떠한 계층의 지식에 대해서도 발표하는 것을 배울 것이다.』

『우리들이 철저하게 아는 사실에 대하여 명백히, 그리고 완전히 발표할 수 없다고 하는 것은 우리들 교사 사이에 일반적으로 인정되고 알려진 것이었다. 페스탈로치에 있어서도 명료하게 그의 뜻하는 것을 발표하는 말을 찾아내어 교육목적에 관한 그의 견해를 서술한다는 것은 결코 쉬운 일이 아니었다.』

『실은 이 명확한 언어 발표의 결핍 때문에 나는 나의 일에 대하여 그와 같이 오랫동안을 의심하고 주저하여 페스탈로치의 원칙을 이해하지 못했고 또한 이해할 수도 없었다.』

『나는 이 난관을 통과한 뒤 나날이 페스탈로치 방법의 효과를 인정하였고 특히 명확한 말에 의한 직관의 A, B, C가 어떻게 해서 아동의 마음속에 훨씬 정확한 정당성과 균형의 느낌을 이루는가를 이해했다. 나는 이렇게 느꼈다. 즉, 자기들의 환경의 사물에 대하여 術과 主義로서 발표하도록 교육받은 사람들이 다만 여러 가지 사물의 명칭을 바로 아는 것으로 어떻게 그와 같은 교수를 받지 못한 사람들에게 있는 가능성보다 그 모든 사물의 특색을 한층 더 명백하게 식별하고 더욱 명백하게 의식하는 것이 가능할까를 느꼈다. 경험은 나의 기대를 확인했다. 아동은 소년시대에 계산과 그림에 익숙한 사람들보다 더욱 올바르게 이 여러 가지의 제 부분을 비평했던 것이다. 이 술에 있어서 아동의 진보는 급격했고 아동의 평상시의 진보와는 도저히 비교할 수조차 없었다.』

『나는 오직 내가 담당하고 있는 학과를 매개로 하여 이 방법의 전체를 보았으므로 그것만으로는 그 방법의 효과가 좁은 것이겠지만 이 제한된 나의 圈內에서 나는 끈기 있게, 또는 주의 깊게 실험한 결과 나는 차차 한 걸음, 한 걸음, 다른 학과에서도 역시 같은 효과를 얻을 수 있다고 미루어 예측할 수 있었고 또한 그것을 실지로 목격하였을 뿐 아니라 이해하게도 되었다. 그리하여 나는 도화에 있어서 나에게 과업으로 주어진 제한된 일을 대체로 언어의 심리에 의하여 소리에서 말로, 말에서 이야기로, 점차적으로 과업을 진행시킴과 동시에 어떻게 하여 線에서 角으로, 또 角에서 形體로 더욱 형체에서 사물에로 차차 과업을 진행시켜서 명료한 관념의 형성에 도달할 수 있는가를 깨닫게 되었다. 나는 이와 같은 진행법이 산수에 있어서도 가능한 것을 알았다. 나는 아직 수를 보는데 그 수의 본질의 가치, 또는 내용에 대하여 명백한 의식을 가지지 못했고 다만 독립된 실체로서 이것을 보아 왔다. 마치 지금까지 나는 術의 대상물을 인정하는 데 있어서 모든 사물의 명확한 윤곽, 또한 조화균형의 의식, 즉 그들 사물의 내용에 대하여 明確整然한 의식 없이 이것을 본 것과 마찬가지였다. 그러나 지금 나는 어떠한 數라도 그 수의 명확한 내용을 명확히 의식하고 또한 이 교수를 받는 아동들이 어떠한 진보를 하였던가를 알고 동시에 어떤 학과에 있어서도 수와 형과 말에 대한 교수를 동시에 부여하는 것이 얼마나 긴요한가를 알 수 있는 데 이르렀다. 그러나 나는 전에 맡은 과목에서 언어의 결핍 때문에 있었던 결함을 인정하듯이 지금은 산수의 결핍 때문에 생긴 여러 가지의 허점을 인정하게 되었다. 말하자면 나는 아동들이 어떠한 형체에서도 그 형체의 부분을 셀 수 없을 때에는 표현할 수 없다는 것을 실지로 보았다. 이것은 아동이 넷이라는 수가 네 개의 단위로 성립되는 것임을 모르고서는 어떻게 해서 하나의 수가 네 개의 부분으로 나뉘는가를 이해시킬 수 없는 것과 같다는 것을 알 수 있게 되었다. 이리하여 오늘 나의 일이 나날이 明白의 도를 더 해갔고 그만큼 나 자신에게 명확해졌으므로 일체의 방법은 그것이 인간의 심의 위에 미친 영향으로 아동의 마음속에 각 학과가 아동 자신의 진보를 도와 나아가는 힘을 발생시키는 것이다. 말하자면 이 방법은 본래 하나의 바퀴와 같은 것이다. 단지 그것을 움직이면 스스로 운전해 나가게 된다는 확신을 주었던 것이다. 그러나 이것을 깨달은 사람은 나 한 사람뿐이 아니었다. 수백 명의 사람들이 학교에 오고갔고 실지로 참관하고 「이것은 틀림없다」고 연발하며 감탄한 사람이 수없이 많았다. 농민들의 부모들도 「우리 아동에게 이러한 방법은 가정에서도 시행할 수 있다」고 말했다. 그것은 결코 틀림없는 말이었다.』

『만일 누구나 이 초보의 방법만이라도 파악한다면 이 방법 전체는 참으로 일종의 즐거운 유희로 변할 것이다. 이 방법에 의하면 모든 人爲의 術을 인간에 있어서 곤란한 일로 생각하게 하는 옆길, 그리고 자연 그것에서 우리들을 외면하게 하고 또한 人爲의 術이 그 기초를 두어야 할 확고한 地盤에서 우리들을 멀리하게 하는 옆길, 이 옆길에 들어서서 방황할 두려움은 없어질 것이다. 자연은 만일 우리들이 인위의 술을 올바른 방법에서 찾고 또한 자연의 손에서만 이것을 구한다면 결코 자연은 우리들에게 벅찬 그 무엇을 요구하는 것은 아니다.』

『나는 여기서 한마디만 더 첨가해야겠다. 그것은 이 방법의 지식이 나의 소년시대의 즐거움과 힘을 회복시켜 주었고 또 나 자신을 위해서는 물론 인류를 위하여 나의 희망에 활기를 주었던 것이다. 그러나 나는 지금까지 오랫동안 나의 이 희망을 단지 몽상에 지나지 않는다고 여겨왔고 마음속으로는 언제나 동경하면서도 이것을 땅 위에 방치해 두고 있었다. 지금 이 희망이 아침 햇살을 받고 蘇生한 것이다.』

第四信

벗이여! 당신은 이미 나와 협력해서 지금 일하고 있는 사람들을 알았을 것이다. 그러나 나는 처음 부르크돌프에 왔을 때 이러한 조력자를 한 사람도 가지지 못했다. 나는 처음 조력자를 구하지 않았다. 나는 슈탄쓰를 떠난 후로는 매우 피로했고 마음의 動搖로 해서 내가 일찍이 품었던 민중교육 방안의 理想도 나의 마음에서 식어가고 있었다. 그래서 나는 당시 오직 현존하는 학교의 서글픈 여러 가지 상태의 細目에 대하여 개선할 면으로만 나의 목적을 좁게 국한했던 것이다. 더구나 나는 이 일조차 잘 해낼 수 없었고 또한 내가 전에 품었던 목적의 정신에 따라서 도달할 유일한 궤도에 할 수 없이 되돌아가지 않을 수 없었던 것은 오직 나의 필요와 환경의 결과였다. 그리하여 수개월을 나는 의혹과 심려 때문에 할 수 없이 이 제한 내의 일만을 했다. 그것은 참으로 우스운 사태였다. 나는 학문도 없고 실행력도 결핍되어 있었으나 사물을 명확히 파악하고 그것을 단순화하려는 힘으로 한편으로는 교사에 불과했고 다른 한편으로는 교수의 개혁자였다. 그리하여 루소(一七一二~一七七八)나 바제포(一七二三~一七九〇)의 시대 이후 세계의 태반이 이미 이 목적을 위하여 실지 진행을 촉진하던 시대에 있어서 감히 나는 이 대사업에 착수했다. 나는 실제 그들이 무엇을 원하고 무엇을 하고 있었던가에 대해서는 아무것도 몰랐다. 단지 나는 다음과 같이 보았을 뿐이다. 그것은 교수의 고상한 諸點, 아니 도리어 高等한 교수는 여기저기서 완성의 정점에 도달해 있고 그 영광은 마치 햇빛이 박쥐의 눈을 어둡게 하듯 나의 학문 없는 것을 더욱 당황하게 하였다. 나는 교수의 中間層階는 나의 지식의 領域을 훨씬 초월하고 있는 것으로 보았다. 나는 초보 정도의 교수가 여기저기서 개미와 같은 근면과 열성으로 실행하는 것을 보고 또한 그 효용과 효과는 어느 면에서도 도저히 등한히 여겨지거나 誤認되어서는 안 된다고 실제로 느꼈다.

내가 교수의 전체, 아니 도리어 전체로서의 교수를 대략 보고 교수를 필요로 하는 대다수 민중의 진실한 實狀과 관련해서 이것을 대략 볼 때 나는 나 자신의 학문이 없음을 돌보지 않고 할 수 있는 작은 일이라도 민중이 당시 실지로 받고 있던 것과는 도저히 비교가 안 되는 크나큰 것으로 생각되었다. 민중을 관찰을 하면 할수록 나는 점점 다음과 같은 것을 발견했다. 즉, 우리들이 마을과 학교에서 실제로 볼 때 책에서부터 큰 흐름과 같이 민중에게 흘렀다고 본 것은 짙은 안개 속에 사라지고 그 짙은 안개 때문에 민중은 젖지도 마르지도 않았고 그들은 낮이나 밤이나 아무 이익도 받지 못한다고 나는 점차로 느꼈다. 적어도 당시에 실지로 이루어진 것을 보면 학교의 교수는 대다수의 민중에게나 최하층 계급에게는 전혀 쓸모도 없다는 것을 느껴 나는 그것을 발표하지 않을 수 없었다.

내가 아는 범위 안에서 당시의 학교교수를 비유해 말하면 하나의 크나큰 家屋과 같은 것이다. 그 最上層은 最高至善의 術로 빛나고 있었으나 그 房에는 극히 소수의 사람만이 살고 있었다. 중간층에는 많은 사람이 살고 있었으나 사람다운 방법으로 上層에 도달할 수 있는 징검다리가 없었다. 그 속의 극소수만이 동물과 같은 방법으로 그곳에 도달하려고 하는 희망을 일으키고 그리하여 그것이 발각되면 그들은 징검다리 대신 사용하여 그곳에 오르려고 했던 손발 같은 것을 흔히 끊었던 것이다. 最下의 밑바닥에는 헤아릴 수 없이 많은 민중이 붐비며 호흡하고 있었다. 그들도 最上層 사람들과 같이 햇빛과 신선한 공기를 향락할 평등의 권리를 갖고 있었으나 그들은 오직 어두움 속에서 별마저 보이지 않는 동굴 속에 던져졌고 두 눈마저 감긴 채 맹인이 되어 위층과 중간층을 쳐다볼 수도 없게 되어 있었다.

벗이여! 이 모든 사태를 실지로 목격한 나는 자연히 다음과 같은 확신을 품지 않을 수 없었다. 즉, 유럽 대다수의 민중의 意氣를 꺾어 놓는 학교의 갖가지 弊害를 단순히 겉치레만 해서 숨기기는 불충분하다. 따라서 이것을 근본에서부터 다스려야 한다. 이 치료가 도중에서 파탄되어 버린다면 곧 둘째의 毒藥을 그들에게 먹이는 것이다. 이 독약은 첫째 번 독약의 효과를 끊어 버릴 수 없을 뿐 아니라 도리어 그것을 倍加시킬 것이라고 나는 확신하였다. 나는 물론 이러한 것을 바랄 리 없다. 이 가운데 만일 나는 누구든지 기계적인 교수의 방법을 환원해서 인간심의를 단순히 감각적 인상으로 명료한 관념에까지 끌어올리는 영원한 법칙으로 여기는 데 성공할 수 있다면 학교의 폐단 전체를 구제하는 것은 절대로 불가능에 틀림없다는 의식이 나날이 내 마음속에서 싹텄다.

날이 갈수록 확실해 갔다고 내가 말한 이 의식은 동시에 또 교육의 전 범위에 통한 어떤 하나의 경지로 나를 이끌어 갔다. 그리하여 내 마음속에서는 마치 구멍 속에 숨어사는 생쥐와 같이 고양이가 무서워 밖을 보지도 못하는 것과 같지만 그래도 나는 불안한 마음으로 채용한 서투른 미봉책이 전체로서의 학교의 필요를 채워주지 못했다. 뿐만 아니라 쉽게 일어나는 사정에 있어서도 도처에서 가련한 아동들을 지금까지 학교에서 삼켜 버리도록 익숙해진 阿片의 두 번째 약을 먹이는 결과를 가져오리라고는 실제로 보지 않을 수 없었다.

그러나 내가 혼자 학교를 관리한다는 것이 얼마나 어렵고 힘든 일인가를 너무도 잘 체험했기 때문에 나는 그렇게 두려울 것이 없었으나 그로 인해 나는 나날이 수척해지지 않을 수 없었다. 나는 나의 일에서 마치 자기의 고기 잡는 창을 잃은 어부가 낚시로 고래를 잡으려는 것과 흡사하게 여겨졌다. 물론 그것이 잘 되리라고는 말할 필요조차 없다. 만일 이 어부가 무사히 언덕에 닿으려고 생각한다면 고기 잡는 창을 손에 잡든지, 아니면 고래를 그대로 놓아 주든가다. 일단, 내가 나의 목적의 긴급한 요구를 만족시키고 또한 교수의 원칙을 자연의 진행과 일치시키기 위해서는 과연 어떻게 해야 할 것인가를 이해하기 시작했을 때 나는 마치 이와 같은 입장에 있었다. 나의 일에 대한 자연의 요구는 벌써 이것을 등한히 여길 수 없게 되었다. 그것은 나의 눈앞에 하나의 결합된 전체로서 나타났다. 만일 고기 잡는 어부처럼 내가 안전하게 돌아오려고 한다면 나는 직업에서 말하자면 사소한 것이라도 할 생각을 일체 포기하든가 아니면 어디로 나를 이끌어 가든가, 한결같이 자연의 통일을 존경하느냐의 擇一이 아니면 안 된다. 그리하여 나는 후자를 선택했던 것이다. 나는 영원히 자연의 지도에 몸을 맡겼다. 그리하여 나는 의기가 없는 보조 교사로 하여금 공허한 A, B, C의 손수레를 끌고 돌아다닌 후 갑자기 孤兒院, 敎員養成所, 寄宿學校 등의 설립을 포함한 거대한 계획에 몸을 던졌다. 그러나 첫해, 資金調達의 필요에 몰렸으나 그 자금의 一〇分의 一도 手中에 넣을 것이라고는 예상할 수 없었다.

그러나 그것은 성공했다. 벗이여! 그것은 성공할 수 있는 것, 또 성공하는 데 틀림없었다. 그리고 깊은 경험은 다음과 같은 것을 가르쳐 주었다. 인간의 情이란 어떠한 사정 밑에서나 모든 人情 가운데 가장 완고하고 기만적인 정부 관료들의 인정이라도 인류에 봉사하려는 위대하고 순진한 노력에는 이길 수 없는 것이다. 그리고 그 노력에 험한 상처를 입고 드디어 효과 없는 무력한 것으로 내릴 수는 없다. 게스나여! 내가 처음 시도한 실험 가운데서 몇 가지는 참으로 무르익은 열매를 맺었던 것이다.

벗이여! 사람은 선량하고 또 선량한 것을 바란다. 동시에 사람은 그 선량한 것으로 자기의 행복을 얻고자 하는 것이다. 만일 사람이 악하다면 그는 선량하게 되려는 길이 확실히 막힐 것이다. 아아, 이 막혔다는 것이 얼마나 무서운 것이랴. 더구나 그것은 극히 일반적인 것이고 따라서 선량한 사람이란 극히 드문 것이다. 그럼에도 불구하고 나는 어떤 곳, 어떠한 때에도 어디까지나 인정을 믿는다. 이 信仰으로 나는 지금 로마의 舖石道를 걷듯 처녀지의 길을 걸어가는 것이다.

그러나 나는 당신에게 내가 지금까지 그러한 사정 밑에서 일해야 했던 혼란된 개념에 대해 報告하고 나 자신을 위하여 교수의 기계적 방식을 천명하고 그 방법을 인간성의 영원한 법칙에 從屬시켜야 할 이유를 밝히려고 생각한다.

벗이여! 이것을 위하여 나는 지금부터 六개월 전 나의 학원에 몇몇 친구에게 나의 실험에 관한 보고서 가운데서 몇 구절을 뽑아 적어 보내려 한다. 그것은 나의 관념의 진보하는 자취를 이해하기 위하여 매우 도움이 되리라고 생각한다.

이 보고서에서 나는 이렇게 말했다.
『사람은 오직 敎授에 의해서만 비로소 사람이 되는 것이다. 그러나 우리들 자신이 창조한 이 術의 지도가 얼마나 큰 힘이 있다고 해도 그것은 반드시 자연의 단순한 진행과 맺어져야 한다. 人爲의 術이 어떠한 일을 하고 또 대담하게 우리들을 현재의 상태에서 향상시키고 그리하여 우리들의 동물성의 諸 特質 이상으로 끌어올릴 수 있을지라도 그것은 우리들 인류로 하여금 혼란된 感覺的 印象에서 명백한 관념에까지 향상시키는 그 형식의 정신을 향하여 털끝만치의 공간도 더할 수가 없다. 그리고 또 그래서도 안 된다. 그것은 단지 다음과 같은 점에 의해서만 본래의 목적 즉, 우리들의 향상을 실현하는 것이다. 곧 그것은 이 형식에 있어서 우리들을 발전시키는 것이며 다른 어떠한 형식에서도 우리들을 발전시키는 것은 아니다. 그리고 그것이 다른 형식으로 우리들을 발전시키고자 한다면 곧 非人間的인 상태에까지 우리들을 끌어내릴 것이다. 그리고 그 비인간적인 상태에서 우리들이 향상한다는 것은 대체로 우리들 본성을 지은 造物主가 우리에게 課한 운명이다. 우리들 인류가 요구하는 발전의 형식, 이 발전의 형식을 발생케 하는 자연의 靈은 그 자신 확고부동하고 영원불변의 것이다. 그것은 人爲의 術의 영원불변, 확고부동한 기초이며 또 그래야만 한다. 적어도 사물의 皮相 내지 표면을 통해서 그 속을 보려는 사람들에게는 최고의 영광을 가지고 나타날 것이다. 마치 壯麗한 큰 家屋과 같이 하나하나 작은 斷片을 附加해도 눈에 보이지 않는 감이 있으나 역시 그것이 영원무궁한 큰 암석 위에 올려놓은 것과 같다. 그리고 그 가옥이 탄탄한 암석과 붙어 있는 한, 그것은 확고부동한 기초 위에 놓인 것이지만 만일 가옥과 암석의 결합이 조금이라도 금이 가서 파괴된다면 그것의 구성분자인 작은 조각도 또한 무너지고 말 것이다. 이와 같이 인위의 술은 전체로서 그 결과가 이처럼 위대한 것이지만 그것이 자연의 진행에 순응해서 부가한 것, 아니 도리어 그것이 자연의 기초 위에 세워진 하나하나의 사실은 어떤 경우에도 극히 사소한 것이고 거의 눈에 띄지 않을 정도다. 인간의 諸 能力의 발전에 대한 그 뜻은 원래 다음과 같은 것에 한정된다. 즉, 자연이 넓은 범위에 걸쳐 복잡 다양하게 우리를 눈앞에 흩트려 놓은 것을 인위의 술은 보다 좁은 구역 안에서 순서를 바로하고 우리들 五官에 더욱 가까이 접근시켜 날이 갈수록 더 긴 세월을 두고 점점 정확하게 세계의 갖가지 사물을 우리에게 제공하도록 五官을 발전시키는 데 있다. 그러나 인위의 술의 힘은 그 힘의 효과와 작용과 자연 본래의 작용과의 조화에 의존하며 그 모든 작용은 자연의 그것과 같다.

『人間이여! 이 고상한 자연의 작용을 모방할지어다. 자연은 가장 큰 수목의 종자에서 먼저 거의 눈에 띄지 않는 싹을 트게 하고 다음에는 역시 전과 같이 눈에 띄지 않을 만큼씩 나날이 아니 매 시간 그 階梯를 서서히 따라 첫째로 줄기를, 둘째로 가지를, 셋째로 엷은 가지를, 넷째로 나무 끝에 가는 가지에로 전개하고 마지막 실가지에는 해마다 가장 싱싱한 잎이 돋아나는 것이다. 대자연의 이 작용을 자세히 관찰할지어다. 자연은 각 부분을 이루어 나아갈 때 어떠한 부분이라도 정성들여 주의하여 완성하고 모든 새 부분으로 낡은 부분의 지속적 성장에까지 接合하는 것임을 면밀히 고찰할지어다.』

『아름다운 꽃이 깊이 숨어 있는 봉우리에서 어떻게 전개하는가를 자세히 고찰하라. 또 첫날 아름답게 핀 꽃은 얼마 안 되어 스러져 버리지만 처음에는 연약하나 완전히 이루어진 과실은 나날이 그것이 이미 있는 모든 것을 향하여 무엇인가 필요한 것을 부가해 나아가는 모양을 관찰할지어다. 그토록 오랜 세월을 서서히 커 가면서 그것은 그것을 길러주는 실가지 위에 걸려 모든 부분이 완전히 익을 때까지 그곳에 머물렀다가 마침내 나무에서 떨어지는 것이다.』

『어머니인 대자연이 그 발랄한 발생력으로 뿌리의 눈을 트게 하고 나무의 가장 귀중한 부분을 땅 속 깊이 감추는 그 모습을 고찰할지어다. 그리고 또 자연이 어떻게 그 뿌리의 眞髓에서 꿋꿋한 줄기를 키워가고 줄기의 眞髓에서 가지를, 또 가지의 진수에서 가는 가지를 키워가는가를 고찰할지어다. 이리하여 어떻게 자연이 가장 연약하고 가장 첨단인 실가지에 이르기까지 충분한 영양분을 공급해 주고 더구나 그 어느 것에 대해서도 결코 무용하고 균형을 잃은 헛된 힘을 부여하지 않는 것을 고찰할지어다.』

인간의 물리적 본성의 機構는 원래 물리적 대자연이 대체로 그 여러 힘을 전개하는 법칙과 같은 법칙을 따르는 것이다. 대저 이 법칙을 따른다면 모든 교수는 그 지식의 題材 즉, 학과의 가장 본질적인 부분을 인간 마음의 골수에까지 확실하게 심고 거기서부터 점차로 끊임없이 본질적이 아닌 부분을 가장 본질적인 부분에까지 接合하고 학과의 모든 부분, 그 가장 첨단적인 부분까지 일체를 포함해서 하나의 산 균형이 잡힌 전체로 이것을 지지하는 것이다. 지금 나는 인간심의의 발전이 그 참된 본성에 따라야 할 법칙을 구했던 것이다. 이리하여 나는 그 법칙이 물리적 대자연의 법칙과 같은 것임을 알았다. 그리고 그 법칙으로 교수의 일반적인 심리적 방법을 이해할 수 있는 안전한 손잡이를 안심하고 발견했던 것이다. 나는 꿈속에서의 기분으로 이 손잡이를 발견한 그 순간 나와 나의 몸을 향해 이렇게 말했다.

『人間이여! 그대들은 완전한 과실의 모든 물리적 성숙에 있어서 그 모든 부분의 완성한 결과를 인정하는 것과 같이 적어도 인간의 판단이 판단해야 할 사물의 모든 부분이 완전한 감각적 인상의 결과로 나타나지 않는 것은 결코 이것을 무르익은 것으로 생각해서는 안 된다. 이와 반대로 무르익은 것으로 보이는 모든 판단은 그실 벌레 먹은 것이거나 아니면 때 아닌 시기에 나무에서 떨어지는 것으로 보기에는 익은 듯 보이는 과실에 지나지 않는 것을 명심해야 한다.』라고.

一, 그러므로 여러 관찰을 분류하고 또한 복잡하게 되기 전에 먼저 단순을 완결하는 것을 배워야 한다. 어떠한 술에도 지식의 점진적인 階梯가 깊이 印象되어 결코 잊어버리지 않도록 해야 한다. 그리고 이 점진적인 지식의 계제에서 어떠한 새 관념도 이미 아는 옛 관념에 대한 사소한 것이 거의 눈에 띄지 않을 정도로 부가한다.

二, 또 본래 서로 관계있는 모든 사물로 하여금 그것이 자연계에서 지니고 있는 것과 같은 연락관계를 우리들의 심의 안에서 지니고 있도록 한다. 우리의 관념으로는 모든 본질적인 사물에 모든 본질적인 것이 아닌 사물을 종속시키는 것, 특히 인위의 술에 의해 주어진 인상을 자연과 실물에 의해 주어진 인상에 종속시키는 것, 그것이 자연에 있어서나 인간관계에 있어서 가진 것보다 더 큰 비중을 우리에게 주는 것이다.

三, 중요한 사물의 인상을 인위의 술로서 우리들에게 더욱 접근시키고 이것으로 온갖 感官을 통하여 우리들에게 영향을 줌으로서 그 중요한 사물의 인상을 짙게 하고 더욱 명백히 할지어다. 그것을 위해서는 물리적 기구의 제일 법칙을 배워야 한다. 그것은 물리적 대자연의 모든 영향력의 강, 약 대소로 하여금 우리들의 감각과 접촉하는 사물의 물리적 遠近如何로 결정되게 하는 것이다. 그래서 이 물리적 원근이라는 것이 우리들의 적극적인 의견이나 행위, 의무, 심하게는 도덕까지도 결정하는 막대한 영향을 가진다는 것을 결코 잊지 말아야 한다.

四, 자연법의 여러 결과를 절대적이고 필연적인 것으로 인정하고 또한 이 필연의 힘의 효과를 인정해야 한다. 자연은 이 힘으로서 자기의 목적을 도달키 위하여 자기가 가진 여러 가지 재료의 여러 요소를 결합 통일하게 하는 것이다. 우리들이 교수에 있어서 적어도 인간에 대하여 목적한 결과를 실제로 이루게 하는 인위의 술, 그 인위의 술의 기초를 자연법에 두어야 한다. 이렇게 하는 이유는 外觀上으로는 異質的으로 보여도 우리들의 모든 행동을 이 主要目的에 대한 수단으로 하기 위해서다.

五, 그러나 그 풍부한 흥미와 복잡한 自由發揮는 실로 물리적 필연성 아니면 자연법에 대하여 자유와 독립의 감명을 드러나게 하는 것이다.

우리들의 술, 우리들의 교수의 결과로서 이와 같이 자유와 독립의 감명을 깊게 하라. 그와 동시에 우리들은 그 결과로 풍부한 흥미와 여러 가지의 다양스러운 自由의 발휘로서 이 교수와 술의 결과를 자연법 위에 기초를 두게 해야 한다.

인간성의 발전을 지배하는 모든 법칙은 하나의 초점으로 모인다. 그것은 우리들의 모든 존재의 중심을 향해 모이는 것이다. 그리고 우리들 자신은 실로 그 중심이 되는 것이다.

벗이여! 내가 현재 오늘이 있기 때문에 내가 희망하는 모든 것, 혹은 내가 그렇게 있어도 모르는 모든 것, 이것들은 실로 다 자신에서 우러나온 것이다. 그렇다면 나의 지식은 또한 나 자신에서 우러나온 것이어야 하지 않겠는가?

이 몇 개의 命題에서 나는 교수의 일반적 또는 심리적 방법이 짜아내는 실을 당신에게 제공했다.

그러나 나는 그것만으로 결코 만족할 수 없다. 나는 이와 같은 여러 가지 명제의 기초가 되는 자연의 본질적 법칙을 모든 단순성과 완결성에 있어서 서술할 수 있는 입장에까지는 도달하지 못했다고 느끼고 있다. 단지 나의 견해로는 모든 三重의 근원을 가지고 있다.

첫째 근원은 자연, 그것이다. 즉, 자연의 힘으로 우리들의 심의는 몽롱한 감각적 인상으로부터 명료한 관념으로 발전하는 것이다. 그리고 이 근원에서 다음에 例擧하듯 여러 원칙이 흘러나온다. 그 성질은 현재 내가 구하고 있는 법칙의 기초로서 인정되는 것이어야 한다.

一, 우리들의 五官에 영향을 주는 모든 사물은 실로 우리들을 도와 바른 의견을 구성하는 수단이다. 그것은 이 모든 사물의 현상이 우리들의 오관을 향하여 변화하는 모양이 마치 외부적 성질과는 다른 不動不變하고 본질적인 본성을 제시하는 한, 그 수단이 된다. 이와 반대로 모든 사물은 만일 현상이 본질적 특질과는 전혀 다른 우연적인 성질을 우리들 오관에 제공하는 한, 도리어 오류와 기만의 근원이 된다.

二, 완전히 지울 수 없도록 인간의 심의 위에 인상된 모든 감각적 인상에까지 多少의 정도를 불문하고 밀접하게 연합된 여러 감각적 인상의 모든 계열은 마치 惡意的인 것처럼 쉽게 부가될 수 있다.

三, 그런데 혹 어떤 사물의 우연적인 성질과 전혀 다른 본질적인 본성이 뛰어나게 강한 힘으로 우리들의 심의에 인상된다면 우리들 본성의 有機體 그 자신, 그 사실에 관계되어 진리에서 진리로 매일 우리를 지도할 것이다. 만일 이와 반대로 어떤 사물의 본질적인 본성이 아닌 변화하는 성질도 역시 뛰어나게 강한 힘으로 우리의 심의 위에 인상된다면 우리들 본성의 유기체는 이 사실에 관하여 나날이 오류에로 우리들을 이끌 것이다.

四, 지금 본질적 본성이 같은 많은 사물을 결합하게 함으로서 그 모든 사물의 내적 진리에 대한 우리들의 통찰은 본질적으로 또는 일반적으로 점점 널리, 점점 예리하게 또한 더욱 확실하게 되는 것이다. 그 모든 개개의 사물의 본질적인 본성은 마땅히 우리들 심의 위에 생겨나야 할 인상과는 반대로 개개 사물의 우연적인 성질이 주는 일면적인 偏頗된 인상은 힘이 약한 것이 될 것이다. 우리들의 심의는 우연적 성질이 각각 떨어진 것 같은 인상의 힘으로 삼켜지지 않도록 보호되는 것이다. 그리고 사물의 외부적 성질과 본질적 본성을 무분별하게 혼동하는 위험으로부터 우리들은 구조되고 헛되고 우연적인 사실에 몰두하여 명료한 통찰이 차차 떨어져가는 위험에서도 우리들을 구출할 것이다. 거기서 우리는 점점 사물의 본질적, 포괄적, 일반적인 견해를 자기 자신의 것으로 삼는다면 그것에 準하여 국한된 일면적인 견해로 말미암아 사물의 본성을 바로 보지 못하는 일이 점점 줄어들 것이다. 또한 우리들이 만일 자연의 포괄적, 감각적인 인상에서 연습이 적으면 적을수록 여러 다른 사정 밑에서 사물 개개의 견해가 우리들 심의에서 본질적인 견해를 紛糾에 빠뜨리고 극심할 때에는 그것을 抹

消시키는 일이 자주 생기게 될 것이다.

五, 심히 복잡한 감각적 인상도 그것은 단순한 요소를 기초로 한다. 우리가 만일 이에 대한 인상에서 완전히 명백하다면 복잡한 것이 단순화될 것이다.

六, 대개 어떤 사물의 본성은 우리가 많은 感官을 움직이면 움직일수록 그것에 대한 우리들의 지식은 더욱 정확하게 될 것이다.

이들은 우리들 심의의 본질에서 抽出된 물리적 기구의 원칙이라고 생각한다. 이와 같은 여러 원칙은 기구 그것의 일반 법칙과 맺어져 있다. 그리고 그것에 대하여 나는 오늘 이렇게 말할 따름이다. 『완성은 자연의 큰 법칙이다. 그리고 모든 불완성은 참이 아니다.』고 이들 물리적, 기계적 법칙의 둘째 근원은 우리들 본성의 감각성과 일정하게 결합된 감각적 인상의 힘이다.

이것은 무엇이나 보고 싶다, 알고 싶다고 하는 욕구와 알고 싶은, 배우고 싶은 충동을 가라앉히는 무엇이나 즐기고 싶다는 욕구 사이에는 모든 활동 속에 떠 있는 것이다. 단순한 물리적 힘으로서 인간의 懶惰性은 好奇心 때문에 자극되고 동시에 이 호기심은 나타성에 의해 진정된다. 그러나 한편의 자극, 다른 한편의 유혹도 자신에 있어서 물리적인 가치 이상의 것이 아니다. 그러나 호기심은 우리들의 탐구에 감각적 기초로서 큰 가치를 지니며 또한 타성은 냉정한 판단에 의하여 감각적 기초로서 가치가 있다. 우리들은 지식의 나무가 우리를 본성의 감각성에 대하여 지니는 무한한 매력으로 모든 우리의 지식에 도달한다. 그리하여 타성의 원칙으로서 그것은 하나의 감각적인 인상에서 다른 감각적 인상으로 무작정 또는 피상적으로 굴러다니는 것을 방지하고 동시에 우리들은 여러 방법으로서 진리를 발표하기 전에 이미 진리에까지 도달하게 된다.

그러나 우리 眞理系의 兩棲動物은 이 진리의 圓熟에 대하여 아무것도 알고 있지 않다. 우리들은 진리의 가냘픈 빛을 지니기 전에 그것을 예고하고 알리고 마는 것이다. 그것 이외에는 아무것도 할 수 없다. 우리들은 땅에서 바로 서야 하는 네발짐승의 힘을 갖고 있지 않다. 海灣을 건너는 어류의 지느러미를 갖고 있지 않고 구름 위를 나는 날개도 갖고 있지 않다. 우리들은 이브와 같이 사물의 무의식적인 감각적 인상에 대해서는 거의 알고 있지 않다. 만일 이브와 같이 익지 않은 진리의 과실을 따 먹는다면 역시 이브와 같은 운명에 빠질 것이다.

이 물리적, 기계적 법칙의 셋째 근원은 우리들의 知覺의 힘에 대한 외부적 사정의 관계 속에 있다.

인간은 그가 사는 巢와 떠날 수 없는 운명을 갖고 있다. 만일 그가 그 둥지를 百이나 되는 실에 늘어뜨리고 그 주위에 백 개의 圓을 그린다면 자기 둥지를 백 개의 실에 늘어뜨려서 그 주위에 백 개를 그린 거미보다 과연 무엇이 더 낫겠는가. 그것은 다만 인간이 거미의 큰 것, 그리고 거미는 인간의 작은 것의 차이가 있으나 그 차이는 어떤 것일까. 이 兩者의 활동 본질은 그들이 그리는 둘레의 중심점에 있다는 것이다. 인간이 중심점에 있다는 것은 다만 잡고 엮기 위하여 그것을 택한 것은 아니다. 그는 세계의 모든 사물을 그의 단순한 물리적 樣相에서 배우고 그의 감각적 인상에 도달하는 세계의 모든 사물이 그곳에서 그가 잡고 엮는 중심점에 온전히 접근하는 정도에 따라서 사물을 배우는 것이다.

벗이여! 당신은 나의 일의 이론을 당신에게 명확히 전하기 위하여 고심했다는 것을 알 것이다. 이 고심이란 혹 당신이 나의 지금까지 성공한 것을 사소한 것이라고 느낀다면 그때의 하나의 변명이라고 생각하고 싶다. 나는 二〇歲 이후 참된 말의 의미에서 철학적인 사색이란 전혀 할 수 없었다. 다행히도 나의 方案을 실지로 수행하기 위하여 나는 매우 복잡하게 생각된 철학 같은 것은 조금도 쓸모가 없었던 것이었다.

나는 적어도 자기가 일한 범위 안의 사실에는 어떠한 점에 있어서나 긴장된 기분으로 살아왔다. 나는 무엇이 필요한가를 알았고 일을 위해서는 아무 생각도 하지 않고 그때그때의 순간에 있어서 특히 내 흥미를 각성한 사실에 대하여 실제로 필요한 것을 느꼈다. 그리고 만약 나의 상상이 오늘에 있어서 내가 확고한 지반을 찾아낸 이상, 百步만큼 더 나를 추진시킨다면 나의 사업에 있어서 나는 二百步를 다시 후퇴해 버리는 셈이었다. 이것은 몇 천 번이었는지 알 수 없을 정도였다. 몇 천 번인가 나는 내가 가려고 하는 목표에 접근했다고 생각했으나 그때마다 나는 급히 드러난 목표가 실은, 내가 그 때문에 걸려서 넘어졌던 새로운 山에 불과했다는 것을 알았다. 그러나 나는 점점 전진했다. 특히 물리적 기구의 원리와 법칙이 차차로 나에게 명료해질 때 지금까지의 많은 경험이 여러 가지 능력의 발전을 위하여 인간의 실지 자용에 제공했던 교수의 각 학과에 있어서 원리와 법칙을 단순히 사용하는 것 이외에는 어떠한 처지도 필요하지 않다는 것을 즉석에서 생각했던 것이다. 그리고 나는 이 학과를 모든 術, 또는 지식의 요소, 즉 읽기, 쓰기 셈하기 등이라는 것을 인정하였다.

그러나 내가 이렇게 힘쓰고 있는 동안에 점차로 풍부해지는 경험은 겨우 여러 학과가 모든 술, 또는 지식의 요소라고는 인정할 수 없다는 확신을 낳는 데 이르렀다. 도리어 그것은 이 사실과는 먼 일반적인 견해에 종속되어야 한다고 생각하게 되었다. 그러나 교수에 있어서 중요하고 또 이 학과를 실지로 교수하는 사이에 발생된 진리의 의식은 오랫동안 나에게는 단순히 하나하나 떨어진 모습으로 나타났고 마침내 하나하나의 경험과 결부된 개개의 다른 학과와 관계를 가질 뿐이라고 생각되었다.

이리하여 나는 읽기를 가르치는 동안 그것이 필연적으로 말하는 능력에 종속된다는 것을 발견하였다. 또한 아동에게 말하는 법을 가르치는 수단을 찾고자 노력하는 동안에 나는 術은 自然이 音에서 單語로, 단어에서 言語로 나가는 순서와 결부되어 있다는 원칙을 발견하였다.

또 나는 쓰기를 실지로 가르치는 동안, 術은 그림 그리기의 術에 종속될 필요와 그림 그리기를 가르치고 있는 동안에 이 術이 측량의 術과 결합되었고 또한 종속되어 있다는 것을 발견하였다. 또한 철자의 교수는 나로 하여금 어린이들을 위하여 글씨本의 필요성을 깨우쳐 주었다. 그리고 나는 이 글씨본으로 三, 四歲의 어린이가 실제 갖고 있는 지식을 七, 八歲의 학교 학생의 지식 이상으로 올릴 수 있도록 하고 싶었다. 내가 실지로 배우고 얻은 모든 경험은 실제로 나를 위하여 교수상에 있어서 가끔 도움이 되었으나 내가 이 사실의 참된 의의와 내적 깊이를 아직도 알지 못했다는 느낌을 주었던 것이다.

나는 오랫동안 모든 교수의 수단에 대한 공통적인 심리적 源泉을 구했다. 왜냐하면 그렇게 함으로써 형식 곧, 자연 그 본연의 법칙에 의하여 인류의 교양을 결정할 형식을 발견할 수가 있다고 나는 생각했기 때문이다. 이 형식은 확실히 심의의 일반적 조직에서 찾아냈던 것이다. 그리고 그것으로 우리들의 이해는 우리 본성의 감각성으로 받은 여러 가지 인상을 받아들일 때 이것을 하나의 전체, 곧 하나의 관념에까지 결합 통일하고 차차로 이 관념을 명백하게 전개하는 것이다.

나는 혼자 말했다.『모든 線, 모든 尺度, 모든 單語는 무르익은 감각적 인상에서 생겨난 이해의 결과이고 또 우리의 관념의 漸進的 闡明의 수단으로 인정되어야 한다.』고.

그러나 모든 교수는 본래 이 이외에 아무것도 아니다. 따라서 그 원칙은 인간심의의 발전의 확고부동한 原型에서 이끌어낸 것이어야 한다.

모든 것은 이 원형에 대한 정확한 지식에 의존하는 것이다. 그 때문에 나는 필연적으로 그것을 이끌어 내는 초점이 되지 않으면 안 되고 이 첫걸음에 대하여 다시 한번 주의해서 보기로 하였다.

여기서 나는 이 空想에 쫓겨 이렇게 말했다.

『세계는 복잡한 여러 가지의 감각적 인상의 大海와 같으며 그리하여 하나의 감각적 인상에서 다른 곳에 흐르고 있는 大海같아서 우리들의 눈앞에 비치는 것이다』고. 그러나 단지 한 가지, 자연에 의한 우리들의 발전은 급격하지 않고 머물러 있다면 교수하는 작용은 모든 감각적 인상의 혼란을 제거한다. 그러나 사물과 다른 사물을 하나하나 판별하며 서로 類似하거나 관계있는 것을 상상으로 연합시킨다. 그리하여 모든 감각적 인상을 우리에게 확실히 하고 또한 이것을 모두 완전하고 명백하게 함으로써 우리들의 심의 중에 확실하고 명백히 하는 관념이 생기도록 하는 데 있을 것이다. 그것이 우선 이 분규, 몽롱한 감각적 인상을 하나하나 우리에게 제공하고 다음에 이 개개의 다른 감각적 인상을 여러 가지로 변화하는 위치에 있어서 우리에게 제공한다. 그리고 마지막으로 우리의 旣存지식의 全圈과 그것을 聯絡결합시키는 경우에야 비로소 이렇게 할 수 있을 것이다.

이와 같이 우리들의 지식은 혼란에서 명백하게 되고 명백에서 간단하게 되고 또 간단에서 완전한 명백으로 나가는 것이다.

그러나 자연은 그 자신, 이 발전으로 나아가는 진행에 있어서 항시 이 大法則을 따르게 마련이다. 그리고 이 법칙은 실로 우리 지식의 명료함으로서 우리 감관에 접촉하는 사물의 遠近性에 의존하고 있다. 우리 주위에 있는 모든 것을 어떤 것이나 우리의 五官에서 멀리할수록 혼잡하게 오관에 비치고 또한 이것을 명백히 하기에는 힘들다. 이와는 반대로 우리들의 오관에 도달한 모든 사물은 그것이 우리들의 오관에 접근할수록 확실하고 용이하고 명료 간단하게 할 수 있다.

우리들은 하나의 물리적 生存體로서 실로 우리들의 오관에 불과한 것이다. 따라서 우리 관념의 밝은 것, 밝지 않는 것은 모든 外界事物이 우리의 오관에 접촉하는 그것이 가까운가, 먼가 하는 데 따라서 절대적 또는 본질적으로 의존하는 것이다. 다시 말하면 오관 즉, 우리 자신 그리고 우리들의 관념은 모두 우리에게 겹쳐 보이기 때문에 우리 자신이 중심인 것이다.

우리 자신이 각각 우리의 모든 감각적 인상의 중심인 동시에 또한 우리 자신은 실로 우리들의 감각적 인상에 있어서는 하나의 대상이다. 그리고 우리들의 내부에 존재하는 것은 우리들의 외부에 있는 것보다 이것을 간단명료하고도 용이하게 할 수 있다. 우리가 우리들 자신에 대하여 느끼는 것은 그 자체도 하나의 명확한 감각적 인상이다. 다만 외부에 있는 것만이 우리에게 있어서는 혼잡한 감각적 인상이다. 따라서 우리들의 지식의 진행은 그 지식이 우리들 자신에게 접촉되어 있는 한, 우리 자신 외부에 있는 사물에서 생기는 경우보다도 간단하다는 말이다.

우리들은 우리들 자신에 대하여 알고 있는 것은 이것을 우리는 명백하게 하는 것이다. 우리들 자신이 알고 있는 것은 우리들 속에 있고 그 자신은 우리들을 통하여 명백해지는 것이다.

116

따라서 명료한 관념에 도달하는 이 길은 다른 어떠한 방향에 있어서보다도 이 방향에서 더욱 쉽고 또 한층 안정하다고 할 수 있다. 그리하여 명료한 모든 것 가운데 다음 원리보다 더 명백한 것은 하나도 없다. 즉, 진리에 대한 인간의 지식은 인간 자신에 대한 인간의 지식에서 생겨난다고 하는 원리다.

벗이여! 교수의 요소 및 첫걸음에 대하여 싱싱하지만 뚜렷하지 못한 관념, 이 관념이 이렇게 하여 오랫동안 나의 마음속에서 갈 길을 모르고 있었다. 그래서 나는 그 당시 아직 그 관념과 물리적 기구의 법칙과의 사이에 파탄 없는 관계를 발견하지 못한 채 나는 보고서에 그 개념을 기술했던 것이다. 그리하여 나는 확실히 이 초보점을 정의하지 못한 채 그 관념을 기술했다. 이 초보점은 그곳에서 인위의 술에 대한 우리들의 견해의 순서가 생기며 이것에 의하여 인간 자신의 본질적 본성을 통해서 인간의 교양을 결정할 수 있는 형식이라는 편이 오히려 적절할 것이다. 결국 돌연히 다음과 같은 생각이 떠올랐다. 즉, 감각적 인상으로 얻을 수 있는 일체의 지식을 명백하게 하는 수단은 실로 수와 형과 언어에서 생기는 것이라고. 그것은 지금까지 내가 실제로 한 일에 갑자기 새 빛을 던져주는 것같이 생각되었다.

그러나 나는 오랜 苦鬪를 계속한 후, 아니 도리어 꿈속 기나긴 동안 계속 방황한 끝에 나는 무릇 교육받은 사람이 그 눈앞에 몽롱하고 혼잡하게 나타난 사물을 식별하고 점차로 그것을 그 자신에까지 명백하게 하고 싶어 할 때 그가 보통 어떻게 다루고 또 다뤄야 할 것인가를 全力으로 발견하려 하였다. 이때에 교육받은 사람은 다음의 세 가지 사실을 고찰할 것이다.

一, 얼마나 많은 또 어떠한 종류의 사물이 자기의 눈앞에 있는가?

二, 그 모든 사물의 모양, 형 또는 윤곽.

三, 그 모든 사물의 이름, 즉 그것은 音, 또는 言語, 그 모든 것의 하나하나를 어떻게 표현할 것인가?

그런데 그러한 사람에게 미치는 이 고찰 또는 관찰의 결과는 명백히 다음과 같이 당장에 만들어진 능력을 예상하는 것이다.

一, 윤곽에 따라서 같지 않은 사물을 인정하고 또한 그 가운데 포함한 것을 자기 자신에게까지 표현하는 능력.

二, 모든 사물의 수를 나타내고 또한 그것을 자기 자신에게까지 하나 혹은 많은 것으로 표현하는 능력.

三, 모든 사물 그 수효, 그 형을 언어로서 표현하고 또한 그것을 잊어버리지 않는 능력.

나는 또 수, 형, 언어의 이 세 가지가 서로 어울려 교수의 초보적 수단이라고 생각되었다. 왜냐하면 어떠한 사물이나 그 사물의 외부적 성질의 총체는 실로 그 윤곽, 및 그 수에 포함되고 또한 언어로서 우리들의 의식에 떠오르기 때문이다. 그렇다면 다음의 원칙에서 출발하고 그 범위 내에서 활동한다는 것은 참으로 인위의 술의 확고 불변한 법칙이어야 한다.

一, 아동의 눈앞에 제공된 갖가지 사물을 단위로 한 것, 다시 말하면 그것이 결부되어 있다고 보이는 다른 사물에서 떨어져 있는 것으로 보도록 아동에게 가르칠 것.

二, 아동에게 모든 사물의 형, 즉 그 크기와 균형을 가르칠 것.

三, 아동이 아는 여러 가지 사물을 기술하는 모든 말과 명칭을 될 수 있는 대로 속히 아동에게 알릴 것.

그리고 아동의 교수는 앞에서 기술한 초보적 세 가지 점에서 출발해야 할 것이므로 모든 인위의 술의 첫째 노력은 감각적 사물에 대한 정밀한 지식의 기초에 있는 수를 세고 물건을 다루고 또한 사물을 말로 표현하는 세 가지 초보적 능력에 힘을 쏟아야 하는 것은 너무도 분명하다. 우리는 이 모든 능력을 극히 엄밀한 심리적인 술로서 키우도록 하고 그것을 증진, 견고하게 하고 또한 발전과 교양의 수단으로 이것을 단순과 始終一貫調和의 최고도에 도달하도록 노력해야 할 것이다.

그러나 이 初步點의 인식에 있어서 나를 놀라게 한 유일한 곤란은 다음과 같은 것이다. 우리들이 오관을 통하여 아는 사물의 모든 성질은 무슨 이유로 數, 形, 名稱과 같은 지식의 초보점이 아닌가 하는 것이었다. 그러나 많은 사물은 절대로 수와 형, 그리고 명칭을 갖고 있다는 것, 이와 반대로 우리들의 오관을 통하여 알려지고 그 밖에 특질은 일체 사물에 공통으로 있지 않다는 것을 발견하였던 것이다. 여기서 나는 한편으로는 사물의 수와 형, 명칭을 다른 한편으로는 그 밖에 여러 가지 성질 즉, 내가 지식의 초보점으로 인정할 수 없었던 다른 성질, 이 兩者사이에는 극히 본질적이고도 일정하고 명확한 구별이 있다는 것을 알았다. 또한 나는 다른 모든 성질은 이 세 가지 초보점 밑에 포섭할 수 있으며 아동을 교수하는 데 있어서 사물의 다른 성질은 곧 이것을 형과 수와 명칭에 연결해 놓아야 한다는 것을 발견하였다. 거기서 나는 어떠한 사물이나 그 사물의 통일, 형 및 명칭을 알게 됨으로서 사물에 대한 나의 지식이 정확해지고 차차로 그 사물의 다른 성질을 배워 사물에 대한 지식이 명백해졌으며 그 사물의 모든 성질을 의식함으로서 사물에 대한 지식이 확실해진다는 것을 실제로 알 수 있게 되었던 것이다.

여기서 한 걸음 더 나아가서 나는 모든 우리의 지식은 다음의 세 가지 초보적인 힘에서 흘러나온다는 것을 발견하였다.

一, 音을 發하는 힘에서, 즉 언어의 근원.

二, 心象을 만드는 것, 아직 명확하지 못한 단순한 감각력에서, 그리고 이 힘에서 모든 형의 의식이 생긴다.

三, 명확하고 별로 단순한 감각적이 아닌 것에서 통일의 의식이 생기고 또한 그와 같이 計數와 算數의 힘이 생겨야 한다.

이리하여 나는 인간을 가르치는 술은 이것을 초보적인 세 개의 힘인 音, 形, 數의 최초이고 또한 가장 단순한 결과에 맺어져 있다는 것, 그리고 개개의 부분에 있어서 교수는 만일 우리들의 초보적인 힘의 이 단순한 세 가지의 결과가 자연 그것으로 결정되는 모든 교수에 공통된 출발점으로 인정되지 않는다면 그것은 전체로 우리의 본성에 대해 결코 만족한 영향을 줄 수 없다는 것을 생각하였다. 이 사실을 인정할 세 가지 초보적인 힘의 결과에서 일반적으로 또는 조화되어 흘러나오는 형, 그리고 본질적으로 정확하게 모든 교수를 초보적인 세 가지의 힘을 사용하고 동등한 중요성을 지닌 것으로 생각하여 그것을 서서히 계속되어 발전하는 형에 적용시키는 인간을 교육하지 않으면 안 된다. 이리하여 이 세 학과에 있어서 막연한 감각적 인상에서 정확한 감각적 인상에로, 정확한 감각적 인상에서 명료한 心象에로, 명료한 심상에서 확연한 관념에로 우리들을 발전시키는 것이 비로소 가능하게 될 것이다.

여기에서 나는 결국 인위의 술은 자연과 일반적 및 본질적인 조화를 保持한다는 것을 발견하였다. 아니 이때 자연과 조화를 보존한다기보다는 오히려 자연이 세계의 온갖 사물을 그 사물의 본질과 극도의 단순성으로 우리들에게 명확하게 사용되는 原型, 이 원형과 인위의 술이 조화를 보존한다는 것을 나는 발견하기에 이르렀다. 여기서 다음 문제는 처음으로 해결되었다고 할 수 있다. 교수의 모든 방법 및 모든 술의 공통적인 기초, 이와 동시에 인간의 발전은 인간성의 본질을 통해서 결정하는 形, 이 공통적 기초, 또는 형을 어떻게 해서 찾아낼 것인가 하는 문제는 여기서 해결될 것이다. 또 인간의 교수의 기초라고 인정한 기계적인 법칙을 몇 세대의 경험이 인류 발전을 위하여 인류의 손 안에 놓인 교수의 형으로까지 실지로 적용하는 것은 다시 말하면 기계적 법칙을 읽기, 쓰기, 셈하기 그 밖에 학과에 실지로 적용한다는 곤란한 문제는 여기서 비로소 해결될 것이다.

　그렇게 본다면 교수의 제一의 초보적인 수단은 우선 다음과 같이 분류할 수 있다.

『音』

　이 초보적 수단은 스스로 다음과 같은 교수의 특수한 수단으로 나눈다. 즉,
　一, 발음의 교수, 즉 발음기관의 연습.
　二, 단어의 교수, 즉 개개 사물에 대한 교수.
　三, 언어의 교수, 즉 우리들이 잘 알 수 있는 사물 및 우리들이 아는
　　　모든 사실에 대하여 정확히 생각하는 것을 발표하게 하는 수단.

一, 發音의 教授

발음의 교수는 말하는 音과 노래하는 音으로 나뉜다.

(1) 이야기하는 음에 대하여

이야기하는 음에 관하여 말할 것은 예를 들면 그들 음이 빨리 아동의 귀에 접근해 왔거나 늦게 왔거나를 막론하고 또 서로 떨어져 있거나 한 번에 계속되어 있거나를 막론하고 그것을 우연히 되어가는 대로 버려둘 수는 없는 것이다. 음은 될 수 있는 대로 빨리 그 全音域에 있어서 아동의 의식에 나타나도록 하는 것이 중요하다.

이 의식은 아동의 발성하는 힘이 아직 형성되기 전에 이미 아동의 심의에서 완전한 것이 되어 있어야 한다. 그리고 그 음을 쉽게 되풀이할 수 있는 힘은 글자의 形이 아동의 눈앞에 보이기 전에 즉, 읽기의 과업을 처음으로 시작하기 전에 완전한 것이 되어 있어야 한다.

그러므로 「綴字冊」에는 말을 구성하는 모든 음이 포함되어 있어야 한다. 더욱 이 모든 음은 어떠한 가정에서도 嬰兒期에 있어서 아동의 귀에 익혀 아동이 하나의 음도 내지 못할 때에도 끊임없는 반복으로 그것을 깊게 인상시켜 결코 잊어버리는 일이 없도록 해야 한다.

예를 들면 ba ba ba, da da da, la la la, ma ma ma, 등과 같은 간단한 음을 발하는 것이 얼마나 영아의 주의를 환기하고 그들의 마음을 기쁘게 하는가는 아무도 상상할 수 없을 것이리라―그것은 실제로 보이지 않기 때문이다. 또한 이 모든 음을 이미 알고 있기 때문에 아동에게는 일반 학습력이 얼마만큼 촉진되느냐는 아무도 상상할 수 없다.

또 아동이 음과 억양을 모방할 수 없는 그 이전에 그것에 대한 의식이 매우 중요한 가치를 갖고 있다는 원칙에 의하고 또한 영아의 눈앞에 놓인 여러 가지 사물과 그림은 아동의 귀에 들린 음과 같이 아주 중요하다는 확신 때문에 나는 『어머니를 위한 책』을 저술했던 것이다. 그 책에서 나는 초보의 수와 형을 木板으로 圖解를 했고 다시 오관에 의해서 밝혀지는 여러 가지 사실의 가장 본질적인 다른 특질의 것도 圖解하여 놓았다. 그리하여 모든 관찰에 의해 힘이 세지고 또 싱싱해진 많은 이름의 지식으로 나는 아동이 장차 읽기의 준비도 되고 또 그 읽기의 과업을 쉽게 하려고도 하는 것이나 이것은 마치 음의 인상을 文字에 先行시킴으로서 같은 연령의 아동을 위하여 이 과업의 준비를 먼저 하게 하고 또한 그것을 용이하게 하려는 것과 같은 방법이다.

나는 이 책을 사용하여 아동이 아직 하나의 綴音도 발음하지 못하는 동안 말하자면 아동의 머리에 언제나 이 모든 음이 살아 있도록 하는 것이다.

나는 이 영아를 위한 감각적인 表象에 다음과 같은 방법의 책을 附加하려고 생각한다. 즉, 그 방법의 책이란 아동이 그 속에 나타난 사물에 대하여 사용할 단어가 정확하게 표현되어 있고 초보에 있는 어머니라 할지라도 충분히 목적에 따라 가르칠 수 있게끔 되었다.

그와 같이 어머니를 위하여 만들어진 책에 의하는 한편 「綴字本」에 있어서의 많은 음을 계속하여 들음으로서 아동은 그들의 발음기관이 형성되면서부터 하루에 몇 번씩 「綴字本」 속의 二, 三音을 마치 그가 외우거나 알지도 못하면서 가지가지 음을 흉내 낼 때와 같이 즐겁게 노는 기분으로 흉내 내도록 익혀야만 한다.

그런데 이 철자본은 다음과 같은 점에서 종래의 많은 책과는 다르다. 즉, 교수의 형식, 일반적으로 학생 자신이 포촉할 수 있는 母音에서 출발한다는 것이 차이라고 하겠다. 그리하여 綴音의 전후에 하나하나 子音을 덧붙인다는 것은 분명히 읽기와 발음의 술을 한층 더 용이하게 하는 것이다.

그것이 우리의 방법이었다. 각 모음 뒤에 우리는 b에서 z에 이르는 하나하나의 자음을 덧붙이고 그 다음에 간단하고 쉬운 綴音 ad, ab, af 등을 맞추고 여기에서 실제 일반적인 말로 그것에 수반되는 간단한 철음 앞에 그들 자음을 두었다.

예를 들면,

ab, b, g, sh, st.	b, ab, g, ab, sh, ab, st, ab, etc.

이와 같이 해서 우리들은 최초의 간단한 철음을 단순히 모든 모음에 자음을 붙임으로써 엮었고 그 후 다시 더 많은 철음을 덧붙임으로서 차차 어려운 말을 단계적으로 엮어냈던 것이다. 이 방법은 반드시 간단한 음을 계속해서 반복하는 것이 되고 서로 비슷한 많은 철음을 순서 있게 배열 통합시키게 되는 것이다. 이와 같이 순서 있게 배역 통합할 수 있는 이유는 그 철음이 공통된 기초를 갖고 있기 때문이다. 이것은 아동에게 결코 잊을 수 없는 音의 인상을 주고 읽기의 학습을 매우 용이하게 하는 효과가 있는 것이다.

이 책의 특수한 효능은 다음과 같다.

一, 아동은 대체로 긴 시간 동안 철음의 연습을 하기 때문에 이 방면의 능력이 충분히 이루어지는 것이다.

二, 유사한 여러 음을 사용함으로서 같은 형의 것을 반복하는 것이 아동에게 재미나는 것이 되도록 할 것, 그렇게 하여 지워질 수 없는 인상을 주려는 목적이 한층 더 용이하게 이루어진다는 것.

三, 그것은 충분히 알고 있는 말에다 하나하나의 자음을 부가함으로서 반드시 그것을 맞추도록 강요되지 않고 짜인 어떠한 새로운 말도 아동이 한 눈에 보고 곧 발음하고 다시 복합한 많은 말을 머릿속에서 맞추도록 외우는 데 도움이 된다. 이것은 그 후에 이르러 말을 정확히 쓰는 데 효과가 있다.

책의 서문에 책을 사용하는 데 필요한 간단한 주의를 하고 있는데 그것을 보면 어머니는 아동이 말을 할 수 있기 전에 매일 五, 六회씩 여러 가지 방법으로 순서대로 배열한 많은 음을 아동에게 발음시키고 그것으로 아동의 주의를 환기시키며 이들의 음을 들어 익히도록 해야 한다고 적혀 있다. 그리고 이 발음은 그때마다 더욱 열심히 하게 하고 또 아동이 말하기 시작하자마자 곧 그들이 모방하도록 인도하여 신속히 말할 수 있도록 가르치기 위하여 처음부터 거듭 시작하지 않으면 안 된다.

철자에 선행해야 할 글의 지식을 아동에게 용이하게 하기 위하여 나는 그 책에 큰 글자로 인쇄한 많은 글자를 첨가하여 넣어서 아동으로 하여금 모든 글자의 차이를 한층 더 주의할 수 있도록 해 놓았다.

그런데 이 글자는 하나하나 별로 두터운 종이 위에 붙여 그것을 하나씩 아동에게 주게 되어 있다. 우리들은 빨갛게 인쇄한 여러 모음에서 시작하여 그것을 완전히 아동에게 알리고 또 발음할 수 있도록 하여 점차 앞으로 나아가도록 한 것이다. 그 다음으로 아동에게 子音을 하나씩 주는 것인데 그러나 자음은 자음자체만으로는 발음을 할 수 없기 때문에 언제나 모음과 결부해서 주도록 하는 것이다.

아동은 한편으로는 이와 같은 특수적인 연습으로, 다른 한편으로는 실제의 철자로서 여러 가지 글자를 알게 되면 곧 그들에게 三重의 글자, 역시 그 책에 따르는 三重의 글자에 주의를 기울일 수 있게 된다. 즉, 독일어로 인쇄된 글자 위에는 독일어의 文字가 놓여지고 필기체의 글자, 그 다음에는 로마字가 놓여 있다. 그렇게 한 후 아동으로 하여금 이에 그 중앙의 形을 그가 알고 있는 모든 철음을 엮게 하고 그것을 다른 두 형으로 다시 되풀이하게 하는 것이다. 이렇게 하면 시간을 낭비하는 일 없이 아동은 三重의 字母를 읽는 것을 배우게 된다.

철자의 기본규칙은 모든 철음은 단순히 모음의 원음에 여러 가지로 자음을 덧붙인다는 것이다. 즉, 어떤 경우에나 모음이 철음의 기초이고 기본이라는 것이다. 더욱 모음은 먼저 쓰여 있다. 즉, 위로부터 늘어뜨린 흑판 위에 놓여 있다. 이 모음은 그 책의 안내서에 의하면 점차로 그 전후에 여러 가지로 자음을 부가할 수 있는 것이다. 예를 들면 a-ab-bab-gab 등으로 나아가는 것이다. 여기서부터 각 철음을 교사가 발음하고 아동이 그것을 복창하고 또 되풀이하여 마침내 잊어버리지 않을 때까지 거듭하는 것이다. 그 후 글자를 순서에 따라 또는 순서를 바꿔 되풀이하고 아동에게 철음을 보이지 않고 이것을 속으로 쓰면서 철자가 되도록 한다. 이 책의 제일 절에 있어서는 천천히 진행시키고 먼저 것이 아동의 머릿속에 잊혀지지 않을 정도로 강하게 인상될 때까지는 결코 새로운 것으로 나아가지 않는다는 것이 특히 필요하다. 왜냐하면 이미 아는 것이 일체 읽기교수의 기초이기 때문이다. 그리고 그 기초에서 생기는 것은 모두 조금씩 점차로 부가함으로서 그 위에 착착 쌓여지는 것이다.

이와 같이 하여 아동이 어느 정도 철자를 쉽게 다루게 되었을 때 우리들은 다른 방법으로 바꿀 수 있다. 예를 들면 어떤 하나의 단어를 이룬 글자를 그 단어가 완결될 때까지 하나하나 놓고 그 글자를 각각 단독으로 말하게 하며 다음의 글자와 함께 말하도록 한다. 예를 들면 G-Ga-Gar-Gard-Garden-Gardene-Gardener 등으로 하는 것이다. 그것이 끝나면 이번에는 그 글자를 하나하나 없애고 전의 경우와 같이 뒤로 돌아가서 아동들이 머릿속에서 완전히 그 단어를 철자할 수 있게 될 때까지 여러 번 반복시키는 것이다. 이렇게 하여 우리들은 그 단어를 뒤로 물러서면서 철자할 수가 있는 것이다.

그리고 끝으로 그 단어를 철음으로 나누고 각 철음을 그 수에 따라 순서를 쫓아서 또 순서를 바꾸어서 발음시키는 것이다. 학교 교수에 있어서 하나의 특수한 이익은 아동들로 하여금 처음부터 함께 아동에게 주어지는 모든 음을 발음하고 철음의 종류에 따라서 발음하도록 이름 지워진 모든 음을 발음하는 데 익숙하게 할 수 있다. 이리하여 모든 아동에게 발음하게 하는 음은 마치 하나의 음과 같이 들리는 것이다.

흑판에서 이 모든 철자의 연습을 충분히 완성했을 때 그 책은 아동의 최초의 독본으로서 그들에게 주어지고 그들이 그 책을 충분히 쉽게 읽어내려 갈 때까지 그것을 사용하도록 할 수 있다.

　　(2) 노래하는 音에 대하여

　나는 노래하는 음의 교수에 대해 몇 가지 말을 해보겠다. 그러나 노래라고 하는 것은 막연한 감각적 인상에서부터 명료한 관념으로 발전하는 수단으로 생각할 수는 없다. 도리어 다른 때, 다른 목적을 위하여 발전시켜야 할 능력이라고 생각할 수 있으므로 나는 후에 교육을 내다보고 정리가 될 때까지 그의 논의를 잠시 보류하고 싶다. 다만 여기서는 다음과 같은 것만 말하고 싶다. 즉, 일반적 원칙에 따르면 대체로 노래하는 것을 교수하기 위하여 우선 간단한 것부터 시작해야 한다. 이것을 완성하라. 그리고 오직 순차로 하나의 완결된 계제에서 새로운 연습에 착수하는 것같이 하여라. 그리고 이 기초의 확고함을 충분히 음미하지 않고 능력을 구속하거나 또는 혼란하게 하는 일에 빠지게 해서는 안 된다.

　二, 발음의 힘

　발음의 힘, 즉 음의 초보적 방법에서 생기는 두 번째 교수 수단은 실로

　『單語, 아니 오히려 이름의 敎授이다.』

　나는 아동이 이 방면에 있어서 최초의 지도는 『어머니의 책』에서 받아야 한다고 이미 서술했다. 이 『어머니의 책』이 편술된 순서를 말하자면 세계에서 가장 중요한 사물, 특히 類, 種과 같은 사물의 全系列을 포함한 것은 모두 이것을 입으로 발할 것이라 했고 어머니는 아

동으로 하여금 그 사물의 바른 명칭을 충분히 익혀 알리도록 하였으며 아동에게 그 초기부터 이름을 교수할 수 있도록 엮어 놓은 것이다. 즉, 교수의 둘째 번의 특수 방법은 음을 발하는 힘을 그 기초로 한다는 것이다.

이 이름의 교수는 자연계의 온갖 부문으로 시작하여, 역사, 지리, 인간의 업무 및 인간의 관계에 있어서 중요한 사물의 명칭으로 구성되어 있다. 이 많은 단어는 아동이 철자본을 다 마친 후에 오로지 읽기의 연습으로 아동에게 주어져야 한다. 더구나 나의 경험에 의하면 아동이 읽기의 힘을 완전히 달성하기 위하여 주어질 때에는 이 많은 이름을 아동들이 완전하게 외우도록 할 수 있다. 바로 이때에 그렇게도 포괄적인 갖가지 방면의 사물의 명칭을 널리 완전하게 알고 있다는 것이 아동에게 어떠한 이익을 주느냐는 것은 실로 그 후의 교수를 용이하게 하는 데 도움이 된다. 그 이익이란 후에 이루어질 집을 위한 복잡하고 헤아릴 수 없는 재료의 수집에 지나지 않는다고 생각해야 할 것이다.

三, 흡을 말하는 힘

음을 발하는 힘에 기초를 둔 교수상의 세 번째의 특수한 수단은

『本來의 言語敎授이다』

지금 나는 특수한 형식, 그 형식에 따라서 인위의 술이 인류의 특수한 언어를 사용하여 인간발전에 있어서 능히 자연의 진행과 동일한 보조를 이룰 수 있는 특수한 형식이 전개되어 가는 점에 도달한 것이다. 그러나 나는 어떻게 그것을 설명해야 하나. 이 형식으로 인간이 조물주의 의지에 따르고 맹목적이고 무감각한 자연의 손에서 우리 인

류의 교육을 빼앗고 인간이 몇 세대를 거쳐 오는 동안 자기 자신 속에 발전시켜온 뛰어난 능력의 지도에 맡겨야 할 형식이 전개되는 것이다. 즉, 이 형식, 그것에 의해서 自然이 그것을 발전시키기 위한 힘과 수단을 우리 인간에게 주었으나 발전을 위한 지도를 전혀 부여하지 않는 우리들 인간의 능력에 대하여 정확히 포괄적인 지도를 주고 그 발전을 촉진시키는 연유의 형식이 인류와 같이 독립적으로 전개하는 것이다. 우리의 능력에 대한 지도는 결코 자연이 그것을 부여할 수는 없다. 왜냐하면 우리들은 인간이기 때문이다. 이 형식으로 인간은 물리적 자연의 高踏的인 그리고 단순한 진행을 조금도 파괴하는 일 없이 또는 우리의 신체적 발전이 항시 지닌 조화도 파괴시키지 않고 또한 티끌만치라도 자연이 우리 신체적 발전에 주는 모든 보호를 조금도 우리들에게서 빼앗기지 않고 모든 그러한 것을 우리들 인간이 할 수 있는 형식이 전개되는 것이다.

우리들의 제 능력의 발전은 혼란한 감각적 인상에서 명료한 관념에까지 진행자연의 기구를 극도의 완전성에 달성하기 위하여 언어교수의 완전한 술과 최고의 심리학으로 그것을 기대해야 한다. 이것은 나와 같은 사람으로서는 도저히 기획하거나 미칠 수 없다. 나는 참으로 황야에서 우는 사람의 소리 같은 감을 금할 수 없이 느끼는 것이다.

그러나 埃及人은 처음으로 소뿔에다 꾸부러진 가래(鍬)를 잡아매고 땅 파는 일을 소에게 가르쳤다고 하지만 그들은 완성은 못했을지라도 호미를 발견하고 말았던 것이다.

그렇다면 나의 업적을 그 가래를 꾸부려 새로운 뿔에 잡아맨 정도의 것이라고 하자. 그러나 나는 왜 그것을 비유로 말하고 있는가. 필요 없다. 나는 멀리 돌려 말하기를 지양하고 솔직히 말하고 싶은 마음이다.

나는 민중교육을 위해서는 역시 일반으로 쓸모없는 오늘의 빈약한 새 교사에서도 또한 낡고 나이 많은 말더듬이 날품팔이 교사계급의

손에서도 학교 교육을 빼앗아 그것을 자연의 솟는 힘에 맡기고 神이
세상 부모의 마음속에서 끊임없이 싱싱하게 불태우는 빛에까지 그것
을 맡기고 子女로 하여금 신과 사람의 덕으로 성장시키고자 바라는
양친의 흥미에 그것을 맡기려고 생각하는 것이다.

　그러나 言語敎授의 형식, 아니 좀더 적절히 말하자면 언어교수의 여
러 방법으로 우리가 이 목적을 이룰 수 있는 우리의 지도가 될 형식
또는 방법을 밝히기 위하여 또 우리에게 알려진 갖가지 사물과 그 모
든 사물에 관해서 우리들이 배울 수 있는 사물을 명백하게 표현할 수
있도록 우리들은 먼저 스스로가 다음의 사항을 묻지 않으면 안 된다.

　一, 인간에 대한 언어의 목적은 무엇인가.
　二, 자연이 우리의 사물을 말하는 술을 점차로 발전시킴으로써 이
목적에까지 우리를 인도하는 수단, 아니 진보의 경로는 무엇인가.

　그 대답은,

　一, 언어의 최후의 목적은 분명히 우리 인간을 막연한 감각적 인상
에서 명백한 관념에까지 인도하는 데 있다.
　二, 언어가 차차로 이 목적을 향하여 인도하기 위한 수단은 의심 없
이 다음 순서에 따르는 것이다.
　　ㄱ, 우리들은 어떠한 사물이나 그것을 전체로서 곧 일반적으로 인정
　　　하는 것이다. 다시 말하면 그것을 하나의 단위로서 곧 하나의
　　　사물로서 명명하는 것이다.
　　ㄴ, 우리들은 점차로 그의 여러 특질을 알게 되고 그 특질을 명명하
　　　는 것을 배우는 것이다.
　　ㄷ, 우리들은 여러 사물의 모든 성질을 動詞나 副詞로서 정의하는
　　　힘을 언어로서 체득하는 것이다. 거기서 사정의 변화에 따라서
　　　일어나는 갖가지 변화를 단어, 그것과 그 배열을 변경함으로서

명백하게 하는 힘을 언어로서 얻는 것이다.

(一) 나는 하나하나의 사물을 명명하는 것을 배우기 위하여서 취한 수단에 대하여 위에서 이것을 말했다.

(二) 사물의 여러 가지 성질을 배우고 또한 명명하는 수단은 다음과 같이 나뉘리라.

ㄱ, 아동에게 수와 형에 대하여 명백히 표현하도록 가르칠 것. 수와 형은 만물의 특수한 초보적 성질이므로 물리적 자연의 두 개의 포괄적 일반적 추상이다. 그리하여 우리의 제 관념을 명백히 하기 위한 모든 수단은 첫째로 이 두 개에 의존한다.

ㄴ, 어린이에게 형과 수 이외의 다른 모든 성질에 대해서 정확히 발표하도록 가르칠 것.

이 초보적이고 물리적 概括인 수와 형, 이것은 실로 우리들의 몇 세대의 경험에 따라 우리의 五官을 사용함으로써 사물의 많은 성질에서 추상하는 것을 배운 것이지마는 이것은 하나하나의 특수한 사물의 본래적 특질로서만 아니라 물리적 개괄로서 먼저 아동에게 잘 익혀 알도록 해야 한다. 거기서 아동은 벌써 둥근 것, 또는 四角인 形을 둥글다든가 사각이라든가 말할 수 있도록 해야 하고 동시에 各形의 관념을 되도록 빨리 하나의 통일, 하나의 純然한 抽象으로서 印象을 갖도록 인도해야 한다. 이 때문에 아동은 자연계에 있어서 둥근 것, 사각으로 된 것, 간단한 것 또는 복잡한 것을 대하는 경우에 각기 그 관념을 표현할 수 있는 정확한 단어와 맺을 수 있다. 여기서 우리들은 언어가 형과 수를 발표하는 수단으로 생각해야 하는가를 알게 될 것이다. 그리고 자연은 우리들의 오관을 통해서 우리에게 가르치는 모든 사물의 다른 모든 성질을 발표하는 수단이라고 생각하는 법과는 다른 것으로 그것을 생각해야 할 이유가 드러날 것이다.

그러므로 나는 아동초기를 위하여 저술한 책에 아동으로 하여금 이 두 개의 개괄에 대하여 명백히 의식하도록 했다. 그 책은 아동이 수의 第一次的 성질을 이해하는 데 간단한 법 또는 보통 방법에 관한 광범

위한 조사를 실었다.

이 목적에 대한 그 이상의 처리에 대해서는 언어 연습과 같이 이것을 잠깐 뒤로 미루고 특별히 수와 형을 논할 때 그것과 관련해서 설명하기로 하겠다. 이것은 우리 지식의 첫걸음으로서 언어의 연습을 완결한 후에 고찰되어야 할 것이다.

가장 초보의 교수책인 영아를 위한 어머니 책의 해설은 어떠한 종류의 것이라도 모두 다음과 같은 방법으로 선정되어 있다. 즉, 우리의 오관을 통해서 배우는 모든 종류의 물리적 개괄에 대해서 잘 설명되어 있기 때문에 어머니 자신이 어려운 일 없이 아동에게 가장 정확한 발표를 할 수 있게 지도하도록 선정되었다.

그러나 직접 우리의 오관을 통하지 않고 우리의 비교, 상상, 추상력 등을 중계로서 간접적으로 배우는 사물의 제 성질에 대하여 나는 인간의 어떠한 종류의 판단이라도 그것이 드러나게 조숙한 것이어서는 안 된다고 하는 나의 원칙을 끝까지 고집하는 것이다. 그러나 나는 이 年代의 아동이 갖는 것처럼 피할 수 없는 추상적인 말의 지식을 하나의 기억작업으로 사용하고 또한 아동의 공상이나 추측의 힘을 위한 가벼운 식량으로 사용하는 것이다.

이와 반대로 직접 우리의 오관으로 배울 수 있는 것에 관하여 나는 아동들이 될수록 빠르고 정확하게 발표할 수 있도록 하기 위하여 다음과 같은 방법을 취하는 것이다.

나는 우리 오관을 통하여 들어오는 두드러진 특징에 의해서 특히 눈에 띄는 많은 實名詞를 사전에서 찾아 그 밑에 이 특징을 나타내는 형용사를 놓는 것이다.

예를 들면,

鰻, 미끈미끈한, 벌레 같은, 가죽 같은.
腐肉, 죽은, 냄새나는.

夜, 고요한, 휘황한, 냉랭한, 비오는.
軸, 튼튼한, 약한, 기름을 칠하는.
野, 모래 많은, 습기 찬, 뒤섞인, 풍요한, 이로운, 불리한,

다음으로 나는 이 순서를 반대로 해서 우리 오관을 통하여 배워진 여러 사물의 현저한 특징을 기술하는 형용사를 찾아 낸 것이다. 다시 그 다음 나는 형용사로 기술한 특징을 가진 實名詞를 그 뒤에 놓았다.

예를 들면,

둥근.	공, 모자, 달, 해.
가벼운.	깃, 솜털, 공기.
무거운.	금, 납, 갈나무.
뜨거운.	난로, 여름날, 화염.
높은.	탑, 산, 나무, 거인.
깊은.	바다, 호수, 굴, 묘.
부드러운.	고기, 초, 버터.
딱딱한.	강철의 줄, 고래의 뼈.

그렇게 함으로서 나는 이와 같은 완전한 해설로서 아동의 개인적 사고의 자유발휘를 결코 나약하게 하지 않는다. 다만 아동의 심의가 강한 인상을 받기 위하여 몇 가지의 해설적 사실을 주고 바로 『이와 같은 것을 이 밖에는 모르는가』라고 아동에게 묻는 것이다. 대개의 경우, 아동은 그들의 경험 속에 있는 새로운 사실을 발견하고 교사의 경험하지 못한 것도 나타내는 일이 적지 않다. 그렇게 하여 아동의 지식의 영역이 넓어지고 또한 정확하게 된다는 것은 간단한 문답법 등이 도저히 試圖에 미칠 수 없으며 적어도 百倍의 숙련과 노력을 더해 본다고 해도 문답법 따위는 도저히 따를 수 없다.

대체로 모든 문답법에 있어서 한편으로 아동은 문답을 시도하는 관

념이 아동에게는 처음부터 알고 있다는 제한에 의하여, 다른 면으로는 문답으로 시도해 보려는 형식에 의하여 최후에도 확실히 교사의 지식의 제한 때문에, 아니 그보다 더 심한 것은 교사가 자신의 지식범위 이상으로 휩쓸리지 않도록 주의함으로써 아동은 구속되고 있는 것이다. 벗이여! 이것은 아동에게 그 얼마나 몸서리치는 구속인가! 나의 방법에서 이러한 구속은 아주 철회되어 있다.

또한 이것이 끝나자 나는 이미 여러 방면에서 세계의 갖가지 사물을 알고 있는 아동들이 辭典을 사용하고 그들이 알고 있는 사물에 대하여 다시금 명백히 알도록 하려고 하는 것이다.

이것을 위하여 나는 위대한 옛 증인인 언어를 다음 四가지 조항으로 분류하고 參考資料를 구하였던 것이다. 즉,

　一, 記載的 地理學
　二, 역사
　三, 물리적 과학
　四, 博物學

그러나 같은 말을 필요 없이 반복하는 것을 피하고 교수의 형식을 될수록 간략하게 하기 위하여 나는 이 주요한 구분을 다시 四〇개의 작은 구분으로 나누고 아동에게는 그 작은 구분에 수록된 사물의 명칭을 제시하였다.

여기서 나는 스스로 나의 감각적 인상의 주요한 사물, 아니 도리어 나 자신이 언어로서 나타내는 명칭의 모든 계열을 고찰하는 것이다. 그와 동시에 나는 古代人의 大證人인 언어가 인간에 대해서 말하고 있는 다음 세 가지의 項目으로 정리하는 것이다.

　제一項은,
　단독적인 물리적 존재자로 인정된 인간, 그 인간에 대하여 동물계와

의 관계에 있어서 언어는 무엇이라고 하는가.

　제二項은,

　사회생활을 통하여 독립 상태로 항상 노력하는 것으로서의 인간, 그 인간에 대하여 언어는 무엇이라고 하는가.

　제三項은,

　자기의 정서, 지혜, 기능의 힘으로 동물보다 더 높게 자기 자신과 자기의 환경을 바라보려는 항상, 노력하는 인간, 그 인간에 대한 언어는 무엇이라고 하는가.

　나는 이 세 가지의 항목을 다시 四〇개로 작게 구분하고 이들 작은 구분에 있어서만 아동에게 그 사물의 명칭을 주는 것이다.

　인간에 대하여, 사물에 대하여, 이 두 부문에 있어서는 모든 계열의 처음의 배열은 별로 의미 없이 단순히 字母順으로 해야 했다. 그들은 유사한 감각적 인상과 감각적 인상으로 얻은 관념을 배열하게 하고 점차로 사물을 명백하게 하기 위하여 온전히 이것을 사용하는 것이다.

　이것이 끝나면 곧 옛 증인인 언어가 이렇게 하여 모든 존재물을 단순히 字母順으로 배열하기 위하여 사용된다면 여기에 둘째 문제가 생기는 것이다.

　즉, 다시 엄밀히 점검한 후 인위의 술이 이 모든 사물을 그 후 어떻게 배열할 것인가라고 말한다. 이같이 하여 새로운 일이 시작된다. 一七, 八번째에 이르기까지 충분히 아는, 例와 같은 語列은 다시 수정하여 아동에게 제시해야 한다. 즉, 모든 小區分에 있어서 또 이 소구분을 다시 인위적으로 나누는 모든 분류에 있어서 그 語列을 다시 수정하여 아동에게 제시해야 한다. 그리고 아동은 스스로 그 어열의 순서를 만들고 또한 다음과 같은 방안으로 그것을 배열할 수 있도록 되어야 한다.

　사물을 분류하는 모든 項目은 이것을 各欄의 위에 두고 數字나 略字나 그 밖에 편리한 부호로서 이것을 기록하는 것이다.

처음 읽기의 과업에 있어 아동은 완전히 주요항목 중의 모든 조항을 배워야 한다. 만약 아동이 이 열에 있어서 그것이 속하는 항목의 부호를 찾아본다면 그는 한 번 보는 것으로서 어느 항목에 그 사물이 속하는가를 알아볼 수 있고 그렇게 하여 자기로써 字母順의 명칭표를 과학적 명칭표로 변경할 수 있을 것이다.

나는 예를 들어 이 사실을 더 명백히 할 필요가 있을지 모르겠다. 그것은 거의 수포로 돌아가리라고 생각한다. 그러나 그 형식이 신기하기 때문에 그것을 보고자 생각하였다. 예를 들면 유럽의 소구분의 하나는 독일이다. 또한 아동들에게 처음에는 먼저 一〇개의 구역으로 나누는 데 대하여 충분히 알게 하는 것이다. 여기서부터 읽기에 있어서 독일의 都市를 자모순으로 먼저 아동에게 제시하고 그 다음에는 그 하나하나의 도시를 그것이 속하는 구역의 數字로 표시하는 것이다. 아동들이 이 도시를 쉽게 읽을 수 있도록 곧 그들은 모든 숫자와 주요항목의 소구분과의 관계를 배우면 二, 三시간 동안에 아동은 독일의 도시의 모든 계열을 주요항목의 소구분에 따라서 배열할 수 있도록 될 것이다.

예를 들면, 아동이 다음에 든 독일의 여러 도시를 각각 그 숫자와 더불어 볼 때,

아아헨	八	아아렌	三
아벤베르히	四	아버탄	一一
앗켄	一〇	아아더스바하	一一
알텐베르히	九	알텐벅	九
알텐잘자	一〇	알트키르헨	八
알토나	一〇	아그러	一
야알베르겐	一〇	아이그레몬트	八
아라	一	아렌밧하	五
아렌돌프	五	알토르프	一
알트란스퇴트	九	알트바써	一三

알커디썬	八	암베르히	二
알러스페르그	二	알쇠우휀	三
알스레벤	一○	알트쁜즈라우	一一
알테나우	一○	알테나	八
암쁘라스	一	암외네버크	六
안더나하	六		

아동은 이것을 다음과 같이 사용할 것이다.

아아헨은 베스트회리아의 區域에 있고
아벤버크는 후륀키아 구역에 있고
아켄은 下 쎅시니 구역에 있다는 등.

그리하여 아동은 그 항목에 속하는 숫자 또는 부호를 한번 살펴보고 이 계열의 어떠한 말이 어느 항목에 속하는지를 결정하고 또한 내가 앞에서 말한 바와 같이 자모순의 명칭표를 과학적인 명칭표로 변경할 수 있게 되는 것이다.

여기서 나는 나 자신의 일이 완결되는 한계에 이르렀다. 그리고 또한 학생들이 제각기 그들이 향한 대로 쫓겨 가는 어떠한 종류의 지식에 있어서도 독립으로 이미 있었던 것과 같은 편의를 이용하는 힘을 발휘해야 할 경우에 이른 그 한계에 내가 이른 것이다. 그러나 이러한 것은 오늘까지 불과 특권이 있는 극소수만이 그것을 이용하는 데 지나지 않는 성질의 것이었다. 나는 이 정도의 한계에까지 도달하게 하고 싶다. 결코 그 이상을 바라고 싶은 마음은 없다. 나는 세상 사람들에게 예술이나 과학을 가르치려고는 지금껏 생각하지도 않았고 지금도 그렇다. 그런 것을 나는 조금도 모른다. 지금까지 내가 바라는 것은 다만 첫걸음의 출발점을 종래에는 돌아보지 않았고 조용히 교육 없이, 흐르는 대로 방임된 일반 서민을 향하여 쉽게 배우게 한다는 것이다. 조국의 빈민과 약자를 향해서 인간으로서의 품위를 보존하기 위한 술의 문호를 개방하는 것이다. 그리고 만약 될 수만 있다면 유럽의 빈민계급의 시민을 모든 참된 술의 기초인 개인적 능력이란 점에서 南方이나 北方의 야만인보다 훨씬 떨어지게 한 장벽을 태워버리고 싶었다. 대개 유럽 시민이 일반으로 그 文明開化를 과시하고 또 존중함에도 불구하고 그 大氣 속에 있어서 인간이라는 것의 사회적 권리와 교육받을 권리와 또한 그 권리를 실제로 행사하는 가능력, 이러한 모든 것을 실제로 享受하고 소유하는 것은 유럽시민 열 사람 가운데 불과 한 명에 불과하고 그 이외는 모두 그 권리행사의 문호를 봉쇄하고 있는 형편이다.

바라는 바는 이 장벽은 내 생전에 치솟는 불길에 훨훨 타버릴 것을 그러나 나는 젖은 짚 밑에 불이 약한 석탄을 쌓은 것같이 생각되었다. 그러나 벌써 바람도 어느새 가까이 불어오고 있으니 드디어 석탄을 부채질한 것이다. 그리하여 점차로 내 주위의 젖은 짚은 건조하고 뜨겁게 달아서 마침내 불에 탈 것이다.

그렇다. 게스나여! 현재 그것은 아무리 젖어 있을지라도 마침내 탈 것이다. 결국 탈 것이란 말이다.

그러나 나는 언어교수의 둘째 번 특수 방법에 있어서 앞에서 말한 점까지 나아가고 있는 것을 자인하는 동시에 나는 아직 교육의 마지막 목표인 여러 관념의 완전한 천명에까지 인도하는 셋째 번 방법에는 다치지 않을 것을 자각하였다.

一, 아동에게 사물 간의 상호관계, 자세히는 數나 시간, 균형 같은 여러 가지 다른 사정에 있어서 사물 간의 상호관계를 말로서 명백히 구별하는 것을 아동에게 가르칠 것, 아니 더 적절히 말하면 우리들이 이미 명칭으로 알고 또 어느 정도까지는 사물의 이름과 성질을 모아 놓음으로서 명백하게 된 모든 사물의 본성과 성질, 힘 같은 것을 더욱 명백하게 하도록 아동에게 가르칠 것.

여기에 참된 문법의 기초가 나타나는 것이며 교육의 최후 목표인 관념의 완전한 천명에로의 진로가 타개되는 것이다.

여기에 나는 또 간단하면서도 심리적인 언어교수로서 아동으로 하여금 그 첫걸음을 딛게 하는 데 이르렀다. 형식이나 규칙에 관해서 한 마디도 빼지 말고 먼저 어머니는 아동 앞에서 간단한 글을 연습으로 반복해야 한다. 이들은 그 자체를 위해서만 동일하게, 발성기관의 연습을 위해서도 역시 아동들에게 이것을 흉내 내게 해야 한다. 우리들은 이 두 가지의 사실 곧 발음 연습과 언어로서의 단어의 학습을 명백히 구별해야 한다. 그리고 첫째 것은 둘째 것과 독립해서 먼저 것만 연습해야 한다. 의미와 발음을 구별할 줄 알면 어머니는 다음과 같은 여러 가지의 글을 되풀이하여 익혀 주어야 한다.

아버지는 친절하다.
나비는 화려한 날개를 갖고 있다.
소는 풀을 먹는다.
전나무는 곧은 줄기를 갖고 있다.

아동이 이러한 글을 거듭 입으로 소리 내어 보고 그것을 되풀이하는 것이 쉬울 정도로 연습한다면 어머니는 이렇게 물어본다.

누가 친절합니까?
무엇이 화려한 날개를 갖고 있읍니까?

등으로. 여기서 이번에는 반대로

아버지는 어떻습니까?
나비는 무엇을 갖고 있습니까?

등으로 물어본다.

여기서 어머니는 좀더 계속해서.

누가 또는 무엇이 있느냐?
맹수는 육식한다.
사슴은 발이 가볍다.
뿌리는 넓게 퍼져 있다.
누가 또 무엇을 갖고 있느냐, 그는 또 그것을 갖고 있느냐?
사자는 힘을 갖고 있다.
인간은 이성을 갖고 있다.
개는 훌륭한 코를 갖고 있다.
코끼리는 긴 코를 갖고 있다.
누가 또 무엇을 갖고 있느냐. 그들은 무엇을 갖고 있느냐?
식물은 뿌리를 갖고 있다.
물고기는 지느러미를 갖고 있다.
새는 날개를 갖고 있다.
소는 뿔을 갖고 있다.
누가 바라느냐. 무엇을 그는 바라느냐?
굶은 사람은 먹을 것을 바란다.
빌려준 사람은 돌려줄 것을 바란다.
囚人은 석방될 것을 바란다.
누가 바라느냐. 무엇을 그들은 바라느냐?
분별 있는 사람들은 올바른 것을 바란다.
어리석은 사람은 멋대로의 것을 바란다.
아동들은 노는 것을 바란다.
피로한 사람들은 휴식을 바란다.
누가 또 무엇이 할 수 있는가. 그는 또 그것은 무엇을 할 수 있는가?
물고기는 헤엄칠 수 있다.
새는 날 수 있다.
고양이는 기어 올라갈 수 있다.
다람쥐는 뛸 수 있다.
소는 머리로 받을 수 있다.
말은 찰 수 있다.

누가 할 수 있나. 그들은 무엇을 할 수 있나?

재봉사들은 재봉 일을 할 수 있다.

나귀는 짐을 실을 수 있다.

소는 밭을 갈 수 있다.

돼지는 꿀꿀거릴 수 있다.

사람은 말할 수 있다.

개는 짖을 수 있다.

사자는 咆哮할 수 있다.

곰은 핥을 수 있다.

종달새는 지저귈 수 있다.

누가 또는 무엇이 있지 않으면 안 되나. 그들은 무엇이 아니면 안 되나?

짐 싣는 소는 裝具를 갖추지 않으면 안 된다.

말은 타지 않으면 안 된다.

나귀는 짐을 싣지 않으면 안 된다.

소는 젖을 짜지 않으면 안 된다.

돼지는 죽이지 않으면 안 된다.

산토끼는 잡지 않으면 안 된다.

바른 일은 행하지 않으면 안 된다.

법률은 복종하지 않으면 안 된다.

누가 또 무엇을 어떻게 하지 않으면 안 되는가, 그들은 무엇을 하지
않으면 안 되는가?

빗방울은 떨어지지 않으면 안 된다.

족쇄로 묶인 사람들은 따라가지 않으면 안 된다.

敗戰者는 복종하지 않으면 안 된다.

빌린 사람은 갚지 않으면 안 된다.

　그렇게 하여 나는 모든 명사의 變用과 동사의 活用을 한번 시험하
였다. 즉, 첫째의 계제와 직접 둘째의 계제와를 결부시키고 특히 동사
를 많이 다루었다. 거기서 이 동사에 특히 중점을 둔다는 방안에 따라
서 나는 다음과 같은 많은 예를 주었다.

동사와 목적어를 단순히 결부시키는 것.

目的語 動詞

교사의 말을 주의한다.

폐로 호흡한다.

나무를 넘어뜨린다.

화살을 묶는다.

그리고 다음에 동사를 모으는 연습을 한다.

예를 들면,

동사

「지킨다」(to tend)

나는 양을 「지킨다」(tend)

나는 선생의 말을 나의 임무로 「지킨다」(attend)

나는 나의 일에 「전념한다」(attend)

나는 나쁜 일과 「싸운다」(contend)

나는 진실 이상으로 「과시하지」 않는다.(pretend)

나는 나의 소유물을 「늘인다」(extend)

나는 집을 사려고 「생각한다」(intend)

나는 그 사람을 「감독해야 한다」(superintend)

아동은 무엇에든지 「주의」(attention)를 하는 한에는

그는 「주의 깊은」(attentive)가

그는 「부주의」(inattentive)한가다.

또 동사 「호흡한다」(breathe)라면 예를 들어 나는 강하게, 약하게, 빨리, 느리게 「호흡한다」든가, 나는 만일 「호흡」(breath)을 잃은 후, 그것을 회복했다면 또 「호흡한다」라든가, 나는 공기를 「들여마신다」든가, 죽음에 임한 사람은 최후로 「호흡한다」 등인 것이다.

여기서 나는 점차로 말을 더해 가면서 이런 연습을 진행시키고 반복하면서 마침내 한층 더 복잡한 기술적인 글에 이르게 되었다.

예를 들면,

나는 하겠다.(I shall)
나는 보존하겠다.
나는 온전히 이 방법으로 건강을 보존하겠소.
나는 고통을 받았으니 온전히 이 방법으로 건강을 보존하겠소.
나는 병으로 고통을 받았으니 온전히 이 방법으로 건강을 보존하겠소.
나는 병으로 고통을 받았으니 온전히 극도의 위생을 지킴으로서 건강
을 보존하겠소.
나는 병으로 고통을 받았으니 온전히 극도의 위생과 규칙을 지킴으로
서 건강을 보존하겠소.
나는 병으로 고통을 받았으니 온전히 극도의 위생과 일반 규칙을 지
킴으로써 건강을 보존하겠소.

이 글은 그 동사에 의하여 모든 인칭에 따라서 하나하나 이것을 반
복되도록 해야 한다.

예를 들면

나는 보존하겠소.
당신은 보존하리라.(나는 너에게 보존하게 하리라.)
그는 보존하리라.(나는 그에게 보존하게 하리라.)
나는 나의 건강을 보존하겠다.
당신은 당신의 건강을 보존하리라. 等.(나는 당신에게 건강을 보존하
게 하리라.)

또 이 글은 동사의 時를 변경시켜서 반복해야 할 것이다. 즉,

나는 보존했다.
당신은 보존했다. 등.

나는 그렇게 해서 이 글을 아동들에게 깊은 인상을 갖게 하고 특히 교육적이고 자극적이며 그들 하나하나 특수한 입장의 맞는 글을 선정하는 데 주의하는 것이다.

또 그와 동시에 나는 이 연습으로 아동에게 주어진 힘을 강화하고 또한 실지로 사용할 수 있도록 하기 위해 실제의 사물에 대해서 기술의 예를 들어 본다.

예를 들면 다음과 같은 것이다.

鍾은 크고 두텁고 둥근 바리(鉢)로 밑이 벌어져 있고 언제나 둥둥 매달려 있고 頂點으로 올라갈수록 점점 좁아지고 계란과 같이 위가 둥글고 복판에는 수직으로 둥둥 매어달린 종 때리는 것이 있어서 그것이 이 바리의 빠른 운동으로 이쪽에서 저쪽으로 두들기기 때문에 소리가 나고 그것을 우리들은 종이 울린다고 하는 것이다.

「걷는다」는 것은 한 걸음 한 걸음 전진하는 것이다.

「선다」는 것은 신체를 똑바로 또는 수직으로 두 발에 의지하는 것이다.

「엎드린다」는 것은 신체를 수평의 위치에 놓고 무엇인가에 의지하는 것이다.

「걸터 앉는다」라는 것은 몸을 두 개의 각을 만드는 위치에서 무엇엔가 의지하는 것이다.

「꿇어 앉는다」라는 것은 두 다리가 무릎과 각을 이룰 때, 그 두 다리 위에 의지하는 것이다.

「절한다」는 것은 허리를 굽혀서 신체를 낮추는 것이다.

「머리를 숙인다」는 것은 바른 위치에서 신체를 앞으로 굽히는 것이다.

「기어 오른다」는 것은 손발로 긁어 잡으며 오르는 것이다.

「탄다」는 것은 동물 위에 걸터앉는다는 것이다.

「탑승한다」는 것은 운전하는 차에 타는 것이다.

「떨어진다」는 것은 그 자체의 무게로서 실어도 위에서 아래로 움직이는 것이다.

「발굴한다」는 것은 괭이로 땅을 파서 뒤집어 놓는 것이다.

나는 이 모든 언어의 연습에 관한 설명은 내가 죽은 후 학생에게 남길 유산에 대한 이야기로 맺으려 한다. 이 가운데서 나는 마음에 떠오르는 대로 두드러진 동사를 게재하고 있다. 그 모든 동사는 나의 일생을 통하여 아주 심한 위기에 있어서 보여준 사실에 주의가 끌렸다. 이 연습으로 나는 모든 동사를 일생에 관한 진리와 감각적 인상으로 얻은 살아 있는 지식과 우리들 인간이 스스로 했거나 또는 남이 시켜서 한 일에 대하여 감각적 사상 등으로 맺고자 시도하였다. 예를 들면 다음과 같은 동사다.

「호흡한다」 아, 人生아! 당신의 생명은 하나의 호흡에 달려 있는 것이다. 당신이 狂人처럼 코를 씰룩거리며 세계의 신선한 공기를 당신의 肺臟 속에 마치 독약과 같이 마셔 버린다면 헛되이 당신 자신의 숨의 뿌리를 끊고 당신의 그 거친 숨소리로부터 그것 때문에 迷惑을 느낀 사람들을 구해내는 것을 하루라도 빨리 하는 것밖에는 과연 무엇을 할 수 있을까.

「토지를 개량한다.」 토지를 개량하기 위해서는 그 토지가 분할되는 것이다. 그리하여 재산이 있고 재산소유의 권리는 오직 그 목적에 있어서 처음으로 발견되어야 할 것이고 그 일에 대해서는 조금도 반대할 이유가 없는 것이다. 그러나 만일 국가가 그 소유자에 대하여 또는 재산에 대하여 감히 그 목적을 거슬려 인간성을 구속하고 압박하는 권력을 허용하게 된다면 상처를 입은 일반 민중 사이에 그 악독한 결과는 오직 이 목적의 본래의 한정된 정신까지 현명히 復歸함으로써 비로소 피할 수 있다는 느낌이 일어날 것이다. 이리하여 신은 無料로 인간에게 준 토지는 인간에 의해서 그 본래의 목적을 위하여 각각 그 지역으로 분할했던 것이다.

「발표한다.」 당신은 언제나 당신이 바라는 대로 당신 자신의 의지를 발표하는 것이 불가능하기 때문에 노하는 것이다. 당신이 현명해지고자 한다면 반드시 극심할 때에는 당신의 뜻을 거스른다고 해도 오랜 시간을 필요로 할 때에도 노하지 않아야 한다.

그러나 이것으로 나는 이 문제를 그친 것이다.

나는 점점 우리들의 관념을 명백히 하기 위하여 수단으로서의 언어에 대하여 긴 논의를 해왔다. 그러나 그것은 요컨대 첫째 수단에 불과한 것이다. 교수방법은 특히 다음과 같은 점에서 특색이 있다. 즉, 그것은 언어를 막연한 감각적 인상으로부터 명백한 관념에까지 아동을 발전시키기 위한 수단으로서 종래 사용한 것보다 한층 심하게 사용한다는 특징이다. 그와 동시에 나의 교수방법은 또한 언어와 문법상의 실지 지식을 예상하는 모든 말의 集團을 최초의 초등교육에서 배제한다는 원칙에 의하여 다른 것과 구별되는 것이다.

이렇듯 자연은 어떤 개체에 대한 명백에서 전체에 대한 명백에까지 인도하는 것을 이해하는 사람들은 단어가 복합할 때에 아동으로 하여금 그것을 분명하게 하기 전에 먼저 하나하나를 아동에게 명백히 해야 할 이유를 납득할 것이다. 이것을 깨달은 사람이라면 반드시 종래 초등교육의 책들은 일체 폐기해야 할 것이다. 왜냐하면 그와 같은 책은 아동에게 언어의 지식을 주기 전에 이미 아동에게 언어의 지식이 있다는 것을 희미하게나마 예상하는 것이기 때문이다. 그렇다. 게스나여! 지난 世紀의 최선의 교과서라도 역시 아동은 우리들이 그와 말할 수 있기 전에 먼저 말하는 것을 배워야 하는 것을 잊었다는 것은 놀라운 일이 아닌가. 실제로 이 비평은 우습게 들릴는지 모르겠으나 사실인 것이다. 나는 이 일을 알고 지금 일반이 만들어 내는 이외의 사람에게는 도저히 아동을 만들어 낼 수 없다고 하는 것이 지금은 이상스럽게 생각되지 않았다. 무슨 말인가 하면 일반 사람들은 옛 사람들의 지혜와 선량함을 잊어버리고 옛 사람들이 말할 수 있기 전에 그들에게 여러 가지 많은 사물에 대해서 말하는 방법을 쓰고 있기 때문이다. 대체로 언어는 우리들 인류가 성취한 하나의 術이다. 아니 무한의

術이다. 다시 타당하게 말하면 일체 술의 總計이다. 그것은 특수한 의미에 있어서는 자연이 전체로서 우리들 인류에게 준 모든 인상을 되찾은 것이라고 할 것이다. 그리하여 나는 언어를 사용하고 말하는 언어의 음을 연합시킴으로써 아동에게 여러 음을 만들고 또한 인류에게 야기한 그 같은 인상을 다시금 돌리고자 한다. 언어의 공덕은 그 자체만으로도 무한하고 더욱 그것이 끊임없이 완성으로 나아감에 따라서 나날이 더 커가는 것이다. 자연이 오랜 시대를 거쳐서 인류에게 준 것을 언어는 단시간에 아동에게 주는 것이다. 만일 소가 자기의 힘을 안다면 어떻게 될 것인가 하고 우리는 그 소에 대해서 논의하지만 인간에 대해서는 만일 인간이 완전히 자기 언어의 힘을 알고 또한 완전하게 그것을 사용한다면 그는 어떠한 것이 될 것인가를 우리들은 말할 수 있다.

우리들이 인간의 교양이라고 부르는 곳의 迷路에 생긴 간격은 매우 큰 것이다. 왜냐하면 우리들은 일반서민에게 말하는 것을 지금까지 조금도 가르치지 않았을 뿐 아니라 이 말 없는 일반서민으로 하여금 추상적 관념에 있어서 공허와 적적함에 醉生夢死하게 할 정도로 지금까지는 스스로의 일을 잊고 있었기 때문에 이것을 迷路라고 한다. 그리고 우리들은 일반서민으로서 공허한 어구를 암송하게 하고 동시에 그들에게 그렇게 하면 능히 사물의 참된 지식과 진리에 도달할 수 있다고 믿도록 가르쳤던 것이다.

정말로 印度人이라면 그들 중에 최하계급의 사람들을 그 이상 영구히 우상숭배를 시키지 않았고 또 그러한 것으로 이들 최하계급의 인류로 하여금 그 이상으로는 그 우상의 희생자로 교육은 하지 않았을 것이다.

우리들의 최하층의 계급이 말을 하지 못하고 더구나 그들의 명백한 말을 할 수 있는 능력 때문에 邪惡의 길에 빠져 헤매게 되는 사실을 당신도 역시 논할 수 있을 것이다. 나는 그렇게 무서울 만큼 뒤틀어지

고 겉치레의 친절한 방법으로써 말하기의 교육을 전혀 등한히 여겨
버려진 하층계급의 사람들 사이에 살고 있는 모든 사람들에게 또한
僧侶全體, 관리전체를 향하여 호소하는 바이다. 그러한 사람들 속에서
사는 사람들이여! 적어도 그 가엾은 사람들에게 관념이라는 것을 얻게
한다는 것이 얼마나 벅찬 것인가. 아직 경험하지 못하였다면 스스로
그들 속에 뛰어들어 실지로 살펴보도록 바라는 것이다. 그러나 어떠한
사람에게도 이에 대한 의견은 일치하고 있다. 僧侶들은 말한다.『그렇
다, 참 그렇다. 참말로 그와 같다. 그 사람들이 우리들에게 교수를 받
으려고 올 때에 그들은 우리의 말을 모르고 또 우리는 질문에 대한
대답을 알 수 없다. 거기서 우리들은 그들이 우리에게 물어온 답을 외
울 때까지는 도저히 그들을 더 가르칠 수는 없는 것이다.』관리들도
역시 그렇다고 한다. 그들은 잘못 생각하고 있는 것은 아니다. 관리들
도 이 사람들에게 법률명령을 납득시킨다는 것은 불가능하다고 한다.
이 사람들은 마을에서 나오면 거리의 떠버리들은 그들의 有口無言에
놀란다.『그들이 입으로 내리는 명령을 알게 되기까지는 몇 년이라도
그들을 집에 두어야 할 것이다』고 말하는 것이다. 말을 잘 하도록 배
우고 뒤에서 간사하게 말하기 좋아하는 이러한 사람들은 이러한 사람
들을 제일 현명하고 똑똑하다고 생각하고 있다. 말하자면 그들은 어리
석기는 하지만 아니 실제로 어리석은 것보다는 좀더 어리석다고 해도
그렇게 생각하는 것이다. 거리의 말주변 없는 장사치는 일부러 얼굴을
찌푸리고『그래서 우리들은 한몫 보지, 사정이 달라지면 장사는 다 하
는 거야』라고 말하지 않는가.

　벗이여! 상인을 비롯해서 이 나라의 하층계급과 교섭이 많은 모든
사람들은 이 계급의 사람들의 心身開發을 위하여 누구나 이 문제에
대해서는 같은 의견을 발표하고 있다. 나는 우리들의 이 高等喜劇에
있어서 높은 지위에 있는 사람들은 난간이나 특별석에 있으면서 아래
층에 있는 사람들의 경우에 대하여 역시 그렇게 말하고 있다. 왜 그러

냐 하면 아래층에 있는 사람들은 대체로 이 점에서는 방임되어 왔고 돌봐주는 사람이 없었기 때문에 높은 지위에 있는 사람들은 그렇게 말할 수밖에 없다. 유럽 대륙의 최하층에 있는 기독교 국민이 모든 나라, 모든 지방에서 이렇듯 비참한 底邊에 있다는 것은 알고 있는 사실이다. 왜냐하면 종래 유럽의 초등교육에서는 一世紀 이상이나 헛되이 인간 心意 발전상 공허한 말에 그 중점을 두었고 그 때문에 한편으로는 자연이 주는 인상에 대하여 주의가 저해되었을 뿐 아니라 다른 한편으로는 이 인상에 대한 인간 내부의 感應性까지도 파괴되고 말았다. 나는 다시금 말한다. 일반에게 그러한 방법을 쓰고 유럽 하층계급을「말과 拍手의 국민」에까지 타락시키고 어떤 국민이라도 아직 이러한 비참한 상태에 빠진 일이 거의 없었을 것이라고 생각된다. 그러나 역시 그들에게 말하기를 조금도 가르치지 않은 것은 아닌가. 그렇기 때문에 현 세기의 이 大陸의 기독교가 지금과 같은 모양이 된 것도 별로 이상할 것이 없다. 그러나 이와는 반대로 그렇게도 우리의『말과 박수』학교가 잘못 생각하고 있는 데도 불구하고 선량한 인간의 본성이 최하층계급의 사람들에게 가끔 볼 수 있는 비상한 내적 힘을 보존해 온다는 것은 도리어 이상하지 않은가. 또 고마운 일이 아닌가. 온갖 어리석은 짓, 온갖 바보 짓, 인간성 그 자체에 있어서 저항제를 찾고, 오류가 도저히 참을 수 없는 극도에 이르렀을 때 인류에게는 벌써 해로운 영향을 미칠 수 없게 되었다. 어리석은 것이나 오류는 그 겉옷 속에 그들의 쇠망과 사멸의 씨를 품고 홀로 모든 종류의 진리만이 그 자신 가운데 영원한 생명의 씨를 감추는 것이다.

다음, 인간의 모든 지식이 교수의 본성에 따라서 진행해야 할 두 번째의 초보적 수단은 形이다.

形

형의 교수는 형을 갖고 있는 사물의 감각적 인상의 의식으로 선행된다. 그리하여 그 인위적 표현은 교수를 위하여 한편으로는 관찰력의 본성에서 다른 한편에서는 교수 그 자체의 일정한 목적에서 抽出되어야 한다. 우리들의 모든 지식은 다음의 여러 조항에서 나오는 것이다.

一, 흔히 우리 오관에 접촉되는 모든 사물이 주는 여러 가지 인상으로부터 이 종류의 감각적 인상은 불규칙하고 혼란되어 있고 매우 늦으며 그 범위가 좁다.

二, 人爲의 術의 仲介로서 또는 우리 兩親이나 교사의 지도에 의하여 오관에 가져오는 모든 사물로부터 이 종류의 감각적 인상은 자연히 많거나 적거나 심리적으로 배열되는 것이다. 그것은 곧 여러 아동의 부모나 교사의 견식과 열심의 도에 따라서 다소의 차이가 생기는 것이다. 여기서부터 이 종류의 감각적 인상은 첫째 것에 비하면 한층 포괄적이고 연결이 된 것이다. 아동이 교수의 목적이고 목표인 명료한 관념에 향한 진행은 역시 위와 같은 정도에서 늦고 빠른 또는 안전, 불안전의 차이가 있다.

三, 모든 나의 능력의 자발적 활동에 기초를 두고 또한 그것으로 생명이 유지되는 의지에서 개념과 지식과 힘을 얻고자 하는 나의 강한 욕구로부터 또한 감각적 인상을 얻고자 하는 자발적 노력에서 감각적 인상으로 얻을 수 있는 이 종류의 지식은 우리들의 개념에 내적 가치를 준다. 또한 우리들의 감각적 인상의 효과를 낳게 하기 위하여 우리들의 심의 중에 독립적 활력을 구성함으로써 우리들을 더욱 도덕적, 자동적 교육에 접근시키는 것이다.

四, 그 대상이 단순한 감각적 인상은 아니지만 노력이라든가, 갖는 것의 직업에 있어서의 작업이라든가 그 밖에 모든 종류의 활동의 결과에서 이 종류의 지식을 획득하는 방법은, 나의 감각적 인상과 환경과 직업을 결부시키고 그 결과를 의무와 덕에 대한 노력과 조화되고 통일하게 하는 것이다. 그것은 그 결과에 의함과 동시에 진행의 필요에 의해서 지목된 목적, 즉 관념을 명료하게 하는 동시에 나의 견식의 정확, 연속 및 조화에 대해서 심히 중대한 영향을 가지는 것이다.

五, 끝으로 類推에 의하여 감각적인 인상으로 얻은 지식은 내가 관찰한 다른 사물과 비슷하므로 나의 감각적 인상에까지 가져오지 못한 사물의 성질을 나에게 가르치는 것이다. 이 종류의 관찰양식은 실지의 감각적 인상의 결과로서 다만 오관의 작업에 불과한 지식, 이 지식의 진보를 심의와 또한 모든 그 심의의 힘의 작업에까지 바꾸는 것이다. 그래서 내게 心境의 힘이 많으면 많을수록 그만큼 감각적 인상의 종류를 갖는 것이다. 그러나 여기서 내가 말한 감각적 인상이란 보통 말하는 것보다 훨씬 넓은 의미를 갖는다. 즉, 그것은 나의 심의의 본성과 떼어 놓을 수 없는 느낌을 주는 전체를 포괄한 것이다.

우리들은 이 두 종류의 감각적 인상의 구별을 배우고 그 각각의 고유한 법칙을 추출하는 것이 긴요하다.

이렇게 해서 나는 본론으로 돌아가 서술하려고 한다.

사물의 형에 대한 나의 감각적 인상의 의식에서 사물을 측량하는 술이 생기는 것이다. 그러나 이것은 감각적 인상의 술에 기초를 둔 것이다. 그러나 이 감각적 인상은 간단한 지식획득의 힘과 구별되고 또 간단한 종류의 감각적 인상과도 구별되지 않으면 안 된다. 모든 종류의 측량과 그 결과는 그 모든 涵養된 감각적 인상에서부터 추출된다. 그러나 이 감각적 인상의 술까지도 사물의 비교로써 측량의 술의 규범을 넘어서서 이 모든 균형의 자유로운 모양 곧, 圖畵의 술에까지 우리들을 인도하는 것이다. 마침내 우리들은 이 도화의 술로서 얻어진 힘을 쓰기의 술에서 사용하는 것이다.

測量의 術

　형의 A, B, C를 예상하는 것이다. 즉, 그것은 관찰자에게 나타나는 모든 다른 것을 정확히 구별하고 측량의 원리를 단순화하고 확정하는 술을 예상하는 것이다.

　친애하는 게스나여! 나는 이 문제에 대하여 어떠한 경험의 과정으로 오늘과 같은 견해를 품게 되었는가에 대하여 다시금 당신의 주의를 환기하고 싶다. 이 때문에 나는 나의 보고서 속에서 한 절을 여기에 첨가하고 싶다. 나는 그 속에서 이렇게 말하였다.

　『감각적 인상은 모든 지식의 기초라고 하는 원칙을 적용한다면 정확한 감각적 인상은 정확한 판단의 기초라고 하는 결론이 필연적으로 생기는 것이다.』

　『그러나 術의 교육에 있어서 완전하고 정확한 관찰은 판단되고 모방되어야 할 것을 측량한 결과와 사물의 측량을 불필요하게 할 만큼 훈련된 균형을 인정하는 힘의 결과여야 한다는 것이 명백한 사실이다. 그리하여 정확하게 측정하는 힘은 우리들 인류의 교육에 있어서 관찰의 필요에 다음가는 지위에 있는 것이다. 圖畵의 形―그 윤곽과 面은 바로 확실히 결정된다―을 완전한 측량으로 그것을 선으로 결정하는 것에 불과하다.』

　『사물을 측량하는 연습과 기능은 도화의 연습보다 선행해야 한다. 적어도 그것과 같은 보조로 나가야 한다는 원리는 일반적으로 등한하게 여겨지고 있으나 실은 이것이 명백한 것으로 의심할 여지가 없다. 술의 교육이 보통 이루어지는 진행과정은 부정확한 관찰과 기울어진 구조로서 시작된다. 그리고 굽은 그대로 열 번이나 부시고는 다시 고쳐 세우고 이렇게 하여 균형의 느낌이 완성되도록 해야 할 것이다. 그리하여 마침내 우리들은 그것으로 착수해야 할 즉, 측량이라는 것에 도달할 차례다. 그리고 이것은 곧 우리들의 術의 교육의 진행과정이다. 우리는 埃及人이나 헤도라스칸人들의 완전한 측량으로 도화를 하고 그들 그림의 근본원칙이 이러한 측량의 단순한 서술에 지나지 않는 古代人에 비하여 몇 천 년이나 풍부한 경험을 쌓은 것이다.』

『여기서 다음 문제가 생긴다. 말하자면 이 모든 술의 기초, 즉 아동의 눈앞에 제시되는 일체 사물의 정확한 측량에 관하여 아동을 교육하려면 어떠한 수단을 사용해야 할 것인가. 그것은 단순, 안전, 명백한 규칙에 따라 배열하고 있는 모든 감각적 인상의 총계를 포괄한 方形의 적은 구분을 측량함으로써 가능하다.』

『참으로 근대의 예술가는 그러한 측량이 결여되어 있음에도 그 기술에 오랜 연습은 쌓여 있어서 어떠한 사물이라도 그것을 그들의 눈앞에 놓고 마치 자연 가운데 실제 존재하듯 그것을 묘사하는 힘을 얻는 방법을 스스로 체득하는 것이다. 물론 그들이 많은 노력을 들여서 힘을 얻었다는 것을 부정할 수 없다. 심히 혼돈된 감각적 인상으로 그들은 마치 실지의 측량을 할 필요가 없을 만큼 훈련을 쌓은 일종의 균형이란 느낌에 도달했다. 그러나 이 방법에 이르러서는 거의 각각 여러 가지의 형태로 다룰 수밖에 없다. 아무도 명백히 그것을 모르기 때문에 자기의 독특한 방법에 대하여 이름을 갖고 있지 않았다. 그 때문에 그들은 한 사람도 자기의 독특한 방법을 그 학생에게 적당히 전수하는 것이 가능치 못했다. 학생들도 또한 교사와 같은 상태에 있어서 극단의 노력과 長時日의 연습으로 독특한 방법을 발견할 수밖에 없었다. 아니 도리어 그 방법의 결과를 발견하고 정확한 균형의 느낌을 찾아야 했다. 그리하여 많은 고난을 거쳐서 더욱 느낌을 얻을 만한 시간과 여가를 가진 극소수의 행복한 사람들에게만 예술이 있을 수 있었다. 그러므로 누구나 예술을 보통 일반적으로 생각할 수 없고 또한 그 교양을 보통 일반사람들의 권리로 요구할 수도 없었다. 더욱 그것은 확실한 하나의 권리다. 적어도 교양이 있는 국가에 사는 모든 사람은 읽기, 쓰기를 배울 권리가 있다는 것을 단정하는 것은 결코 거부

할 수 없을 것이다. 그렇다면 읽기와 쓰기를 배우는 노력에 비하여 아동에게 자연적으로 또한 용이하게 발전하는 그림의 요구와 측량의 능력을 분명히 그 이상의 술, 또는 그 이상의 힘으로 아동에게는 회복되어야 한다. 적어도 그 읽기와 쓰기는 가치가 있기 때문에 그것을 가르치지 않으면 아동에게 해를 미치는 것과 같이 우리가 만일 그림과 측량을 가르치지 않으므로 아동에게 줄 해를 막고자 한다면 반드시 이것을 가르쳐야 한다. 그러나 사물을 그린다는 것이 교수의 목적 즉, 관념을 명료하게 하는 데 하나의 도움이 되는 이상, 그것은 본래 모든 형의 측량과 밀접한 관계를 맺는 것이어야 한다. 아동은 그려야 할 사물을 받았을 경우, 그들은 그 형의 균형을 표현하고 그 균형에 대하여 발표할 수 있을 때까지 그 당연한 술을 실제로 사용할 수 없을 것이다. 당연한 술이란 막연한 감각적인 인상을 통하여 그의 모든 교육에 있어서 명료한 관념에까지 향상시키는 수단에 지나지 않는다. 다시 말하면 아동이 사물의 형의 균형을 스스로 표현할 수 없을 때는 그 術은 참다운 가치가 있을 수 없다. 만일 그 술이 교육의 큰 목적과 조화된다면 비로소 참다운 가치를 갖게 된다. 또 당연히 갖는다.』

그와 같이 우리들은 그림의 술을 찾아내기 위하여 그것을 측량의 술에 따르게 하고 정방형의 기초형에서 생기는 많은 각과 弧에까지 적은 구분을 세우고 합해 그 직선적인 소구분도 맞추어 일정한 측량의 형식으로 만들도록 노력해야 한다. 나는 이 방법을 실행하고 이러한 측량의 형식을 조직했다. 그리고 이 모든 형식을 사용한다는 것은 일체의 측량, 학습 또는 모든 형의 균형의 이해를 용이하게 하며 音의 A, B, C가 언어의 학습을 용이하게 하는 것과 같다.

그러나 이 형의 A, B, C는 방형을 일정한 측량형식에까지 等分한 것이고 그 기초, 즉 수직 또는 수평한 위치에 있어서 직선에 대한 정확한 지식을 필요로 하는 것이다.

이와 같이 직선으로 정방형을 구분한다면 角 또는 圓과 弧를 명확하게 하고 또 그것을 측량하기 위한 일정한 형이 생길 것이다. 나는 이 전체를 직관의 A, B, C라고 부른다.

이것은 다음과 같이 아동에게 제시되어야 한다.

우리들은 먼저 아동에게 여러 가지 사정 밑에 또는 低意의 방향에 있어서 많은 직선을 하나하나 관계를 떼어 그 성질을 제시하고 복잡다단한 면모를 명료하게 의식시킨다. 이 경우 그 이상에 그러한 용법을 조금도 고찰하지 않고 둔다. 다음 우리들은 直線 혹은 水平線, 垂直線, 斜線 등으로 命名하고 그중 사선을 오르내리는 것으로서 그려 보이고 다음에 좌우로 오르내리는 것으로 그려 보인다. 여기서부터 여러 가지 수평선에, 수평, 수직, 斜行 등의 평행선을 命名하고 그 다음 모든 선을 합쳐서 만들어진 주요한 角 혹은 直角, 銳角, 鈍角이라고 명명하는 것이다. 이와 같이 지금부터 우리들은 아동에게 모든 측량형식의 원형을 알려주고 또한 그 이름을 가르친다. 즉 正方形, 이것은 두 개의 각을 결합하는 데서 생긴 것, 다음 그 작은 구분, 예를 들면 二分의 一, 四分의 一, 六分의 一 등으로, 여기서부터 원과 그것을 확대한 여러 가지 형, 및 부분을 알리는 것이다.

모든 정의는 肉眼으로 측량한 결과로 아동에게 가르치도록 또 이 과정 안에 정방형, 수평의 또는 수직의 長方形으로 命名할 측량형식으로 가르치고 曲線을 圓, 半圓, 四分圓 또는 第一橢圓, 半橢圓, 四分橢圓, 第一, 第二, 第三, 第四, 第五橢圓이라고 가르쳐야 할 것이다. 아동은 모든 형을 측량의 수단으로 사용하고 그들이 만들어 내야 할 균형의 본질을 배우도록 해야 한다. 이 목적을 달성하는 제一의 수단은 다음과 같다.

一, 아동들이 이 모든 측량형식의 여러 가지 균형을 알고 또한 명명할 수 있도록 노력할 것.

二, 아동들이 모든 것을 독립해서 응용하고 또한 사용할 수 있도록 할 것.

우리들은 이미 이 목적을 위하여 아동에게 『어머니의 책』으로 또는 그 외 정방형, 원형, 타원형, 넓은 것과 긴 것, 좁은 것이라고 말할 수 있을 정도로 여러 아동에게 실물을 제공하는 것이다. 직관의 A, B, C 의 구분에 따라 두터운 종이를 오려 弦, 半弦, 六分弦 등으로 이것을 제시하고 여기서부터 또한 원, 반원, 사분원, 타원, 반타원, 사분타원으로 제시한다. 그렇게 하여 전에 명료한 관념을 희미하게나마 아동에게 의식시키기 시작했다. 그렇게 하면 관념은 예술적 면모나 여러 가지 형의 사용을 배움으로써 점점 명료하게 발전하게 되는 데 틀림없다. 또한 『어머니의 책』에 따라 아동에게 그 형을 제시한다. 그것은 이 책 속에서 측량을 예상하는 모든 형의 일정한 이름의 초보 또는 수의 초보가 제공되기 때문이다.

이 목적을 위하여 우리들은 아동을 직관의 A, B, C로 지도하는 것이다. 대체로 『어머니의 책』에 의하여서 희미하게나마 의식하는 이術, 언어와 수의 방법은 A, B, C에 있어서 측량이라고 하는 목적을 위하여 명료해지고 모든 형의 수 및 측량에 대하여 아동 자신이 명확하게 발표하는 것을 가능하게 하는 데 있다.

三, 이 목적에 도달하는 제三수단은 모든 형의 그것을 그림으로 하는 것이다. 그것으로 아동은 점차로 모든 형에 대하여 명료한 관념에 도달할 뿐 아니라 온갖 형으로서 작업하는 정확한 힘도 얻는 것이다. 제一의 목적을 달성하기 위하여 우리들은 제一과정에서 가로 또는 세로의 구형으로 인정하고 또 제二과정에 있어서 예를 들면 세로의 구형 二는 그 높이보다 二배의 길이가 있고 가로의 구형 二는 그 길이보다 二배의 높이가 있다. 이와 같이 모든 적은 구분을 통하여 그와 같이 기술하는 여러 가지 형의 균형도 역시 아동에게 제시하는 것이다. 여기에 또 몇 개 矩形의 斜線은 그 방향이 여러 가지로 다르기 때문에 比에 따라 이것을 보고 또한 기술해야 한다. 예를 들면 가로의 矩形은 $1 \times 1\frac{1}{2}$, 세로의 구형은 $1 \times 2\frac{1}{3}$, $3\frac{1}{4}$, $1\frac{1}{6}$ 등으로 하는 것이다. 이와 같은 목적을 위하여 사선의 여러 가지 각, 예각, 또는 둔각 등은 동시에 원의 구분으로서 또는 구형을 분할하는 데서 생기는 타원의 구분으로 정의해야 한다.

측량의 힘은 이와 같이 이 종류의 일정한 형을 인정함으로써 발전되며 그것은 나의 약한 관찰의 힘을 일정한 규칙에 따르는 하나의 술에까지 향상시키는 것이다. 그리고 이 술에서 내가 감각적 인상의 술이라고 부르는 모든 형의 정당한 이해가 생기는 것이다. 이것은 보통, 舊式으로 일반에게 알려진 術敎養의 관념에 앞서서 그리고 그들의 일반적 또는 본질적인 기초로서 쓰이는 하나의 새로운 술이다. 이것으로 모든 아동은 간단하게 자연계에 있는 모든 사물을 사물의 외적 균형에 따라 또는 다른 사물과의 관계에 따라 정당히 판단하고 명확하게 발표할 수 있게 된다. 이 술의 지도로서 아동은 언제나 사물의 형체를 보고 높이와 넓이의 균형뿐 아니라 그 형이 정방형에서 조금이라도 다르다면 그 차이와 사선 및 곡선에 있어서의 균형도 기술하고 명명할 수 있으며 다시 모든 차이를 하나하나 지시하는 이름을 직관의 A, B, C에 적용하게끔 되는 것이다. 그리고 이 힘을 얻는 수단은 실로 측량의 술 속에 있고 사물을 교사하는 술, 특히 선을 교사하는 술로써 더욱더 아동에게 발전되는 것을 볼 수 있을 것이다. 아동은 극단적으로 측량형식에 친근해지고 벌써 그것이 하나의 본능이라고 할 정도에까지 발전될 것이다. 이 예비연습을 완성한다면 아동은 극히 복잡한 사물을 측량하는 데 실지 수단으로 이것을 보고 또한 사용할 필요가 없어지는 것이다. 그러나 하나하나의 특수한 측량의 도움을 빌리지 않고서는 모든 균형을 표현하고 그것에 대하여 명확하게 발표할 수는 없다.

이 발전한 힘이 어떠한 결과에까지 각 아동을 발전시키고 특별히 박약한 아동까지도 발전시킬 것인가에 대해서 우리들은 도저히 말할 수 없다. 그러나 누구도 그것이 꿈이라고는 말할 수 없다. 나는 이 원칙에 따라서 학생들을 지도했다. 그리고 나의 이론은 전연 나의 결정적인 경험의 결과였다. 누구나 실지로 보아도 좋다. 물론 나의 학생은 아직 이 지도의 초보에 있는 데 지나지 않지만 이 초보에서는 이미 학생에게 접해서 이것을 납득시킬 수 없는 사람은 특별한 사람이어야 한다는 것을 증명하는 것이다. 그리고 이것은 실로 이상한 현상이라고 해야 하겠다.

그리기의 술

사물에게 주어진 감각적 인상, 사물의 윤곽 및 그 윤곽 속에 포함된 특징을 유사한 선으로 다시 나타내고 또 이 모든 선을 정확하게 모방할 수 있는 힘이다.

이 술을 새로운 방법에 비하면 거의 비교할 수 없을 정도로 용이한 것이다. 그것은 이미 아동에게 관찰되었을 뿐 아니라 모방의 연습과 측량의 힘을 아동 속에서 발전시키는 온갖 형의 쉬운 적용에 지나지 않는다는 것과 어느 방면에서도 볼 수 있는 것이기 때문이다.

또한 이것은 다음과 같이 되었다. 즉, 아동은 직관의 A, B, C가 최초로 손을 대는 가로(橫)의 선을 쉽게 또는 정확하게 그리게 되면 아동들에게 제시된 복잡한 사물 전체 속에서 그 윤곽을 잘 아는 가로의 선에 적용되는 데 불과하든가 아니면 조금밖에 다르지 않은 형체를 제공하는 것같이 하는 것이다.

그로부터 수직선, 직각 등으로 나아간다. 이 형의 간단한 응용으로 아동의 힘이 점점 전진함에 따라 여러 가지 형체의 다른 것을 제시한다. 자연적인 물리기구의 법칙에 합치하는 이 방법은 그리기 술에 미치는 결과는 직관의 A, B, C가 측량의 술에 미치는 결과와 같이 대단히 현저한 것이다. 이와 같이 아동이 여러 가지의 그리기, 아니 초보의 그리기라도 먼저 나가기 전에 그것을 완성하는 사이에 그 완성된 힘의 결과의 의식이 이미 이 술의 초보에 있어서 아동 속에 발전하는 것이다. 그리고 이 의식과 함께 완성으로 향하는 노력과 완결을 지향하는 忍耐 역시 발전된다. 그와 같은 것은 오늘날 대체로 비심리적인 사람들이나 비심리적인 술 교육의 방법 등과 같은 어리석고 무질서한 방법으로서는 도저히 기도하지 못하고 또한 기도할 수도 없다.

그와 같은 교수를 받은 아동에게 진보의 기초는 단순히 표면에 있을 뿐 아니라 인간성의 내부적, 본질적인 힘 위에 세워지는 것이다. 여기서부터 측량형식의 심리적 술로 사용되고 또 물리적, 기구적 법칙의 범위 안에서 사용된 이 노력이 아동을 한 걸음, 한 걸음 우리들이 이미 접한 점으로 향상시키기 위한 하나의 순서를 세우는 수단을 제공한다. 그리고 그러한 점에까지 향상되면 아동은 실지로 그 측량형식을 보기 때문에 이 노력은 불필요하게 되고 또 술의 지도 면에 있어서는 술 그 자체 이외에는 아무것도 남지 않는다.

쓰기의 술

자연 그것은 쓰기의 술을 그리기의 술 다음에 두었다. 그리하여 그리기는 아동에게 발전시키고 그것을 완성시키는 모든 방법은 자연히 특수한 측량의 술에 의존하지 않으면 안 된다.

쓰기의 술도 그리기의 술과 같이 먼저 線測量의 연습을 先行하지 않고는 착수할 수 없고 또 추진되지도 않는다. 왜냐하면 한편으로는 그것이 일종의 선의 묘사이며 그 형의 일정한 지시에서 결코 임의로 벗어나지 못하게 함과 동시에 다른 한편으로는 만약 쓰기를 그리기 전에 용이하게 해준다면 그것은 필연적으로 그리기의 손을 파괴하게 되는 것이다. 무엇 때문에 그리기의 손을 깨트릴 것인가, 그 이유는 그리기에 필요한 모든 형, 어디나 자유롭게 손이 움직이게 하고 충분하고 확실하게 신축성을 결정하기 전에 특별히 어느 방향으로 손이 굳어지기 때문이다. 아니 다시 그리기가 쓰기에 선행해야 할 이유는 그 문자의 형을 바로 쓰는 것과는 비교가 안 될 만큼 용이하게 하고 또한 굽고 다른 형을 몇 번이나 되풀이할 시간의 낭비를 없애기 때문이다. 어린이는 그의 교육 전체를 통하여 이익을 받고 이 술의 第一步에서 그 완성의 힘을 의식하기에 이르는 것이다. 따라서 쓰기를 배우는 최초의 시간부터 어느 정도의 정밀, 정확, 완전에 달할 초기의 계제에까지 부조화, 부정확, 불완전한 것을 부가하겠다는 의지를 야기하는 것이다.

쓰기는 그리기와 같이 처음에 石板 위에 石筆로 쓰고 어느 정도 정확하게 글자를 쓸 만큼 충분한 나이가 될 때 즉, 아동에게 펜의 취급을 일일이 손잡아 가르치기가 매우 어렵게 되는 나이에 이르기까지는 석판과 석필을 사용하도록 해야 한다.

또한 쓰기와 그리기에 있어서 펜을 사용하기 전에 석필을 사용하게 하는 것이 유리한 이유는 어떠한 경우에도 석판 위에는 틀린 것을 간단히 지우고 다시 쓸 수 있기 때문이다. 이와 반대로 종이 위에 틀린 것이 있다면 그것 때문에 처음보다 더 질이 나쁜 잘못이 속출될 위험이 있고 거의 한 줄, 한 면의 쓰기의 처음에서 끝까지 그 줄 또는 그 면의 시작함에 있어서 작게 틀린 것이 차차 더해져서 현저한 오류가 되는 경향이 있기 때문이다.

끝으로 아동이 잘 쓴 글자라도 역시 마찬가지로 석판에서 지워버릴 수 있다는 것은 이 방법이 근본적 이익이라고 나는 생각하는 것이다. 만일 우리들이 自慢을 갖지 않고 교육되어야 하고 자기가 쓴 것이나 그린 것을 재빨리 잘됐다고 하는 자만에 빠지지 않도록 하는 것이 얼마나 우리 인류에게 중요한 것인가를 일반적으로 알 수 없다면 누구든지 앞에서 말한 것이 얼마나 중요한 것인가를 믿을 수가 없을 것이다.

여기서 나는 쓰기의 학습을 다음의 두 계단으로 나누었다.

一, 글자의 형과 많은 글자의 결합에 숙달하도록 할 것, 그리고 이 경우, 펜의 사용은 잠시 멈추게 한다.

二, 아동의 손이 적당한 쓰기의 기구인 펜의 사용을 숙달토록 할 것.

첫째 단계에서 나는 아동 앞에 균형 잡힌 바른 글자를 제시하고 또 習字帖을 준다. 아동은 그 습자첩에 의해 모든 방법과 모든 이익에 따라서 거의 단독적으로 그것 이상의 조력을 받지 않고서도 쓰기의 능력을 스스로 향상시켜 갈 것이다. 그리하여 이 습자첩의 이익은 다음 여러 조목과 같다.

一, 그것은 비교적 오랫동안 글자의 초보와 기본형을 연습시킬 수 있다.

二, 그것은 점차 결합된 글자의 형의 모든 부분을 서로 종합함으로써 보다 어려운 글자의 완성은 이미 연습한 글자의 초보까지 새로운 부분을 점점 부가하는 것으로 생각하는 데 불과하다.

三, 그것은 아동이 하나의 글자를 바르게 쓸 수 있는 순간부터 하나하나의 글자를 이어서 연습시키는 것이며 아동은 그때 이미 바르게 쓸 수 있는 글자만으로 성립되는 말의 결합까지 한 걸음, 한 걸음 전진하는 것이다.

四, 끝으로 그것은 다음의 이익을 갖는다. 즉, 그것은 하나하나의 선까지 분석되고 눈과 손으로 모방된 선이 바로 습자첩의 글자 위에 놓이는 것같이 아동의 눈앞에 제공된다고 하는 이익이 있는 것이다.

둘째 단계에 있어서 아동이 특히, 쓰기의 도구인 펜의 사용에까지 인도되어야 할 경우, 그는 이미 문자의 형 및 그 결합에 연습을 쌓고 있어서 거의 완전하게 되어 있다. 이때 교사는 오직 펜만을 사용하고 그 글자의 형을 그리는 힘을 단결시키고 또한 그것을 쓰기의 참다운 술로 하는 것 외에는 아무것도 할 것이 없다.

이때 아동은 그것 이상의 진보를 이미 연습한 점과 연결시켜 계속하도록 해야 한다. 그가 펜으로써 처음 쓰기는 다만 석필로서의 진보를 다시 한번 반복하는 것뿐이다. 그리고 펜의 처음 사용과 함께 그는 처음 글자의 형을 그리는 것과 마찬가지로 큰 글자를 쓰기 시작해서 점차로 보통 작은 글자를 쓰는 연습을 하도록 해야 한다.

모든 학과의 교수는 본래 그 방법의 심리적 분석을 요구하여 각 학과가 아동에게 주어지고 또 주어져야 할 연령을 정확히 결정해야 한다. 나는 모든 학과를 이 원칙에 따라서 교수한 것과 같이 쓰기의 술에 있어서도 항상 그 원칙에 따르고 또한 四歲에서 五歲까지의 아동을 위하여 석필의 습자첩을 사용하여 다음과 같은 결론을 얻었다. 즉, 아무리 불량한 교사, 혹은 미숙한 어머니라도 아동에게 대하여 정확하고 優美로운 쓰기를 가르칠 수 있다. 그러나 그것은 자기 자신이 할 수 없는 것까지도 어느 점까지는 가르칠 수 있는 것이다. 이 방법의 본질적인 목적은 어느 학과에 있어서나 이 점에 있어서 등한히 한 사람들에 대하여 다시금 가정교육을 가능하게 하고 자기 자녀를 위하여 근심하는 어머니들에게 하나씩, 둘씩 향상시키고 마침내 자기 자신으로 나의 초보적인 과업을 따라갈 수가 있다. 또한 그 자녀에 대해서도 이 초보적인 과업을 적용할 수 있도록 향상시키는 데 있다. 그리하여 이것을 달성하려면 어머니는 어떠한 경우라도 아동보다 한 걸음 앞서면 그것으로 족한 것이다.

나는 이 모든 견해에서 스스로 생긴 희망 때문에 크게 감격하는 바이다. 그러나 친애하는 벗이여! 이미 내가 이러한 희망을 어느 정도 발표하기 시작한 후 세상 사람들은 四方八方에서 나에게 『이 나라의 어머니들은 어느 방법이나 그런 것을 하려는 마음은 없어』라고 외쳤던 것이다. 그리고 일반 사람뿐 아니라 보통 민중을 가르친다는 사람들과 그들에게 기독교를 설교하는 사람들까지도 조소로서 나에게 『우리의 마을 어디나 두루 살펴보았지만 자녀가 바라는 일을 하겠다는 어머니는 한 사람도 없다네』라고 하는 것이다. 그들의 말이 틀린 것은 아니다. 사실 그렇다. 그렇지만 그렇게 되어서는 안 되며 그렇게 되지 않도록 노력하였다. 반대를 하는 수많은 사람 가운데도 그것이 그런가 하고 아는 사람은 거의 없었다. 하물며 어떻게 해서 그것을 그렇지 않도록 할 것인가를 아는 사람은 적었다. 나는 그러한 사람들에게 대하여 심히 냉정하게 다음과 같이 대답할 수가 있었다.

『나는 적어도 자기가 할 수 있는 모든 수단으로 멀리 北方諸國의 異敎國 어머니들에게도 내가 바라는 것을 할 수 있게 하고 싶다. 그리고 만일 온건한 유럽의 기독교도들, 아니 나의 조국의 기독교도인 어머니들이 북방 야만 지방에 있는 이 교도인 어머니들을 언제, 어느 때에도 내가 향상시키려고 하는 정도에까지 향상시킬 수 없다는 것이 실제 사실이라면.』 그렇다면 나는 오늘날 우리 조국의 사람들을 좋지 않게 말하는 신사들, 그리고 조상들이 우리 조국 사람들을 그렇게끔 교육하고, 교수하고, 지도했다고 하는 이 신사들에게 이렇게 부르짖고 싶다.『그대들은 먼저 손을 씻고 큰소리로, 우리들은 온건한 유럽 사람의 이 기괴하고 야만성에 대해서는 아무런 罪責도 없다. 우리들은 모든 유럽 국민 가운데 선량한 성질을 지녔고 순종하는 瑞西人의 기괴한 야만성에 대해서는 아무런 죄책을 갖고 있지 않다』라고. 다시『우리들 및 우리들의 조상은 우리들이 마땅히 해야 할 것을 하였으며 우리가 국토 및 조국으로부터 이 야만의 一種命名할 수 없는 비참을 제거하고 또한 우리 국토와 조국에 있어서 도덕 또는 기독교의 第一원칙의 말할 수 없는 퇴폐를 방지하였던 것이다』라고. 나는 다시『이 국토를 두루 돌아다녀도 이 나라의 어머니들은 그러한 것을 하겠다는 의지도 願望도 있을 리 없다』고. 감히 말한 사람들을 향하여 나는 다음과 같이 대답하려고 한다. 『그대들은 마치 예수께서 옛날 예루살렘의 사람들에게 女人아!

女人아! 나는 당신들을 지혜와 인도와 기독교의 날개 아래 모으려고 생각한다. 마치 닭이 병아리를 모으듯 생각하지만 당신들은 그것을 바라지 않는다고 외친 것과 같이 우리들 조국의 부자연한 어머니들에게 대하여 똑같은 말을 외쳤으면 좋을 것이다.』라고.

만일 그들이 감히 그렇게 하려고 한다면 나는 잠잠히 그들의 말과 그들의 경험을 믿을 것이다. 그러나 이 땅의 어머니들을 믿는 것은 아니고 신이 그들의 가슴에 심어준 그 심정을 믿을 것이다. 그러나 만일 그들이 감히 그렇게 하지 않겠다면 나는 그들을 믿지 않으련다. 단지 이 땅의 어머니와 신이 그들의 가슴에 심어준 심정을 나는 믿으련다. 나는 그들이 이 땅의 사람들을 마치 열등한 창조물인 것처럼 이것을 버리고 돌보지 않는 저 천박한 말을 감히 민중에게 대한 중상, 그리고 자연과 진리에 대한 중상이라고 선언하겠다. 나는 멀리 방황하는 나그네같이 먼 세계에서부터 바람소리를 듣지만 몸으로는 그것을 느끼지 못하듯 나는 내가 걸어간 길을 다시 더듬어 가겠다. 나는 그렇게 천박한 이야기나 소문을 듣더라도 변함없이 길을 가겠다. 나는 지금까지 일생을 통하여 온갖 학설과 이론에 쌓인 여러 사람의 議論家를 봤고 또한 알고 있다. 그들은 민중에 대한 것은 아무것도 모르고 또 민중을 위하여 아무것도 고려하지 않았다. 그리고 오늘날 이와 같이 교육에 대하여 민중을 비웃는 사람들은 내가 아는 다른 사람들보다 한층 민중에 대한 지식과 교제가 결핍되고 있는 것이다. 이러한 사람들은 헛되이 자신을 山頂의 높이에 있는 것으로 생각하고 민중을 아득한 아래쪽 계곡에 있다고 생각한다. 그러나 이것은 어느 점에서나 잘못되어 있다. 그들은 불쌍한 원숭이와 같이 그들의 빈약한 본성에 대한 자랑 때문에 참된 動物力, 순수한 가지에 대하여, 참된 인간적 재능에 대하여 올바른 판단이 내리는 것을 방해할 뿐 아니라 도리어 불가능하게 되는 것이다.

모든 議論家들은 그 부자연한 생활환경에서 얻은 화려한 교육의 빛은 도리어 그들로 하여금 스스로 竹馬에 타고 있다는 것을 이해하지 못하게 하는 것이다. 그렇기 때문에 만일 그들이 다른 사람들과 같이 확고하고 확실하게 신의 땅 위에 서고자 하면 그들이 지금 타고 있는 木製脚에서 내려와야 한다. 나는 그들을 불쌍히 여긴다. 나는 이 낮은 의논가들의 대부분이 승려와 같은 깨끗한 마음과 학자와 같은 지식의 總和로서 『하이델베르히의 宗敎問答書와 詩篇보다 더 아름다운 것이 있을 수 있을까』라고 말하는 것을 들은 일이 있다. 그리고 나는 이 경우에 있어서도 역시 人道라고 하는 것을 고려해야 한다. 또한 이 오류의 원인을 마음에 불러오도록 해야 한다. 그렇다. 벗이여! 나는 그들의 人間心意에 대한 이 오류는 꾸짖어마지 않는다. 그것은 지금까지 언제나 그러하였고 또 앞으로도 영원히 그러할 것이다. 인간은 모두 같다. 법학자나 그 제자도 그렇다. 이렇게 보면 나는 두 번 다시 그들의 역설인 사회적 교리에 대하여 또 그들의 의식을 위하여 울리는 종과 또 그들의 본성의 근본에서 우러나오는 틀림없는 곳의 사랑 없는 둔한 마음에 대해서도 입을 다물었다.

그러나 일찍이 진리와 민중을 위하여 법학자의 오류를 설파한 사람을 위하여 단호하게 그 주장을 선언한 세계 최대의 사람과 함께 나는 다만 『아버지여! 저들을 용서해 주소서, 저들은 스스로 행하는 바를 알지 못하나이다』라고 하고자 생각한다.

그러나 다시 본론으로 돌아가겠다. 쓰기의 학습은 셋째로 일종의 말하기 학습이라고도 생각한다. 그것은 그 성질상 필경 이 술의 일종의 특별한 과업에 지나지 않기 때문이다.

형으로서 생각되는 쓰기는 나의 방법에서는 측량과 그림에 관계되고 이 관계에 있어서 그것은 모든 능력을 발전시키는 데 의하여 생기는 모든 이익을 받는 것이다. 그것은 또한 嬰兒期에서부터 힘의 발전을 위하여 신용하는 과업과 관계되는 일종의 특별한 말하기의 학습이라고 생각된다.

아동은 이미 그들의 언어의 발전에 있어서 가진 것과 같이 같은 이익을 받는다. 즉, 어머니의 책과 철자법 및 독본 등으로 발전되고 확실히 결정된 능력을 얻는 것이다.

대저 이 모든 방법으로 가르쳐진 아동은 철자본이나 처음의 독본 등을 거의 외워버린다. 그는 正字法 및 언어의 기초를 하나의 큰 전체로 알고 석필과 초보의 쓰기과업에 의해서 문자의 형을 연습하고 하나하나 문자의 특징과 그 글자의 결합을 충분히 알았을 때 그는 그 이상의 쓰기 과업을 위해서는 그 이상의 특수한 글씨본이 필요 없을 것이다. 그는 그의 쉽고 빠른 말하기와 正字法으로 글씨본의 본질을 완전히 외웠을 것이다. 그리고 그는 자기의 경험으로 철자본과 독본의 線위에 많은 말을 쓰고 그 쓴 말에 따라서 자기 언어의 지식을 시험하고 또한 자기의 기억과 상상의 힘을 사용하는 것이다.

이 모든 순서에 의해서 쓰기의 연습을 쌓아가는 이익은 이것이 말하기의 학습에 사용되는 연습과 관련되어 있으며 특히 다음과 같은 사항을 열거해 볼 수 있다.

一, 그것은 아동이 이미 갖고 있는 문법상의 이해력을 확인하고 또한 그 원칙을 언제까지 그들에게 인상짓게 하는 것이다. 그리고 그것은 그렇지 않으면 안 된다. 대체로 명사, 동사, 형용사, 부사 등을 하나하나 다른 난에 배열 기재한 독본의 지도에 따라서 아동들은 모든 말을 이것, 저것 그 적당한 곳에 놓는 것을 연습하고 그렇게 함으로써 그는 곧 주어진 말이 어느 난에 속하는가를 알게 된다. 또한 모든 순서를 차례대로 적용하는 규칙도 스스로 만드는 것을 알게 되기 때문이다.

二, 이와 같은 방법으로 아동의 명확한 관념을 얻는 힘은 이 방법으로 점차 말하기로서 증진되는 것이다. 그와 동시에 아동은 쓰기의 연습으로 그의 字書에서 그 자신이 수집한 모든 사물의 관계에 관계된 어떠한 개괄과 적은 구분의 제목 그리고 부호의 표를 만들어낼 수 있다.

三, 쓰기 연습으로 명확한 관념을 얻는 수단은 확인되었다. 왜냐하면 그들은 쓰기로써 말하기의 경우와 같이 명사, 동사 및 형용사 등을 여러 가지로 組合하는 연습을 할 뿐 아니라 이 모든 연습으로서 그들은 자기의 지식 또는 관념을 몇 개의 순서에 따라 배열하는 것을 발견하고 또 거기서 증가하는 힘을 독립적으로 얻는다. 그리하여 아동은 그 주요한 내용을 말하기의 학습에 있어서 이미 자기의 것으로 여기는 것이다.

예를 들면 쓰기의 연습에 있어서 그는 독본에서 다만 높이 그리고 예리하다고 부르는 것을 배우는 것을 부가할 뿐 아니라 자기 자신의 知識圈內에 있어서 이 형을 가지는 사물을 생각하고 부가해 가도록 가르치고 또 그 과업을 즐기는 것이다.

나는 그러한 유례를 발견해야 할 아동의 힘을 드러내는 예를 제공한다.

나는 아동에게 『三角의 形』이라는 말을 했다. 그러나 그들은 이 말을 어떤 地方교사의 조력으로 다음과 같은 많은 예에 사용한 것이다.

『삼각의 형』 삼각형, 鍾, 반을 접은 손수건, 일종의 줄칼, 銃劍, 三稜鏡, 彫刻師의 메밀종자, 羅針盤의 다리, 코의 下部, 藜의 잎, 시금치의 잎, 튜립의 子房, 四의 숫자, 냉이의 子房 등.

그들은 다시 흑판의 中央이나 둥근 유리판의 창 같은 곳에 있는 삼각형의 것을 五, 六개 발견했으나 그것에 대하여서 그들은 그 이름을 몰랐다.

그들은 명사에 형용사를 부가할 때에도 역시 이와 같이 했다. 예를 들면 그들은 독본에서 배운 모든 형용사는 뱀장어, 썩은 고기, 등의 명사에 부가할 뿐 아니라 또한 그들의 경험에서 적당하다고 생각되는 모든 형용사에 부가하는 것이다. 그토록 간단한 방법으로 사물의 특색을 수집함으로써 그들은 그들의 아는 범위 내의 모든 사물의 성질, 본질 또는 내용 등을 스스로가 충분히 알게 되는 것이다. 동사도 또한 이와 같이 취급된다. 예를 들면 그들이 「관찰한다」고 하는 동사에 많은 명사나 부사를 부가함으로써 그것을 설명하고자 생각할 때 그들은 독본에 있어서 발견할 수 있는 것으로 설명하고 또 그것을 보조할 뿐 아니라 역시 먼저의 경우와 같이 할 것이다.

이 모든 연습의 효과는 실로 그 범위가 넓은 데까지 미치는 것이다. 즉, 예를 들면 아동은 그것으로 鍾이라든가, 간다, 선다, 앉는다, 눈, 귀 등과 같은 명사, 동사 등과 같이 여러 가지의 말을 외우고 그 모든 말이 아동에게 대하여 일정한 것이고 또한 일반의 지도적 구실이 되지만 모든 말의 기술에서 온갖 사물에 대하여 명확히 발표할 수 있게 되었다. 그러자 이 효과야말로 하나하나 다른 쓰기의 연습으로 도달할 수 있는 것이 아니라 이 모든 연습이 학생으로 하여금 점차로 명확한 관념까지 향상시키기 위하여 이 방법이 취하는 수단의 전체를 결부시킴으로써 그러한 효과는 비로소 도달되는 것은 물론 이것을 이해하지 않으면 안 된다.

내가 쓰기의 학습은 하나의 술뿐 아니라 하나의 業으로서 이것을 완성할 수 있다고 말하고 아동은 이렇게 말함으로써 의지함과 동시에 이 기술로 쉽고 또 자연적으로 자기를 발표할 수 있다고 할 때 이것은 이 教授의 모든 과정을 통해서만 이해되어야 한다.

지식을 획득하는 셋째의 초보적 수단은 數이다.

數

음과 형은 몇 개의 종속적 방법으로 우리가 그것을 통해서 노리고 있는 명확한 관념과 심적 독립에까지 인도하지만 지금 이 數 또는 산수는 아무 종속적인 수단이 맺어지지 않는 유일한 교수의 수단이다. 그것이 실지로 적용되는 경우는 다만 우리들이 관찰한 모든 사물에 있어서 많은 것과 적은 것과의 관계를 명료하게 의식하고 이 모든 것의 比를 극도의 정확성으로 재형성하기 위하여 초보적 능력의 단순한 결과로 나타나는 것이다.

음과 형은 그 자신에 있어서 자주 오류와 기만의 씨를 품고 있으나 수는 그렇지 않다. 또 이 數만이 일정한 결과까지 인도하며 측량이 같은 주장을 한다면 그것은 오직 산수의 도움으로 그것을 지지하고 그것과의 연합에 의하여 스스로를 지지하는 데 지나지 않는다. 다시 말하면 그것은 계산을 통해서만 정확한 것이다.

그런데 산수는 극히 직접으로 교육, 교수의 목적인 명백한 관념을 노리는 수단으로 생각하고 더욱 모든 수단 중에서 중요한 것으로 생각해야 한다. 그러므로 이 학과는 특수한 주의와 숙련으로 항시 연구해야 하는 것은 명백하다. 산수가 우리들로 하여금 심원한 심리학과 물리적 기구의 불변한 법칙에 관한 포괄적인 지식으로 교수에까지 주어지는 모든 이익을 사용할 수 있게 하는 형으로 한다는 것은 극히 긴요하다.

그 때문에 나는 산수를 아동의 감각적 인상에 대하여 이것을 변치 않는 법칙의 가장 명료한 결과로서 선명하게 제공하는 데 특히 노력했다. 나는 초보적인 요소를 실지 자연의 감각적 인상에서 나타나는 그대로의 단순성에까지 환원하고자 할 뿐 아니라 그 이상의 계제 또는 모든 갖가지의 像과 단순한 초보점을 정확하게 또는 간격 없이 맺고자 하였다. 나는 이 술의 극한에도 마찬가지로 참된 이해의 수단, 즉 명백한 관념과 순수한 통찰을 얻는 수단이 된다고 믿는다. 즉, 그것은 자연 그것이 최초의 초보에서 진행하는 것과 동일한 순서에 따라서 이것을 인간의 심의 중에 발전시키는 한, 참된 이해의 수단이 될 수 있다고 믿는 것이다.

算數

算數는 하나하나의 단위를 하나로 맺고 그것들을 서로 분리하는 데서 생기는 것이다. 그 기초는 내가 말한 것과 같이 본래 다음과 같은 것에 지나지 않는다. 즉, 하나에 하나를 더하면 둘이 된다. 또 둘에서 하나를 빼면 하나가 남는다는 것이다. 어떠한 수에 있어서도 요컨대 이 자연적, 기본적인 계산방법의 요약에 지나지 않는다. 그러나 이 수의 관계의 기본 내지 起源의 의식이 산수의 간단한 便宜法을 위하여 조금도 인간심의를 나약하게 해서는 안 된다는 것을 반드시 명심해야 한다. 어떠한 방법으로도 이 술이 가르쳐지지만 이 사실은 주의로서 깊은 인상을 받도록 해야 한다. 그리고 모든 그 후의 계제는 실로 모든 계산의 기초인 사물의 참된 관계의 의식, 더욱 깊이 인간 심의에 파악된 의식 위에 쌓아올려야 한다. 만일 이것을 하지 않는다면 명백한 관념을 얻기 위한 첫째의 수단은 마침내 우리의 기억과 상상의 장난감으로 떨어져 버리고 그 본래의 목적에는 효과 없고, 쓸모없는 것이 될 것이다.

그러므로 그것은 어떻게 해도 그렇게 될 수밖에 없다. 예를 들면 우리들이 『三에 四를 더하면 七이 된다』는 사실을 정당히 외우고 그 다음, 이 七을 마치 우리들이 三에 四를 더하면 七이 된다는 것을 실제로 알고 있는 것처럼 세워 나갈 경우, 우리는 스스로를 기만하는 것이 된다. 다시 말하면 우리들은 이 배후에 있는 의미 그리고 이 의미가 있기 때문에 비로소 七이라는 공허한 말이 우리에게 하나의 진리로 되는 것이다. 우리가 다만 그것을 그대로 외울 경우는 이 의미를 의식하지 못하기 때문이다. 이것은 인간의 지식의 모든 分科에도 적용된다. 그림도 역시 그 기초인 측량과의 관계를 갖지 않는 한, 그 존재의 내적 진리가 없다. 즉, 그것에 의해서만 비로소 그림은 우리들을 명백한 관념으로 인도하는 하나의 수단에까지 나아갈 수 있으나 측량과 관계를 갖지 않는 한, 그 긴요한 의미가 없어져 버리는 것이다.

어머니의 책에서 먼저 나는 아동에게 수의 관계를 많은 것과 적은 것은 실제 변화로서 인상을 주려고 시도했다. 그리고 수의 관계는 아동의 눈앞에 주어진 많은 사물 가운데서 찾아내도록 했다. 이 어머니의 책의 처음 표에는 一, 二, 三 등에서 一八에 이르기까지 명확한 감각적 인상을 아동에게 제시하는 많은 사물이 실려 있다. 여기에서 나는 이 모든 표 가운데서 一단위, 二단위, 三단위 등으로 제시된 사물을 아동에게 보이고 그들의 손, 콩, 돌, 그 밖의 주위의 사물에 대하여 이것과 동일한 관계를 발견하게 하고 매일 매일 나는 수백 번이고 이 지식을 반복하게 했다. 왜냐하면 나는 綴字板 위에서 말을 음절과 글자로 나누게 하면서 때때로 『이 안에는 몇 개의 음절이 있는가, 첫째 음절, 둘째 음절, 셋째 음절은 무엇인가』라는 질문을 하면서 나아가는 것이다. 이렇게 하여 계산의 초보는 아동에게 깊이 인상되고 또 그들은 그 요약과 수에 통하고 그 모든 내적 진리를 충분히 의식하게 되었던 것이다. 즉, 그들의 눈앞에 있는 감각적 인상의 배경 없이 그 수를 사용할 수 있게 되기 전에 이미 충분히 계산의 초보를 알게 되었다. 이렇게 해서 계산이 명백한 관념의 기초가 되게 하는 이익을 떠나서 이 술 자체를 감각적 인상에 의한 기초적 준비로 한다면 어떻게 아동에게 쉬운 것이 될 것인가를 도저히 믿을 수 없었다. 경험의 가르침에 의하면 대저 초보는 오직 필요한 심리적 방법을 그 당연의 범위에까지 넓혀 사용하지 않기 때문에 곤란하게 느껴지는 것이다. 그 때문에 나는 여기에 적용해야 할 방법을 기준함에 있어서 다소 상세하게 말하지 않을 수 없다.

이미 쓴 수단 외에 우리는 그 수단 뒤에 다시 계산을 위한 철자판을 사용한다. 우리는 그 철자판 위에 각각 표찰을 하나의 단위로 두고 아동이 거기에 쓰인 글자를 배울 때 동시에 수의 관계를 배우게 한다. 우리는 한 장, 한 장의 표찰을 떼면서 아동에게 『많은 표찰이 있느냐』고 물으면 아동은 『아니오, 단 한 장뿐이오』라고 대답한다. 여기에서 이번에는 한 장을 붙이며 『한 장에다 한 장을 더 붙이면 몇 장인가』고 물으면 아동은 『한 장에 한 장을 더하면 두 장입니다.』고 대답한다. 그렇게 해서 우리는 진행시켜 나가고 먼저 한 번에 한 장씩 더해가고 다음부터는 두 장, 세 장으로 점점 나아가는 것이다.

아동이 하나에 하나를 더해서 열까지 완전히 이해하고 즐거이 그것을 발표할 수가 있게 되면 우리들은 그것과 같은 방식으로 글자표찰을 철판 위에 놓고 질문을 변경해서 이번에는 『두 장의 표찰이 있을 경우에 그것은 한 장의 몇 배인가』라고 물으면 아동은 조사하고 계산한 다음 바르게 『두 장의 표찰이 있으면 그것은 한 장의 표찰의 두 배입니다』라고 대답하는 것이다.

그렇게 많은 부분을 정확히 여러 번 되풀이하여 계산함으로써 아동은 최초의 수에 몇 개의 단위가 있는가 하는 것을 명백히 의식하게 되면 또다시 질문을 변경하여 이번에는 역시 표찰을 전과 같이 『二는 一의 몇 배인가, 三은 一의 몇 배인가』라고 말하고 여기서 또 『二는 一의 몇 배를 갖고 있는가, 三은 一의 몇 배를 가지고 있는가』 등으로 묻는 것이다. 여기서 아동들이 더하기, 곱하기, 나누기의 간단한 초보를 거쳐 또한 감각적 인상으로 계산한다는 이 방법의 성질은 충분히 알게 되면 우리는 같은 방식과 감각적 인상으로 빼기의 초보를 알게 하려고 하는 것이다. 그리고 이것을 다음과 같이 한다. 한 곳에 모아 놓은 열 장의 표찰에서 한 장을 떼고 『一〇장에서 一장을 떼면 나중에 몇 장이 남는가』라고 묻는다.

여기서 아동은 세어보고 九장만을 알아내어 다음에 『一〇장에서 一장을 떼면 나중에 九장이 남는다』고 대답한다. 여기에서 이번에는 二장의 표찰을 떼어 내고 『九장보다 한 장이 적으면 몇 장인가』고 묻는다. 그러면 아동은 다시 八장을 알아내고 『九장보다 一장이 적으면 八장입니다』고 대답한다. 그렇게 해서 결국 최후에까지 진행시켜 나아간다.

이와 같은 類의 산수 설명은 다음의 방식으로 열을 지어 써 내려갈 수 있다.

一, 二, 二, 二 등
一, 三, 三, 三 등
一, ≡, ≡, ≡ 등

각 列의 계산이 끝나면 하나하나의 수를 같게 떼어 내는 것이고 그 것은 다음과 같이 하는 것이다.

예를 들면 만일 우리가 一에 二를 더하면 三이 되고 三에 二를 더 하면 五가 되고 五에 二를 더하면 七이 된다는 식으로 해서 점차로 二一에까지 이른다. 이번엔 두 장의 표찰을 떼고 『二一보다 二가 적으 면 몇 장인가』와 같이 점차로 뒤로 돌아와서 아무것도 남지 않을 때 까지 하는 것이다.

아동의 눈앞에 실제로 움직일 수 있는 실물을 놓음으로써 생기는 많 은 혹은 적은 사물의 의식은 計數表로서 확인하는 것이다. 그리하여 이 계수표는 아동에게 打點에 의하는 것과 같은 관계의 순서를 드러내 는 것이다. 이 계수표는 실물과 같이 계산하기 위한 참고로 사용되는 것과 같이 철자본이 철자판 위에 언어를 積載키 위하여 사용되는 것과 같은 것이다. 아동이 실물로서 계산하는 데 익숙하고 또 전연 감각적 인상을 기초로 하는 이 계수표를 사용하는 한, 그 대신에 打點으로서 계산하는 데 익숙해진 경우에는 실제 수의 관계에 관한 지식은 아동에 게 있어서 극히 확실한 것이다. 감각적 인상이 없이 보통 수를 사용하 는 간단한 방법은 거의 믿지 못할 만큼 아동에게는 용이한 것이 될 것 이다. 왜냐하면 아동의 심적 능력은 적어도 산수에 있어서는 혼잡과 어긋나는 것과 추측으로 인하여 흩어지지 않았기 때문이다. 그러한 계 산은 특수한 의미에 있어서 추리를 위한 연습이며 기억이나 또는 짜인 과업의 연습은 아니라고 말할 수 있다. 그것은 명백한 감각적 인상의 결과이며 모든 수의 관계에 관한 명확한 관념을 안정하게 획득한다.

그러나 모든 사물의 增減은 단위의 다소로 이루어지며 또 그 단위 를 개개의 부분에 구분하는 것으로 이루어진다. 여기서 제二의 계산형 식이 생긴다. 아니 좀더 적절히 말하면 개개의 단위가 그 자신의 무한 한 구분의 기초가 되고 그것에 포함되는 단위의 무한한 구분의 기초 가 될 수 있는 길이 열리는 것이다.

第一種의 계산, 즉 단위의 多少의 계산에 있어서 우리들은 一이라는 수를 모든 계산의 출발점으로 생각하고 또 감각적 인상의 술 또는 모든 변화의 기초라고 생각되지만 제二종의 계산에 있어서는 마치 一이라는 수가 제一조의 계산에서 하듯이 같은 것을 제一종의 계산에 대해서도 할 수 있는 도형을 찾아내야 한다.

우리들은 무한히 분할되고 모든 구분이 무엇보다도 성질을 같게 하는 도형을 찾아야 한다. 다시 말하면 그것에 의하여 전체의 부분으로나 또는 독립적인 不可分割的인 단위로나 간에 일종의 無限分數의 감각적 인상이 주어질 수 있는 도형을 찾아내야 한다. 그리하여 이 도형은 분수의 모든 관계를 전체와의 관계에서 명백히 아동의 눈앞에 놓아야 한다. 우리의 방법에 의하면 간단한 산수에 있어서 一이라는 수가 三이라는 수 가운데 정확히 三倍만큼 있다는 것을 말하는 것처럼 명료 정확히 의식하게끔 해야 한다.

그리하여 이것을 할 수 있는 도형은 실로 方形이외에는 있을 수 없는 것이다.

우리들은 이것으로 아동의 눈앞에 분명하게 단위 또는 분수의 구분의 균형을 제시하고 많은 것과 또 적은 것의 모든 개념의 공통된 출발점인 一이라는 수에서 점차로 모든 정신적인 순서를 하나하나 아동에게 제시할 수 있다. 우리가 아동에게 불가분할적인 단위의 증감을 보인 것같이 이것을 제시할 수가 있다. 우리들은 분수의 감각적 印象表를 만들었으나 그것은 一一열로 되어 있고 一열은 一〇의 方形으로 되어 있다.

第一列의 방형은 나눌 수 없는 것이다. 제二열의 방형은 二等分되고 제三열의 방형은 三분되고 그렇게 해서 一〇에까지 나아가는 것이다.

이 표는 간단한 분할의 표이나 그것이 끝나면 제二의 표가 나온다. 이것은 제一의 표에 있어서 눈에 보이듯 간단한 분할을 다음과 같은 순서로 진행시키는 것이다. 제一표에 있어서 二등분된 방형은 이제

二, 四, 六, 八, 一〇, 一二, 一四, 一六, 一八, 二〇으로 등분되고 제二열의 방형을 三, 六, 九, 一二 등으로 등분된다.

직관의 A, B, C는 일반적으로 방형의 一〇度의 분할에 기초를 두는 측량적 형식으로 성립되어 있기 때문에 우리는 직관의 A, B, C의 공통적 기초인 방형을 산수의 A, B, C의 기초로서 사용할 수 있는 것은 명백한 것이다. 아니 좀더 적절히 말하면 우리는 형과 요소를 우리의 측량적 형식이 수의 관계의 첫째 기초로 사용될 수 있는 조화에까지 되어왔던 것이다. 그리고 수의 관계의 제一기초가 측량적 형식으로서 사용할 수 있는 것이다.

이리하여 우리들은 다음의 점에 도달한 것이다. 즉, 우리들이 우리의 방법으로 아동에게 산수를 가르칠 때에는 단지 우리가 처음 좁은 의미에 있어서 직관의 A, B, C로 사용한 그 A, B, C를 사용함으로써 가능한 것이다. 다시 말하면 우리가 처음 측량, 도화, 및 쓰기의 기초로서 사용한 그 A, B, C를 사용하는 방법을 지지할 따름이다.

아동은 이 모든 圖表를 사용함으로써 모든 분수의 명백한 관계를 충분히 의식하게끔 되는 것이다. 그리하여 그 결과 분수의 산수에 있어서 연습, 보통 수의 연습은, 불가분할적인 단위를 가지고 산수와 같이 아동에게 있어서 믿을 수 있는 정도로 용이한 것이 될 것이다. 한번 이 방법으로 해본다면 아동은 이 연습에 있어서 실로 이 방법에 의하여 배우지 않는 어린이보다 三, 四년은 먼저 解得될 것이다. 이것은 나의 경험이 증명한다. 그 이전의 연습에 의해서도 그렇지만 실로 이 연습대로 한다면 아동의 심의는 혼잡, 어긋남, 쓸데없는 추측 같은 함정에 빠지는 것을 면하게 될 것이다. 이 경우 우리들은 단호히 이렇게 결론을 얻을 수 있다고 생각한다.

말하자면 그러한 아동의 계산력은 가장 명료하고 가장 정확한 감각적 인상의 결과다. 그리고 그것은 그 명백성에 의하여 아동을 진리에까지 인도하고 또한 진리에의 감수성에까지 인도하는 것이다.

176

  벗이여! 나는 지금 지난날을 회상하면서 대체 나는 교육의 본질을 위하여 어떠한 일에 공헌했는가를 자문해 볼 때 나는 정말로 감각적 인상을 지식의 절대적 기초라고 인정한 데에 가장 높고 웅대한 교수의 원칙을 세웠다고 스스로 자부하는 것이다.

  모든 개개의 특수한 교수에서 떠나 나는 교수 그 자체의 본질을 발견하려고 시도했던 것이다. 다시 말하면 자연 그 자체가 우리들 인간의 교수를 결정하는 원형을 발견하려고 하였던 것이다. 그래서 나는 모든 교수를 三개의 초보적 수단으로 환원했다. 즉, 그 三부문의 모든 교수의 결과를 절대적으로 확실히 하는 특수한 방법을 구한 것이다.

  그리하여 마침내 나는 이 三개의 초보적 수단의 상호관계를 분명히 하고 이 三부문의 교수를 많은 방면으로 그것 자신과 조화 있게 할 뿐 아니라 인간본성과의 조화를 지니고 인간발전에 있어서 자연의 진행에 접근시키도록 한 것이다.

  그러나 내가 그렇게 하고 있는 사이에 필연적으로 다음과 같은 것을 발견하였다. 우리나라의 교수 즉, 그것이 일반적으로 국민을 위하여 시행된 우리나라의 교수는 감각적 인상이 교수의 최고 원칙이라고 하는 이유를 무시한다는 것, 또한 인간의 교수가 인간본성의 필연적 법칙에 따라 결정되는 原型이 우리나라 국민교육 전반에 걸쳐 충분히 인정되지 않는다는 것, 그것은 도리어 일체 교수의 긴요한 요소를 희생하고 개개의 특수한 사물을 헛되게 지리멸렬시켜 혼란과 무질서한 교수에 빠뜨리고 또한 모든 종류의 진리의 파편을 注入함으로써 진리의 정신을 죽이고 그 위에 기초를 둔 자기 활동의 힘을 거의 인간에서 빼앗고자 한다는 것, 이 모든 것은 실로 내가 절실히 발견하지 않을 수 없었던 사실이었다. 그리고 이 종류의 교수는 참으로 그 개개의 방법을 결코 초보적 원칙에 환원하는 것도 아니고 또한 초보적 형식에 환원하는 것도 아님은 마치 낮의 태양같이 명백히 볼 수 있었다. 다시 말하면 감각적 인상을 모든 지식의 절대적 기초로서 인정하지 않고 그 개개의 흩어진 많은 방법으로서는 도저히 교수의 목적인 명료한 관념에 도달할 수 없다는 것은 물론이려니와 그러한 교수에서는 오직 하나의 목표가 되는 협소한 효과까지도 올릴 수 없다는 것을 나는 선명하게 발견했던 것이다.

이 교수의 상태 즉, 유럽에서는 적어도 열 사람 가운데 아홉 사람은 이러한 상태 속에 놓여 있는데 이 교수의 상태와 더불어 그들이 받은 교수의 실질은 졸지에 이 사실을 고찰하는 사람에게는 거의 비참한 해독을 믿을 수 없을 정도다. 그러나 그것은 단지 역사적으로 의심할 것 없는 것뿐 아니라 심리적으로도 반드시 피할 수 없는 것이다. 실로 거기에는 다른 방법이 없다. 유럽은 이러한 국민교육제도를 가졌으므로 오류에 빠지지 않을 수 없는, 아니 실제 그 基底에 가로놓인 광증의 상태에 빠지지 않을 수 없는 필연의 약속 밑에 있었던 것이다. 유럽은 그것 때문에 한편으로는 개개 특수한 학예에 있어서 빼어난 높이에 도달했으나 다른 한편으로는 국민 전체를 위한 자연적 교수의 모든 기초를 잃어버리고 말았다. 어떠한 나라라도 한편으로는 그토록 높이 올라가 있으면서도 다른 한편으로는 낮은 밑바닥에 떨어진 예는 없다. 예언자의 像과 같이 그것은 개개 특수한 학예의 金冠으로 구름을 뚫고 있으나 이 금관의 기초가 될 국민교육에 이르러서는 마치 이 巨像의 다리와 같이 보기 괴롭고 무르고 더러운 진흙탕에 지나지 않았다. 이 불균형, 즉 상류계급의 행복과 하류계급의 비참과의 불균형은 실로 인간심의를 퇴폐시키지만 이 불균형, 아니 더 적절히 말하자면 우리나라에 있어서 문화교양의 이 놀라운 불균형이 생기는 본질적 起點 내지 초보점은 참으로 印刷術의 발명이다.

우리나라는 처음 이 새롭고 무제한한 인쇄의 힘 즉, 세계의 지식을 용이하게 보급시키는 힘을 보고 놀라움과 기쁨을 금할 수 없었으나 마침내 그 효과에 눈이 어두웠고 지나친 신뢰를 하였다. 그러나 발명 후 한 세대 정도는 심히 자연적인 것이었다. 그런데 우리나라는 이 같은 발명 이래 몇 세대가 흘렀으나 아직 眩惑狀態에 있고 스스로 병에 걸린 것조차도 느끼지 못하며 마음과 몸을 파괴해 버리고 심한 神經病에 걸려 있지는 않은가. 이것은 실로 다른 어떠한 나라에서도 볼 수 없는 현상이다.

그러나 그것이 이 술에 의해 유럽에 대하여 그러한 효과를 낳기에 이른 것은 또한 하나의 영향이 필요한 것이다. 그것은 僧侶封建的인 제쉬트 및 정부의 諸學校制度에 따라 짜인 것이었다. 이 모든 주위의 사정과 환경의 영향을 생각하면 우리들의 술과 국민교육이 어떻게 이와 같은 상태를 빚어냈는가를 명료하게 이해할 수 있다. 또한 주어진 사정 밑에 있어서 실제로 생긴 것과 같이 빈약한 술만을 낳았고 실제로 생긴 것 이상으로 좋은 교수가 생겨나지 않았다는 것도 분명해졌을 것이다. 그것이 어떻게 국민의 오관을 강요하고 좁혔던가 또 감각적 인상의 도구인 눈을 한결같이 새로운 학문의 異端的 祭壇인 문자와 책에 구속을 강요했던가는 충분히 명료하게 이해되었을 것이다. 나는 그것이 이 지식의 일반적 도구를 강제로 단순한 글자의 눈이 되게 하고 우리를 강제로 단순한 글자의 인간으로 만든다고 생각할 수 있다. 宗敎改革은 본래의 정신을 희박하게 했고 또한 필연적 결과인 죽은 형식과 사상의 神聖化로서 실로 인쇄술이 개시한 일을 완성하였던 것이다. 그것은 분명히 어리석은 聖職者 혹은 봉건제도의 세계 밑에 그 심정을 두지 않고 입을 열어 일반적으로 추상적인 관념만을 밝혔던 것이다. 이것이 도리어 점점 세계의 내적 萎縮을 더하였고 인간을 문자의 노예로 만들고 더 심한 것은 이 오류에 찬 상태를 진리와 사랑과 신앙의 진보에 의한 해결을 불가능하게 하였다. 그리고 그 오류를 점점 심하게 할 정도까지 오게 되었던 것이다. 그리고 더욱 위험한 불신과 무관심, 방종, 무질서의 오류로서 해결이나 된 것처럼 보여 왔던 것이다.

마치 거칠게 흐르는 洪水가 그 진로에 떨어진 암석에 저지되어 새로운 진로를 취하고 다시 몇 세대를 두고 계속해서 그 거친 水害를 입혔던 것처럼 유럽의 국민교육은 이 二大事件의 영향 때문에 한번 감각적 인상의 넓은 길을 내버리고 일반적으로 밑바닥 없는 공상의 길을 걸어 인류에게 피해를 해마다, 아니 하나의 세대에서 또 다른 세대에로 점점 증진시켰던 것이다. 지금 몇 세대가 지나간 후 마침내 일반으로 언어에 구애된 지식이 되어 극도에 이르렀던 것이다. 이것은 언어구애에 대한 불신에까지 우리들을 인도했다. 이 언어와 꿈의 깊은 죄악이 어떻게 되었든 간에 우리들의 믿음과 사랑의 착실한 지혜에까지 향상시킬 자격이 없이 우리들을 허위와 미신의 언어 拘束과 무관심, 頑固에로 인도하는 것이다. 어느 것이나 깨어지고 없어질 언어와 책 본위의 문화교양은 실로 우리들을 이러한 상태로 몰아넣었던 것이다. 그러나 우리들은 현재 그대로 정지할 수는 없다.

그러나 우리들은 그 외에 별다른 도리가 없었다. 우리들은 의미 깊은 이유의 術로 아니 더욱 깊은 오류로 지식과 교수방법에서 모든 감각적 인상을 빼앗고 감각적 인상을 얻는 모든 힘을 우리 자신에게서 빼앗고자 노력한 이래 우리 문화 교양으로 鍍金한 경솔한 머리는 어떻게 해도 확고한 다리 위에는 설 수 없었고 흔들거리는 다리 위에 섰었다. 다른 도리는 없었다. 계속 동요하고 변하는 敎化의 방법은 어 떠한 학과에 있어서나 도저히 公共敎育의 최후 목적인 명확한 관념에 도달할 수 없고 또한 일반 민중을 근본적으로 필요한 지식에 있어서 이 모든 학과를 알고 또 배울 수 있는 용이성에 도달할 수 없었던 것이다. 이 방법 가운데서 가장 좋은 산수, 수학 및 문법을 교수하기 위한 풍부한 방법까지도 그러한 사정에서는 필연적으로 힘을 잃었던 것이다. 왜냐하면 그 모든 방법과 방편은 모든 교수를 위한 어떠한 다른 기초도 찾아낼 수 없었고 한결같이 감각적 인상을 등한히 여겼기 때문이다. 그리하여 교수의 수단과 資源인 語, 數, 및 形은 일체 지식의 유일한 기초인 감각적 인상에 충분히 종속시키게 되고 또한 필연적으로 현대인으로서의 오류와 기만과의 사이에서 균형을 잃고 피상적으로 목적 없이 교수의 수단과 자원을 음미하고 丹精하도록 잘못 인도한 것에 지나지 않는다. 이 음미, 단정을 위하여 우리들의 가장 깊은 능력은 박약해지고 증진되지 않고 배양되지도 않았다. 그리하여 우리들은 자연적으로 허위와 우둔으로 굴러 떨어지고 인위의 술이 자연의 손에서 우리들을 진리와 지혜에로 향상시키는 힘과 機關에 의하여 우리들은 실로 허술하고 나약하고 무관심한, 입만 나불거리는 자로 낙인이 찍히게 되었던 것이다.

관찰로 얻은 지식도 우리들의 어리석음으로 현재의 경우와 일로서 우리에게 강요된 지식, 이 종류의 지식에도 그것이 游離되어 있을 경우, 편협해지고 기만적이고 自我中心, 非自由, 非寬大로 되는 것이다. 이것은 피할 도리가 없다. 그러한 지도 밑에서 우리들은 할 수 없이 이 종류의 편협하고 비자유로운 관찰에 반대되는 것에 도전하고 또 우리들의 훈련되지 않은 오관의 좁은 범위를 초월할 수 있는 모든 진리에 대해서 무감각해질 수밖에 없다. 그러한 경우, 또한 우리들은 할 수 없이 한 세대는 한 세대보다 더욱 깊은 부자연스런 因習, 편협된

利己, 방종, 불규칙적인 광폭에 빠질 수밖에 없다. 지금 우리들은 이러한 深淵에 빠져가고 있는 것은 아닌가.

친애하는 게스나여! 前世紀, 특히 그 후반에 있어서 이 排徊가 절정에 달했으나 우리들은 基底없는 광증의 자만과 꿈같은, 아니 도리어 거칠고 미칠 것 같은 상태에 빠진 것을 우리는 이렇게 설명하는 것이다. 그리고 그 이외에는 어떻게도 설명할 수 없다. 그 때문에 진리와 公正에 대하여 우리의 모든 관념은 왜곡되었던 것이다. 우리는 야비하고 맹목적인 자연적 감정의 광폭한 騷擾에 굴복해 버렸기 때문에 마침내 몰락, 침체에 빠지고 일체를 轉覆해 버린 過激狂暴한 정신은 어떠한 面에서나 우리의 마음을 점령해 버렸다. 그리고 그 결과 모든 순진한 자연적인 감정의 내적 붕괴와 그 감정에 기초를 둔 人間救濟의 모든 수단의 내적 붕괴를 가져왔던 것이다. 그리고 그것은 필연적으로 이러한 사건을 招來했다. 그것은 정치적인 여러 제도에서 일체 인간성의 衰亡을 가져왔고 또 이 비인간적인 몇 가지의 정치적 제도까지도 무너져버리게 되었던 것이다. 더구나 불행하게도 이것은 인간의 이익을 위하여 공헌할 수 없었다.

친애하는 벗이여! 이것은 실로 최근 사태에 관한 의견의 일부다. 그리하여 나는 로베스피이르와 핏트, 두 사람이 취한 처리를 설명하고 元老院과 일반 민중과의 행동을 설명하는 것이다. 그리고 내가 이것을 항상 생각할 때마다 나는 다음과 같은 단정에 귀착할 수밖에 없다. 즉, 유럽諸國의 교수상 갖가지 결함, 아니 교수의 모든 자연적인 여러 원칙의 인위적 轉倒가 실로 세계의 이 지방 곧, 유럽 여러 나라로 하여금 그것이 현재와 같은 상태로 만들었다고 단정하는 것이다. 또한 현대와 장래의 사회상, 도덕상, 또는 종교상에 있어서 이 逆轉, 頹廢를 구제하는 방법은 오직 한결같이 우리들이 오늘 皮相淺薄하고 불완전한 그리고 경솔한 두뇌에서 빚어낸 국민교육 내지 민중교육을 벗어나 그 본래의 올바른 모습으로 환원하고 감각적 인상을 절대적으로 모든 지식의 기초로 인정하는 것 이외엔 아무 길이 있을 수 없다고 나는 단언하는 바이다. 그리고 이 감각적 인상으로서 절대적으로 모든 지식의 기초를 삼아야 한다고 말하는 것은 이것을 다른 말로 표현하면 실로 모든 지식은 감각적 인상에서 발생하는 것이고, 또 그 감각적 인상에로 되돌아간다는 것이다.

하여간 이 원칙을 인정하는 것이 구제의 유일한 방법이라고 나는 감히 단언하지 않을 수 없다.

벗이여! 모든 교수의 출발점으로 생각한 감각적 인상과 우리에게 형의 관계를 가르치는 감각적 인상 즉, 직관의 술, 이것을 구별해야 한다. 일체 교수의 세 가지 초보적 수단의 공통적 기초인 감각적 인상은 이것이 계산과 말하기의 술에 선행될 정도로 감각적 인상의 술에 선행되어야 한다. 만일 감각적 인상 또는 직관의 술에 개별로 또는 그 자신에 대립되는 것으로서 감각적 인상을 생각한다면 그것은 오관 앞에 외계의 사물이 나타나고 생겨나게 되는 인상의 의식을 환기한다는 것이 틀림없는 것이다. 그리하여 자연은 그것으로서 모든 교수에 임하게 되는 것이다. 嬰兒는 그것을 받고 어머니는 그것을 그에게 준다. 그러나 인위의 술은 이 경우 자연과 동일한 보조를 취하기 위하여 아무것도 하지 않았다. 어머니가 영아에게 세계가 보이는 아름다운 안경을 영아의 눈앞에 제공했으나 그것은 아무 소용도 없었다. 인위의 술은 안경과 관련해서 아무것도 할 수 없었다. 실로 민중을 위하여 아무것도 하지 않았던 것이다.

친애하는 게스나여! 나는 내가 지금부터 一년 전에 우리들의 술에 대하여 이 감상을 발표한 하나의 글을 당신을 위하여 여기서 인용하려고 한다.

『어머니가 그 아들을 품에 안은 순간부터 이미 그녀는 아들을 가르치는 것이다. 그녀는 자연 광대한 범위에 멀리 뿌려 놓고 혼돈 그대로 살포한 것을 영아의 오관에 끌어들이고 감각적 인상과 지식을 그가 받아들이는 일을 쉽고, 유쾌하고, 마음에 들게 받아들이게 한다.』

『어머니는 힘이 약하고 교양이 없으므로 어떤 조력 또는 지도 없이 자연에 따르면서 자기가 무엇을 하고 있는지 모르는 것이다. 그녀가 어린이를 가르치려고 하는 의도가 없이 그의 소리를 없애려는 의향을 갖고 그의 마음을 빼앗고자 생각할 뿐이다. 그러나 그녀는 진심으로 스스로 자연이 자기를 통하여 어떠한 일을 하는가를 모르면서 한결같이 자연의 大道를 거니는 것이다. 그리고 자연은 어머니를 통하여 큰 일을 하는 것이다. 그렇게 해서 어머니는 아들에게 세계를 열어준다. 그녀는 그 아들로 하여금 곧 자기의 오관을 사용하도록 하고 그 아들의 주의와 관찰의 힘을 천천히 발전할 수 있는 준비를 한다.』

『그런데 자연의 大道가 사용되고 그것이 그것과 관계시킬 수 있는 관계를 갖도록 한다면, 만일 조력하는 인위의 술이 그녀가 본능적으로 영아에게 하는 것을 성장하는 아동에게 대하여 총명하고 자유로이 할 수 있도록 어머니의 심정을 지향하게 할 수 있다면, 만일 또 아버지의 심정과 기질이 동시에 이 목적을 위하여 활용한다면, 그리고 조력하는 인위의 술이 아동의 기질과 경우와 그에게 필요한 모든 활동과 맺어지고 그리하여 그에게 있어서 중요한 사건을 잘 처리함으로써 그의 생애를 통해 자기 충족의 심경에 이르게 한다는 것이 아버지로 하여금 가능하다면, 어떤 역경의 난관에서 또 빈궁하고 불행한 시기의 모든 재화 속에 있더라도 우리들 인류와 각 개인으로 하여금 어떤 지위에로 향상시키며 고요하고 착실하고 평화스러운 생활을 얼마나 쉽게 유지하게 할 것인가. 아아, 이것이 인간에게는 얼마나 유익한 일이랴. 그러나 우리들은 이 점에 있어서는 아직도 아펜쩨르의 女人만큼도 나아가지 못한 것이다. 그 여인은 그의 아들이 태어나자 二, 三주간이 지난 다음 그의 요람 위에 여러 색으로 칠한 새를 종이로 크게 만들어 놓고 있었다. 그리고 그녀는 인위의 술이 벌써 자연의 사물을 정확하게 아동의 명료한 의식에까지 떠오르게 할 최초의 출발점을 실지로 보이는 것이라고 말해야 할 것이다.』

친애하는 벗이여! 生後 二, 三週밖에 되지 않은 어린이가 어떻게 새에게 손과 발을 내미는가를 볼 수 있고 또한 이미 명백해지고 확대된 눈에 보이는 사물을 아동들에게 보임으로써 자연의 여러 가지 사물의 실제적인 감각적 인상의 기초를 인위의 술이 어떻게 용이하게 아동 속에 넣어주는가를 고찰한 사람은 적어도 이것을 충분히 고찰해야 한다. 더욱 우리들이 지금까지 「고딕」風의 성직관리의 교육적 잔재를 위하여 얼마나 시간을 낭비해 왔을까, 그리고 마침내 그것이 우리들에게 嫉視, 憎惡을 받아야 할 것에 이르는 것을 느끼지 않는 그러한 사람에게는 참으로 맛있는 과자나 맥주도 필요 없는 대접이 될 것이다.

나에게 있어서 이 아펜쩨르의 女人의 새는 마치 埃及人에 대한 소와 같이 신성한 것이다. 그리고 나는 마치 이 아펜쩨르의 女人과 같은 점에서 출발하여 나의 교육, 교수에 착수하는 데 전력을 기울였던 것이다. 나는 첫 출발점에 있어서 또한 교수의 수단, 단계에 있어서는 자연과 환경 특히 母性愛를 아동이 말하기 전에 아동의 감각에 주어야 할 하나의 우연에 맡겨 버리고 돌아보지 않은 것이다. 나는 모든 우연과 생각 없는 성질을 제거하는 데 노력하고 또 아동이 아직 말할 수 있는 연령에 이르기 전에 이미 감각적 인상으로 얻은 지식의 기본적 요소를 아동의 오관에 제시하고 아동이 받는 의식적 인상을 망각하지 않게 하기 위하여 할 수 있는 일을 다 했던 것이다.

『어머니의 책』에 있는 최초의 과정은 반드시 감각적 인상 그 자체를 하나의 술에까지 끌어올리고 지식의 三개의 초보적 부분인 형과 수와 말에 의하여 모든 감각적 인상의 포괄적인 의식에까지 아동을 인도해가기 위한 하나의 기획에 불과했던 것이다. 그리고 이 감각적 인상이 좀더 명백한 개념을 만들어내게 되면 그것은 실로 그 후의 지식의 기초가 되는 것이다.

『어머니의 책』에는 우리들이 꼭 알아두어야 할 여러 가지 사물의 묘사가 실려 있을 뿐 아니라 최초의 감각적 인상을 받을 순간, 사물의 다종다양한 관계와 類似性을 아동에게 느끼게 할 수 있도록 갖가지 사물의 연속에 대한 재료도 실려 있다.

이 점에 있어서 철자본은 『어머니의 책』과 같은 역할을 한다. 다만 여러 가지의 소리를 귀에 제공하고 聽覺에서 생긴 인상의 의식을 일으키는 것은 마치 아동의 눈앞에 여러 가지 사물을 놓고 視覺으로 생긴 인상의 의식을 일으키는 것과 같이 아동에게 있어서는 감각적인 인상이다. 바로 이 점에 근거를 두고 나는 철자본을 편성했고 그 최초의 과정이 단순한 감각적 인상에 지나지 않게 하였다. 다시 말하면 그것은 그 후에 언어의 기초적 역할을 다할 수 있는 여러 가지 음의 연속을 아동의 청각에 울려주고 그 음에서 생기는 인상을 지속적으로 하고자 하는 기획 위에 서 있는 것이다. 더욱 『어머니의 책』에 있어서 내가 아동의 시각에 보이는 온갖 사물을 제시하는 것과 같은 나이에 있어서 아동의 청각에 여러 가지의 음을 제공해주는 것이다. 그리고 시각에 호소하는 사물의 명확한 知覺이 그 후에 이르러 지식의 기초가 되는 것은 앞의 청각의 경우와 같은 것이다.

감각적 인상을 하나의 술에까지 끌어올린다는 이 원칙은 역시 지식의 셋째 번의 초보적 수단인 數에 있어서도 들어맞는다. 수는 그 자체에 있어서 감각적 인상의 기초가 없이는 관념의 幽靈에 지나지 않는다. 즉, 우리들의 상상은 꿈과 같이 꼭 그것을 잡고는 있지만 우리들의 이성은 그것을 확실히 붙잡을 수 없다. 아동은 저마다의 형을 다소 명료한 의식의 기초로서 붙잡을 연령에 도달하기 전에 이미 수의 관계가 나타나는 여러 형의 내적 본성을 바로 알아두어야 한다. 그 때문에 『어머니의 책』에 있어서 나는 이미 그 나이에도 역시 여러 가지 방법으로 최초의 열 개의 수를 아동의 감각에 인상을 주도록 하였다. 말하자면 손가락이나, 손톱, 종, 점 또는 三각형, 四각형, 八각형 등을 사용했던 것이다.

나는 이상의 세 부분에서 이와 같이 하였고 감각적 인상을 모든 실지의 지식의 절대적인 기초로 한 후에 다시 이 세 학과에 있어서의 감각적 인상을 감각적 인상의 술에까지 끌어올리는 것이다. 다시 말하면 감각적 인상의 모든 사물을 나의 판단과 기능의 연습을 위한 사물이라고 생각하는 힘으로 여기는 것이다.

이렇게 해서 나는 지식의 초보적 수단인 형으로 아동을 인도했다. 『어머니의 책』에서 나는 아동에게 여러 가지 사물과 그 사물의 명칭이 多種多樣한 감각적 인상을 알리고 여기서부터 아동을 감각적 인상의 술인 A, B, C에로 인도하는 것이다. 아동은 이것을 어머니의 책에서 이미 식별해 놓았으나 명료하지 못했던 여러 가지 사물의 형에 대하여 말할 수 있게 될 것이다. 어머니의 책은 아동들로 하여금 四각형과의 관계로 모든 사물의 형에 관한 명료한 관념을 만들게 하고 이렇게 하여 가르치는 것의 모든 범위에 걸쳐 수단의 全體系를 발견하게 하고 그것으로서 아동들을 막연한 감각적 인상에서 명료한 관념에까지 향상시킬 수 있을 것이다.

지식의 둘째인 초보적 수단인 수에 대해서도 나는 이와 같은 방법으로 나아가는 것이다. 나는 『어머니의 책』에서 이미 아동이 말할 수 있기 전에 최초 열 개의 수의 관념을 명백하게 의식하도록 한 후 나는 一의 단위에 그것과 다른 一의 단위를 점차 더했고 또 二라는 수, 三이라는 수―식으로 그 수의 성질을 차차 알림으로써 소수의 것과 다수의 것에 대한 언어상의 발표를 아동에게 가르치고자 했던 것이다. 이리하여 나는 모든 계산의 초보를 아동의 가장 명료한 감각적 인상에까지 끌어오고 동시에 아동들로 하여금 그것을 표현하는 언어상의 발표를 결코 잊지 않도록 알게 하는 것이다. 나는 또 산수 일반의 초보를 심리적인 확실한 그리고 파탄 없는 진행과 같은 순서에까지 끌어오는 것이었으나 이 진행이야말로 감각적 인상 위에서는 깊이 인상된 판단으로부터 조금씩 더해가는 새로운 감각적 인상에까지 나아가는 것이다. 그러나 그것은 다만 一에서 二에, 二에서 三으로 나아가는 것에 지나지 않았다. 경험으로 확실해진 이 진행의 효과가 어떤가를 말한다면 아동이 어떠한 계산도 그 초보를 모두 이해해 버린다면 그 이상의 조력을 받지 않고도 나아갈 수 있다는 것이다.

그런데 이와 같은 교수방법에 관해서 일반적으로 주의해야 할 점은 그것이 각 교과의 원칙을 명백하게 하는 것이다. 아동은 그 때문에 그들 학습의 모든 단계를 완전히 밟아갈 수 있고 어떠한 경우에나 그들은 그만큼 나아가 있는 한, 절대적으로 그들의 弟妹들의 교사로 생각하고 실제로 그렇게 쓰일 수 있는 것이다.

나는 수의 교수를 단순화하고 또한 그것을 해설하기 위하여 시도한 데에 가장 중요한 것은 다음과 같다. 나는 단순히 감각적 인상으로서 아동에게까지 수의 모든 관계에서 진리의 의식에 도달하게 하고 이 감각적 인상의 진리를 크기에 관한 학문의 진리와 일치시키고 四각형으로 감각적 인상의 술과 산수의 그것에 공통되는 기초라고 세웠다.

지식의 셋째의 초보적 수단인 언어를 나의 원칙의 하나로 적용한다고 생각할 경우 그 범위는 극히 확대될 것이다.

만일 형과 수의 지식이 언어에 선행하고 언어가 일부분 兩者에서 발생되어야 하는 것이라면 문법의 진보는 실로 감각적 인상과 산수의 술의 진보보다는 훨씬 빠르다 할 것이다. 형과 수로서 오관에 주어진 인상은 언어의 술보다 先行하는 것이다. 그러나 감각적 인상과 산수의 술은 언어의 술 뒤에 오는 것이다. 우리들 인류의 본성의 크나큰 특질이며 또한 최고의 특색인 언어는 음을 내는 힘에 그 기원을 갖고 있다. 그리고 점차로 음을 확연한 단어에서 언어로 진보시켜 발전하게 이르는 것이다. 자연은 인류를 완전한 언어의 힘에까지 끌어올리기에는 몇 세대의 긴 세월을 필요로 했다. 그러나 우리들은 자연이 몇 세대를 소비한 이 술을 불과 二, 三개월 걸려 배우려는 것이다. 아동에게 말하기를 가르칠 경우, 우리들은 자연이 그것을 인류에게 가르칠 때 밟은 같은 길을 밟아야 한다. 우리들은 결코 이것 이외에 달리하는 방법은 없다. 더구나 자연은 감각적 인상으로 시작되었다는 것을 의심할 수 있다. 간단한 음, 그것으로서 우리는 사물이 우리에게 주는 인상을 표현하려는 것이다. 그러나 극히 간단한 음일지라도 역시 감각적 인상의 표현일 따름이다. 우리들 인류의 언어는 오랜 세월을 생물과 무생물의 音調를 모방하는 擬態 또는 음의 힘에 불과하였다. 이 擬態 또는 발음에서부터 인류는 象形文字 및 개개의 단어를 발명하고 오랫동안 하나하나 특수한 사물에 대해서 일일이 특수한 명칭을 붙였다. 언어발전의 이 상태를 장엄하게 기술한다는 것은 실로 舊約 創世記 一章 一九節에서 二〇節에 있는 말씀이라고 하겠다.

『主이신 神은 아담에게 지상에 있는 모든 동물과 공중에 있는 모든 새를 갖게 하고 그로 하여금 그 모든 것을 일일이 보고 그 모든 것에 일일이 이름을 붙일 수 있게 하였다. 그리하여 아담은 여러 동물에게도 각각 그 이름을 주었다.』

이 점에서 언어는 점차 앞으로 앞으로 전진했다. 처음, 사람들은 그 이름 지은 많은 사물에서 현저한 차이를 관찰하게 되었다. 드디어 그들은 갖가지 성질에 이름을 붙이게 되었고 또 사물의 작용과 힘의 차이를 하나하나 명명하게끔 되었다. 그 뒤에 그들은 개개의 말로서 많은 것을 의미하게 하였고 통일, 다양, 크기, 다소, 형 및 수를 의미하는 술로 발전시키고 최후로 시간과 장소와의 변화에 따라 생긴 한 사물의 모든 變異와 모든 성질과 형을 변경시키거나 또는 많은 언어를 결합시킴으로써 명료하게 표현하는 술을 발전시켰던 것이다.

이 발전단계를 통하여 언어는 실로 술에 의해서 생긴 수단이었다.

즉, 단순히 음의 힘으로 여러 가지 관념을 명백하게 하는 실지의 과정을 표현하는 수단일 뿐 아니라 여러 인상을 오래 잊지 않게 하기 위한 수단이기도 했다.

이렇게 보면 언어교수는 그 성질상, 여러 인상을 발표하기 위한 심리적 수단인 동시에 일시적 流轉的이고 달리 통할 수 없게 되리라고 생각되는 모든 인상의 온갖 修正을 그것과 하나하나의 말을 결합함으로써 이것을 영구적, 지속적인 것으로 하였고 또한 달리 통할 수 있는 것으로 하기 위한 심리적 수단의 蒐集에 불과하였다.

그러나 인간본성에는 언제나 불변하는 유사한 것이 있기 때문에 이것은 한결같이 언어교수와 자연 그 자체가 우리의 말하는 힘을 현재 우리가 지닌 것과 같은 술에까지 발전시킨 本源의 과정과의 조화에 의해서만 할 수 있는 것이다. 즉, 언어의 모든 교수는 반드시 감각적 인상에 기초를 두어야 하는 것이다. 그것은 감각적 인상의 술의 교수로서 일찍이 擬態를 무용지물로 만들어야 한다. 그것은 인간사회에 있어서 常套慣用의 음으로서 자연계의 생물 또는 무생물의 음의 모방을 驅逐해야 한다. 여기서 그것은 음의 교수에서, 아니 모든 인간의 음에 있어서 일반적인 기관의 연습에서 말의 교수에까지, 명명하는 데까지, 말하기의 교수에까지, 문법상의 활용, 변화, 조사에까지 점차 옮겨가야 한다. 그러나 이 종류의 순서 경과에 있어서 아동은 자연이 인간의 문법의 발전에 예시한 진보적 단계임을 반드시 지지해야만 한다.

그러나 여기서 다음과 같은 여러 가지 의문에 봉착한다. 나는 음의 교수, 언어의 교수, 말하기의 교수에 관하여 자연과 경험이 언어의 발전을 구분하는 三단계에 있어서 어떻게 이 자연의 진행을 고집해 왔는가. 나는 이 여러 과목에 있어서 나의 교수방법의 형식을 어떻게 위에서 말한 三단계에 조화시킬 수 있는가. 나는 음의 교수에는 최대의 여지를 주었다. 그러나 그것은 주어질 수 있는 것이다. 그 주어지는 이유는 모음을 모든 음의 근원임을 확실히 주장하고 그 모음을 식별하고 점차로 모든 모음의 전후에 하나하나 자음을 부가하는 것이다. 이와 같이 나는 요람시대의 嬰兒에게도 이 모든 말의 음과 그 다음의 연속과를 의식하도록 하였다. 나는 이 교수로서 영아에 있어서는 내적, 감각적 인상을 아동에게는 음의 임의의 부호를 제시하는 외적인 감각적 인상에 앞서게끔 하였다. 이와 같이 하여 나는 귀에 들리는 인상은 눈에 보이는 인상과 같은 출발점, 즉 자연이 우리에게 음을 교수할 때와 같이 동일한 출발점을 지녀야 한다고 확신하게 되었다. 다시 나는 어머니의 책에 있는 많은 음의 연속을 다음과 같이 배열함으로써 이 科의 교수를 용이하게 했다. 그리고 그 배열의 방식은 나중에 계속되는 각 음을 될수록 앞에 있는 각 음에 비슷한 것으로 다만 하나의 글자가 더하기 때문에 달라진 데 불과한 것이다. 이리하여 나는 학생에게 충분히 음절을 익혀 알게 하고 그 뒤 말의 교수, 이름 짓기에로 나아가 아동에게 최초의 독본과 「단어본」의 연속되는 말을 주었다.

그리고 그것은 형이 비슷한 것이므로 독본의 진전이라는 것은 즐거운 놀이와 같이 느껴지는 것이다. 왜냐하면 이 말은 이미 알고 있는 문자에까지 몇 가지 새로운 글자를 끊임없이 더해가는 것이기 때문에 아동에게 깊이 인상되고 충분히 잘 알려지도록 하기 때문이다. 이렇게 하여 다방면의 감각적 인상은 실로 어머니의 책을 출발의 기초로 하고 어머니의 책의 말하기 교수를 토대로 하여 아동이 말해야 할 많은 말의 의미를 그 토대로 하는 것이다.

자연이 벌써 영아기에 있어서 아동의 의식에까지 주었던 감각적 인상으로 얻어야 할 지식의 전 범위를 이 어머니의 책에서는 심리적으로 안배되고 통합되어 있다. 그리고 자연의 최고법칙, 그것으로 인해 가까운 것은 언제나 먼 것보다 아동에게 확실한 인상을 주지만 이 자연의 법칙은 사물의 본질적 본성으로 사물의 변천하는 여러 성질보다 더 깊은 인상을 주게 하며 교수에 있어서도 같은 중요한 원칙과 관계되어 있다. 어머니의 책은 사물이나 많은 언어의 전 범위와 감각적 인상으로 얻어지는 지식의 통합과 심리적 배열에 의하여 아동들에게 일반적 개관을 용이하게 하도록 되어 있다. 자연계의 개개의 사물이야말로 실로 무수무한 하지만 그 모든 본질적 특질은 결코 그렇지 않다. 그 때문에 만일 사물을 모든 특질에 따라 배열한다면 아동은 용이하게 일반적 개관을 할 수 있다.

나는 개개의 특수한 언어교수를 이 원칙에 종속시켰다. 그러나 나의 문법은 아동으로 하여금 감각적 인상으로 얻어지는 모든 지식 또는 수와 시간과의 관계에 대해서 정확하게 발표할 수 있도록 하게 하는 방법에 불과했다. 나는 쓰기의 술이 적어도 언어교수로써 인정될 수 있다면 이 목적을 위하여 쓰기의 술까지도 사용했다. 그리고 자연과 경험이 같은 목적인 관념의 천명을 위하여 모든 수단을 써 보려고도 해보았다.

내가 노력해서 얻은 이 경험적 기도는 주로 다음의 것에 필요했던 것이다. 즉, 오늘의 聖職系列의 교육 및 교수는 모든 심리학을 무시하고 있기 때문에 모든 학과에 있어서 교육, 교수의 최종 목적에서 우리들을 벗어나게 하고 또 자연이 관념을 명백하게 하기 위하여 인위의 술의 도움을 빌지 않고 우리에게 제공한 방법을 우리에게서 빼앗았다. 그리하여 우리들의 心意에 미치는 해로운 결과 때문에 우리에게 향하여 모든 수단의 사용을 불가능하게 한 사실을 보이는 데 유용했던 것이다.

벗이여! 이 부자연한 성직계열의 교육과 그 산만 무질서한 교수의 비참으로써 우리나라의 참된 힘이 멸망하려는 것은 거의 믿을 수 없을 정도였다. 또 감각적 인상을 통해서 참된 지식에까지 발전하는 자연적 수단 또는 목적을 위하여 우리들 자신의 힘을 강하게 할 자극이 우리들 사이에서 어느 정도로 사라졌는가, 하는 것도 전혀 믿지 못할 정도였다. 왜냐하면 이 무질서한 교수는 감각적 인상 위에서는 지식을 갖지 못하고 우리가 말하는 언어의 美, 우리들이 입으로 중얼거리는 관념의 美로서, 우리들의 눈을 현혹시켰다. 나는 되풀이해서 말하겠다.

오늘날 우리나라 대다수의 공립학교는 우리들에게 아무것도 주지 못할 뿐 아니라 도리어 인류가 학교 없이도 갖고 있는 인간 내심의 힘, 그리고 어떠한 미개인도 갖고 있는 것을 없애버렸다. 그 정도가 얼마나 심한가는 우리들의 상상을 불허한다. 그리고 이것은 세계의 다른 어느 국토 또는 우리나라 현대 이외의 어떠한 시대에도 맞지 않는 사실이다. 적어도 성직자 계열의 술로서 그렇게 어리석은 언어상의 지식으로 교육된 사람은 실로 야만인보다도 진리에 대한 감수성이 빈약하고 자연의 지도를 활용하고 또한 자연이 우리들의 관념을 명료하게 하도록 힘쓰는 그 조력을 이용하는 점에 있어서도 이것 또한 미개한 야만인보다도 낫지 못하다. 이러한 경험을 통하여 나는 유럽 전체에 공립학교의 馬車를 다만 이곳을 더 잘 달리게 해야 한다는 정도로는 부족하였다. 그것은 지금까지의 진로를 轉回해서 전연 새로운 진로에 놓아야 한다고 깊이 생각했다. 나는 그 근본적 오류인 현대의 공허한 言語, 현대의 便狹, 皮相, 無分別, 무감각한 소리를 없애고 무덤 속에 매몰시켜 교육, 교수 및 언어로서 인류에게 진리와 생명을 가져와야 한다고 역시 경험으로 납득하게 되었다. 어렵게 말한 것 같으나 나도 『그것을 아는 것은 누구일까』고 말하고 싶었다. 그러나 아직까지의 경험으로 납득한 일이지만 대체로 앞에서 말한 그 토대가 된 것은 초등학교의 초보적 언어교수에 있어서 우리는 미비한 것의 처치를 일체 배격해야 한다는 것이다. 다시 말하면 이 학과에 관한 모든 敎授本으로서 그것이 아동이 말하는 것을 배우기 전에 말할 수 있다는 상상 위에 서 있는 것이라면 그런 것은 일체 배격해야 한다는 것이다.

교수본 자체의 단어가 語尾와 接頭語, 그리고 맞춤법, 句節의 구조에 있어서 하나의 완성된 문법임을 증명할 수 있다면 완성에까지 도달하는 원인과 수단의 의식을 아동의 마음속에 명백하게 발전시키는 데에는 부적당하게 되어버린다. 그 때문에 만일 나에게 세력이 있다면 오늘날 학교 도서관에 있는 교수본을 표면상 어쨌든 가혹한 처치를 취하고 싶었다. 그렇지 않으면 언어교수를 자연의 진행과 합치시키려는 시도를 廢棄하는 편이 낫다.

친애하는 벗이여! 자연은 인류의 언어발전상 제一단계이며 완성된 문법의 복잡하고도 인위적인 結構를 무시한다는 것은 일반이 잘 아는 사실이다. 따라서 아동은 모든 結構에 대하여 야만인과 같이 거의 이해하지 못하는 것이다. 다만 서서히 간단한 결구를 끊임없이 연습함으로써만 아동은 복잡한 결구를 이해하는 힘을 얻게 되는 것이다. 그 때문에 내가 언어에서 課하는 과업은 완성된 문법에 의해서 기대할 수 있는 학문과 지식을 최초부터 제외하고 오직 언어의 초보, 요소를 배우게 하는 것이다. 그리고 자연이 인류에게 주는 것과 같은 순서로 언어를 구성하는 이익을 아동에게 주는 것이다.

친애하는 벗이여! 이 경우 역시 세상 사람은 나를 오해하겠는가. 나로 하여금 바라기는 언어에 대한 狂信을 억제하고 그것을 근절하는 데 성공하게 하는 사람이 二, 三名 있겠는가. 대체로 언어와 같은 그 인위적인 구조나 결구는 물론, 그 본질상으로 말해도 확실히 아동에게는 풀 수 없는 심한 인상을 가진 것이며 만일 모든 감각적 인상을 갖지 못하였다면 그 내부의 공허 때문에 人間心意에 황폐를 조강하고 빈말이나 음에 대한 광신을 꾀하는 것이다. 바라기는 나의 언어교수 그것으로서 그러한 소리나 음을 긴요하지 않은 것으로 만들려는 것이다. 그리고 또 감각적 인상에 대해서 그것에 상당하는 지배적 세력을 주려고 생각한다. 실로 이 감각적 인상으로서만 비로소 언어는 심적 교양과 참된 지식과 그리고 그것에서 생기는 판단력의 참된 기초가 될 수 있는 것이다.

그렇다, 벗이여! 길고 긴 동안에도 나를 오해하지 않고 음과 소리를 심의의 교양으로써 절대적으로 무가치한 기초라고 하는 나의 꿈을 인정하는 사람이 적다는 것을 나는 잘 알고 있다. 그 원인은 많고 또한 뿌리 깊은 것이다. 饒說을 애호하는 것은 소위 익숙한 社交家에 대한 존경과 밀접한 관계를 가졌고 그것이 널리 일반교양을 준다고 떠받드는 말과, 아니 그보다 더 심한 것은 수많은 사람들의 생계와 밀접한 관계를 가졌고 또 오랫동안 현대인이 무감각해진 진리에 대하여 마음으로부터 사랑으로 접할 수 있기까지는 매우 기나긴 세월을 필요로 하기 때문이다. 그러나 나는 나아가야 할 곳으로 나아갔고 다시 되풀이해서 말하겠다. 즉, 자연법칙에 따라서 思考하고 말하는 것을 배우지 못한 사람들이 규정하고 설명하고 분석한 모든 과학교수의 정의가 마치 마술에 의해서 不意의 기쁨처럼 아동의 심의에까지 주입되고 俳優들의 後見이 배우 뒤에서 臺詞를 읽어주는 것같이 아동의 귀에 읽어주는 과학교수, 이것이 그러한 것을 하고 있는 동안 필연적으로 슬퍼해야 할 광기에 찬 교육에 빠지지 않을 수 없는 것이다. 무릇 인간 심의의 초보적인 능력이 依然하게 잠자고 있을 경우, 언어가 그 잠자고 있는 능력에 주입되는 경우, 이 비참한 饒說家들에게 주입되는 언어는 많고 겉치레의 것일수록 요설가들은 부자연하고 허황한 꿈을 보는 몽상가가 되어 버렸다. 그러한 학생들은 자기들이 꿈을 꾼다는 그 자체를 제외하고는 세계 어떠한 것도 꿈꾸고 있는 것이다. 그러나 그들의 주위의 自覺한 사람들은 그들의 지나친 오만을 느끼고 앞일을 보는 사람들은 그들을 가장 완전하고 명백한 몽유병자라고 생각하는 것이다.

우리들 인류발전에 있어서 자연의 진행은 영원불변의 것이다. 여기에는 하등 두 가지의 좋은 교수방법은 존재하지도 않고 존재할 수도 없다. 오직 하나의 방법이 있을 뿐이다. 그리고 그것은 완전히 자연의 영원불변의 법칙에 서는 것이다. 그러나 좋지 못한 방법은 한없이 많다. 그리고 여러 방법의 惡性은 그것이 자연법칙에서 벗어날 정도에 따라 증대하며 모든 법칙에 따르는 접근도에 따라 감퇴하는 것이다. 나는 이 유일한 하나의 좋은 방법이 지금 나에게 있지 않으며 또 다른 누구에게도 없다. 다만 우리들은 그것에 접근할 수 있는 데 불과하다는 것을 알 뿐이다. 그러나 그것의 완결과 완성은 적어도 인간의 교육교수를 진리 위에 놓고 그것에 의해 인간본성을 만족시키고 자연적 요구를 채우려는 사람의 목적이 되어야 한다. 이 경지에서 나는 이렇게 공언한다. 나에게 있는 모든 힘으로 이 교수방법을 다루고 있다고. 나는 내 자신의 행동은 물론 적어도 이 목적을 위하여 노력 분투하는 모든 사람들의 행동을 판단할 하나의 표준을 가지고 있다. 즉, 그것은 행동의 결과로서 그것을 판단하고 알아야 한다는 것이다. 인간의 힘과 어머니의 지혜, 상식 이 三者는 나에게 있어서는 어떠한 종류의 교육, 교수 자체의 내적 가치를 보여주는 증거인 것이다. 그리하여 어떠한 방법이라도 그것이 억압되고 구속된 自然力의 標章과 또 상식과 어머니의 지혜의 결핍의 표장과를 학습자의 이마에 낙인하는 것이라면 다른 어떠한 이익이나 장점을 가지고 있을지라도 나는 이것을 비난하고 배척하는 것이다. 물론 나는 그러한 방법으로서는 혹은 선량한 裁斷師나 製靴工이나 商人, 軍人 등을 만들어 낼 수 있을지 모른다는 것은 결코 거부하지 않는다. 그러나 나는 그것이 가장 고상한 의미에서 인간이 재단사나 또는 상인을 만들어 낼 수 있다는 것은 단호히 거부한다. 아아, 만일 세상 사람들이 모든 교육, 교수의 목적이 인간본성의 힘과 재능의 조화적 배양과 인생의 男子魂의 향상으로 그 인간본성을 발전시키는 것에 지나지 않는, 또한 그 이외의 것일 수는 없다는 것을 조금이라도 이해하고자 한다면 아아, 만일 세상 사람들이 그들의 교육과 교수방법의 각 단계에 있어서 조금이라도 『그것은 이 목적을 촉진하고 조장하는 것인가』를 스스로 묻는다면 얼마나 좋을까.

그런데 나는 다시 인간의 본질적 발전에 미치는 명료한 관념의 영향을 고찰하려고 아동의 명백한 관념은 그의 경험이 그 이상의 명확성을 가져올 수 없는 관념에 지나지 않는 것이다. 이 원칙은 첫째로 온갖 힘, 온갖 능력을 어떠한 순서로 발전시킬 것인가 하는 그 순서를 결정하는 것이다. 자세히 말하면 그 힘이나 능력의 발전하는 순서에 따라서 아동은 모든 관념의 명확성에 도달하는 것이다. 둘째로 이 원칙은 가지가지 정의의 연습을 아동에게 시키고 그것을 수행하는 뜻 즉, 사물의 순서를 결정하는 것이다. 그리고 셋째는 어떠한 종류의 정의가 아동에게 실재 진리를 포함하듯 그 정확한 시기를 결정하는 것이다.

거기서 명백한 관념은 실로 교수로 이것을 아동의 심의 속에서 만들어내야 한다. 그리고 아동의 심의 속에서 배양해야 하는 것도 명백하다. 그러나 그것을 만들어 내고 배양하는 것은 아동이 이러한 교수의 결과인 명확한 관념, 언어에 표현된 명백한 관념을 이해할 수 있고 또 우리들이 인정하기 전에 이미 그것을 해야 하는 것이다.

명백한 관념에 도달하는 길은 오직 모든 사물을 적당한 순서로 이것을 理性에까지 명료하게 함으로써 할 수 있는 것이다. 그리하여 이 순서는 다시 또 모든 술의 조화로서 결정된다. 자세히 말하면 아동이 모든 사물의 성질에 대하여 특히 어떠한 사물에나 그 量과 數나 形 등에 대하여 명백히 발표할 수 있도록 모든 술의 조화에 기초를 두는 것이다. 이러한 방법이 아닌 다른 어떠한 방법에도 의하지 않고 아동은 비로소 어떠한 사물이나 그 본성 전체의 포괄적인 지식에까지 인도되고 또 그것을 정의하는 즉, 그 사물의 본성전체를 정확, 간명하게 언어로서 서술할 수 있도록 하는 것이다. 어떠한 사물이라도 그 본성에 관한 모든 정의나 언어상의 서술은 적어도 아동들이 그 사물에 대한 명백하고 또 싱싱한 감각적 인상을 가지고 있는 한, 아동에게 있어서 본질적인 진리를 내포하는 것이다. 여기서 정의되어야 할 사물의 감각적 인상이 만일 완전한 명백성이 없는 경우 아동은 단지 많은 말을 장난삼아 배우고 자기 자신을 기만하여 맹목적으로 말을 믿도록 배우는 데 불과한 것이다. 그리고 그 많은 말의 음은 아동에게 어떠한 관념도 주지 못하며 그가 마치 지금 음을 낸 것 외에는 어떠한 思考도 아동에게 주지 못하는 것이다.

숨김없는 눈물

비 오는 날의 細菌은 여기저기 糞堆 위에 생기지만 감각적인 인상에 서지 못한 정의는 굴과 같은 지식을 빨리 낳는 것이다. 그리고 햇빛을 보면 곧 죽어 버리므로 푸른 하늘을 마치 독약처럼 보는 것이다. 이렇듯 근거도 지식의 뿌리도 없는 말만의 겉치레는 이러한 인간을 만들어 낸다. 즉, 그 사람들은 모든 학과에 있어서 최후의 목적에 도달했다고 스스로 생각하는 사람들이다. 왜냐하면 그들의 생활은 이 목적에 대한 끝없는 饒說, 뜻 없는 토론에 그치고 말기 때문이다. 요컨대 언어를 암기만 하면 그것으로 교육교수의 목적이 달성된다고 생각하고 있다. 그러나 그들은 일찍이 그것에 도달하지 못했을 뿐 아니라 또한 그것을 추구하지도 못했다. 그 이유는 그들의 생활을 통해 일반적으로 남자다운 노력을 낳는 데 필요한 直觀을 발휘하도록 하기 위한 흥미 있는 자극이 없었기 때문이다. 현대는 그러한 인간으로 가득 차 있다. 그들은 일종의 지식병에 걸려 있다. 그리고 이 병은 마치 競技場의 절름발이와 같이 자기의 발이 完全하기까지는 경주의 목적을 자기의 목표로 할 수 없는 것과 같이 체면을 위하여 우리를 지식의 목표에까지 유도하는 데 불과하다. 무릇 서술하는 힘은 일반적으로 정의에 앞서는 것이다. 나는 나에게 있어서 명백한 것을 서술할 수 있으나 그렇다고 해서 그것을 정의한다고는 못한다. 즉, 나는 그 사물이 갖고 있는 여러 가지의 성질이 무엇이라고 정확히 말할 수는 없으나 그렇다고 해서 그 사물이 무엇이라고 말할 수 있다고도 단정하지 못한다. 나는 다만 그 사물, 그 개체를 알고 있을 뿐이다. 그러나 나는 그 사물, 그 개체의 관계와 종류를 지적할 수 없다. 나에게 명확하지 못한 것에 대해서 나는 그 자체의 여러 성질이 무엇인가를 정확하게 말할 수 없다. 따라서 그것이 무엇인가는 여전히 알 수 없다. 더구나 나는 그것을 서술할 수도 없고 정의하지도 못한다.

그 사물을 명백히 아는 第三者가 나에게 발표할 말을 가르친다. 그리고 그 사람은 자기의 특별한 사정으로 일반 민중에게 명백하게 하기 위하여 그러한 말을 하였으나 그 말을 나에게 제공한다 하더라도 그 사물이 명백하게 되지는 못한다. 아니 그것은 그 사람에게 명백한 사물이며 또 무엇인가 남을 것이다. 즉 그 사람의 말은 어디까지나 그 사람의 의미 있는 말이며 그것이 그대로 나에게 의미 있는 말이 될 수는 없다. 또한 앞의 사물이 그에게는 여전히 명백하지만 나도 명백하지 못하며 그 사람의 말은 그 사람 자신의 관념 즉, 명료한 그 사람 자신의 관념을 정확하게 발표하는 것이다. 말하자면 그 사람이 나에게 발표할 말을 주입해 주더라도 그것만으로는 결코 그 사물이 나에게 명확한 것이라고는 말할 수 없다.

심리적 술로서, 또한 우리들의 신체적 기관의 법칙에 따라서 명료한 관념에까지, 또 그 관념의 발표, 정의에까지 우리들을 인도하는 목적은 정의를 세우기 전에 물리세계에 대한 서술의 순서를 요구하는 것이다. 그런데 이 순서는 각각 다른 사물의 감각적 인상에서 그 사물을 명명하는 데까지 나아가고 다시 그 명명하는 것에서 모든 사물의 특질의 결정에까지 나아간다. 즉, 서술의 힘이다. 여기서부터 이 서술의 힘에서 特殊心 정의 그것에까지 나아간다. 감각적 인상을 지도할 때의 지혜는 실로 명확한 관념에 도달하기 위한 수단의 連鎖가 여기에 기초를 두어야 할 출발점이며 첫걸음이라는 것은 명백하다. 그리고 최후의 성과 즉, 모든 교수의 목적과 일체의 관념이 명확하다고 하는 본질적인 힘이 최초에 發芽하여 완전한 힘에 의존한다는 것도 명백하다.

일체를 움직이는 자연의 영역에 어떤 사물의 發芽가 불완전한 경우, 그것은 완전한 圓熟의 힘을 잃은 것이다. 萠芽의 불완전한 경우는 성장에 있어서나 각 부분의 외적 발전에 있어서도 不具가 될 것이다. 이것은 庭園의 果實에 있어서도 마찬가지며 인간의 심의의 산물에 있어서도 그와 같다. 그것은 성장한 球莖의 상태에 있어서도 그와 같으며 감각적 인상에 의하여 얻어지는 하나하나의 관념의 결과에 대해서도 마찬가지다.

인간 교육에 있어서의 혼란, 무질서, 피상, 천박한 면모를 방지하기 위한 가장 중요한 수단은 최초로 사물이 우리들의 오관에까지 나타나 그것을 관찰하려는 경우에 반드시 알지 않으면 안 되는 사물의 최초 감각적 인상을 될수록 명료, 정확하고 완전하게 하도록 유의하는 데 있다. 嬰兒의 搖籃에 있어서도 역시 우리들은 맹목적인 장난을 즐기는 자연의 손에서 우리들 인간의 교육을 탈취하기 시작하고 그것을 몇 시대의 경험이 인간본성의 영원불변한 법칙에서 추출하여 가르친 것보다는 훌륭한 힘의 손에 인도해야 한다.

우리들은 일반적으로 자연과 그 진행의 법칙 즉, 자연의 하나하나의 작용과 작용에 대한 서술을 구별해야 한다. 그 법칙에 있어서의 자연은 영원불변한 진리이다. 그리고 그것이 인간에게는 실로 모든 진리의 영원불변한 표준이다. 그러나 그 법칙이 개개의 사물 및 개개의 경우에 적용할 때 온갖 변형에 있어서의 자연의 진리는 인간의 요구를 채워주고 인간의 마음을 편안하게 하는 것은 아니다. 개개의 경우와 사정의 현실적 진리는 영원불변한 법칙으로서 역시 인간본성 자체의 不文法으로 평등의 必然權을 주장하는 것이다. 따라서 두 가지 법칙의 필연권의 주장은 만일 두 가지 법칙을 만족하게 인간 위에 움직이게 한다면 반드시 그 주장을 조화시키도록 해야 한다. 그리고 이 조화통일을 고려하는 것은 인간에게 가장 긴요한 것이다. 그때그때 당면한 일시적인 것은 그 존재와 결과로서 역시 영원불변한 것과 같이 필연적이다. 그러나 당면한 일시적인 것은 그 존재와 필연적인 결과로서 인간의 의지에 의하여 인간본성 속에 이것을 영원불변의 것과 조화하도록 해야 한다.

그런데 당면한 일시적인 존재와 여러 가지 결과의 필연적 법칙에 기초를 두는 자연은 다만 전체만을 고려하는 것같이 생각된다. 그리고 자연이 외부적 영향이 미치는 개체에 대해서는 어떠한 고려도 없었다.

이 방면에 있어서 자연은 맹목적이다. 그리고 無知識的이기 때문에 그 것은 인간의 지식적, 심령적, 및 도덕적 본성과 조화하는 혹은 조화할 수 있는 자연이 아니다. 아니 반대로 물리적 본성과 조화하도록 할 수 있는 것은 오직 이 심령적, 도덕적인 본성이다. 그리고 그것만이 오직 그렇게 할 수 있고 또 그렇게 해야 한다. 우리 오관의 법칙은 우리 본 성의 본질적 요구로서 이것을 우리의 도덕적이고 심령적인 생활의 법 칙에 종속시켜야 한다. 이 종속 없이는 우리들의 본성의 물리적 방면 이 우리들의 교육의 실지 최후의 결과 즉, 男子魂의 산물에 영향을 줄 수는 없는 것이다. 사람은 자기의 내적 생활, 심령생활에 의해서만 사 람이 된다. 사람은 그것으로 독립되고 자유가 되고 安分知足하는 사람 이 되는 것이다. 단순한 물리적 자연은 사람을 이 점에로 인도할 수는 없다. 자연은 그 본성에 있어서 맹목적이다. 즉, 그 길은 암흑과 죽음 의 길이다. 그렇기 때문에 우리 인류의 교육과 예절은 반드시 이 맹목 적이고 감각적인 자연의 손에서 빼앗아 오고 그 암흑과 죽음의 영향 에서 끌어내어 이것을 우리들의 도덕적, 심령적 본성의 손과 신성하고 영원한 내적인 광명과 진리의 손에 두어야 한다.

우리들이 不注意하여 외적이고 맹목적인 자연에 맡겨 놓고 돌아보 지 않으면 모두를 가라앉게 하고 말 것이다. 이것은 생물이나 무생물 에 대해서도 같다. 만일 우리가 토지를 자연에 맡긴 채 돌아보지 않는 다면 잡초와 가시덤불이 무성할 것이다. 이와 같이 만일 우리가 인류 의 교육을 자연에 맡긴 채 돌아보지 않을 경우, 자연은 오관에 뒤섞여 범벅이 된 인상만을 줄 것이다. 그것은 最善의 교수에서 필요한 방법 으로 우리들의 이해력에 부적당하고 아동에게도 부적당하다. 특히 확 실한 방법으로 아동들을 草木의 정확 완전한 지식에까지 인도하기 위 해서는 부주의하게 아동들을 여러 종류의 초목이 혼잡되어 무성한 삼 림이나 목장에 방치한다는 것은 최선의 방법이라고 할 수 없다. 이러 한 경우, 여러 종류의 풀과 나무도 아동들에게 본성과 관계를 관찰하게 하고 또 첫 인상으로 사물의 일반지식을 제공하고자 처음부터 구비된 것 같은 방법은 결코 아동의 눈앞에 나타나는 일이 없다. 여기서 가장 빠른 길로 교수의 목적인 명백한 관념에로 아동을 지도하려면 비상한 주의로 학습의 각 부문의 여러 사물과 그 사물이 속해 있는 부문의 본질적인 특질을 명확 완연하게 소유하는 사물과 또한 그 때문에 변화하는 성질보다 본질적인 본성을 선명하게 인상할 수 있는 적당한 사물을 아동의 눈앞에 제공해야 한다. 만일 이것을 등한히 한다면 첫 인상에 있어서 아동들이 당연한 일시적인 성질을 본질적으로 誤認하게 하고 진리의 인식을 지연시켜 몽롱한 감각적 인상에서 명확한 관념으로 진행하는 가장 빠른 길을 잘못 보는 결과를 초래할 것이다.

이와 반대로 만일 교수법에 있어서 오류를 피하고 우리들의 교수하는 모든 부문의 題材 순서가 처음부터 다음과 같이 배열되었다면 ― 즉, 최초의 관찰에서 사물의 본질적 본성의 인상이 그 사물의 모든 제 성질의 인상을 지배하기 시작하도록 준비되었다면 아동은 처음부터 사물의 일시적인 성질을 그 사물의 본질적 본성에 종속시키도록 배울 것이다. 이와 같이 하여 아동은 의심 없이 안전한 진로로 오를 것이다. 다시 말하면 아동은 이 안전한 진로로서 모든 사물의 당면한 일시적인 성질을 단순하게 그 사물의 본질적 본성과 내적 진리의 완전한 의식에 결부시키고 일체의 자연을 열어 놓은 한 권의 책으로 읽는 힘은 나날이 진보 발전할 것이다. 만일 아동을 방임해 두고 이해하지 않고 헛되게 세계를 바라보게 한다면 그는 暗中摸索하는 사이에 찾은 무질서한 개개의 지식의 단편을 위하여 오류에서 오류에로 깊이 빠져 들어간다. 반대로 만일 아동이 그 요람에서부터 앞에서 말한 안전한 통로를 걷도록 교육을 받았다면 나날이 진리에서 진리에로 올라가게 될 것이다. 모든 사물 또는 아동의 경험 범위 내에 들어온 모든 사물은 아동에게 이미 있는 힘과 명백히 또는 포괄적으로 합치되는 것이다. 그리고 그의 이해 뒤에는 어떠한 오류도 존재하지 않는다. 어떠한 종류의 오류에 빠질 경향도 인위적이나 구체적으로 아동의 심의 속에 형성되지 않는다. 그리고 지금까지는 老年層의 특권이라고 생각한 虛心坦懷한 태도는 실로 이러한 교양의 결과로 천진한 아동의 것이 되었다. 아동이 이 허심탄회한 태도에 도달하고 공평한 능력을 가졌다면 그는 필연적으로 교수의 최후의 목표인 명백한 관념에 도달할 것이다. 그러나 그 명백한 관념을 우리들 인간은 아무것도 모른다는 결론에 아동을 인도하거나 혹은 인간은 어떠한 것이라도 이해한다는 결론에 그를 인도하거나 그것은 문제가 되지 않는다. 여하간 이 높은 목적에 도달하고 수단을 고안하여 그것을 확실하게 유지하고 특히 첫 인상을 향하여 요구하는 넓이와 정확성을 주기 위하여 또는 기초에 있어서 온갖 결함과 오류를 피하고 지식획득의 질서적인 방법을 진리 위에 쌓기 위하여 나는 항상 어머니의 책에서 노렸던 것이다.

벗이여! 나는 성공했다. 즉, 나는 이 책으로 오관을 통해서 지식을 얻는 힘을 확실히 했기 때문에 만일 그것으로 아동을 교화한다면 그들은 마침내 그 책을 버리고 내가 그들에게 준 목표에까지 안내자보다도 뛰어난 안내자를 자연과 그들의 주위에 있는 모든 것에서 발견하리라고 나는 예기하는 데 이르렀다.

벗이여! 이 어머니의 책이란 아직 나오지 않았으나 나는 이 책에 써야 할 것을 실지로 행하였기 때문에 이 책이 필요 없게 되었다는 것을 이미 잘 알고 있다.

　　친애하는 벗이여! 지난번 편지 끝의 글은 중요한 것이었다. 그래서 나는 여기에 좀더 어조를 강하게 되풀이하는 것이다. 즉, 나는 먼저 편지 끝에서 교수의 목적에 맞는 교양의 방법은 오직 그 목적을 위하여 자연의 진로에 맞추는 데 달했다. 그러나 그곳에 도달할 수 있는 좀더 높은 수단이 있다. 그것은 이 적합한 자연의 진로의 終結이었고 실로 純粹理性의 進路였다. 그리하여 순수이성의 교양은 가능하다. 인간의 감각적 이상에 있어서 모든 불확실한 것을 확실한 진리에까지 끌어올린다는 것은 인간의 본성에 있어서 가능한 것이다. 즉, 감각적 인상 그것은 그 기원인 단순한 감각의 부정확성에서 분리하고 그것을 인간본성의 보다 높은 힘 곧, 이성의 작용으로 할 수 있다. 이와 같이 자연의 손에 의하여 高尙化된 인위의 술은 素材 그대로의 인간의 산 관찰력을 오관의 기구 내지 작용 이상의 것으로 만들 수 있는 것이다. 즉, 그것은 산 관찰력에 이성의 힘을 부가할 수 있다는 것이다. 다시 그것은 산 관찰력을 補修하고 그것과 우리 인간의 가장 숭고한 연구 곧, 절대불변의 진리 연구와 맺을 수 있는 것이다.

　　친애하는 벗이여! 만일 나의 일생이 어떤 가치가 있다면 그것은 내가 方形을 가지고 감각적 인상에 의한 교수체제의 기초를 쌓아올린 점일 것이다. 그리고 이러한 것은 지금까지 누구도 손대지 않았던 것이다. 나는 그것으로 우리 지식의 기초에 대한 계열의 방법을 고안 제작하였던 것이다. 이러한 방법으로서는 지금까지 말과 수에 대한 방법이 있었으나 그것은 실로 이 지식의 기초에까지 종속하는 교수의 수단에 불과하였다. 以前은 말과 수를 가르치기 위한 몇 가지 방법이 있었으나 아직 형, 그것을 위해서는 하나도 고안 제작되지 않았다. 그리하여 나는 감각적 인상과 판단을 감각적 기구와 순수이성의 진로를 서로 조화할 수 있었다. 그리하여 나는 이 방법으로 여러 가지 허다한 진리를 억지로 주입해서 질서도 계열도 없는 것을 배척했던 것이다. 오직 교수를 하나의 진리에까지 복귀시켰던 것이다.

벗이여! 나는 지금으로부터 二〇年前에 『린하르트와 겔트루트』의 序文 속에 다음과 같은 글을 넣었다. 그것은 대체 어디로 인도하려고 하였던가, 그 결과와 최후의 목표가 무엇인가에 대해서는 지금도 거의 알 수 없다. 그 글은 다음과 같다.

『나는 사람들이 저마다의 의견에 대해서 다투고 있는 싸움 속에는 조금도 끼이지 않는다. 그러나 사람을 선량하게, 용감하게, 성실하게, 정직하게 하는 그리고 신의 사랑과 이웃 사람의 사랑을 사람들의 가슴에 불타게 하고 사람들의 가정마다 행복과 혜택을 가져다줄 수 있는 것은 실로 모든 싸움을 초월한 것이며 우리는 모든 것을 위하여 모든 사람들의 가슴속에 주입할 수 있으리라고 생각한다.』

그런데 나는 나의 계획을 진행하는 사이에 이것을 내가 지금 그 지식을 얻고 그것을 일반에게 보급하기 위하여 노력해 온 교수법과 일치한다고 보기에 이르렀다. 그러나 이 일에 있어서도 사람들의 논쟁 속에 조금도 뛰어들지 않았다. 이것은 순수하게 자신의 본성으로 우리의 능력과 재능을 발전케 하는 한 가지 수단으로서 그 영향과 결과를 참으로 다룰 수 없는 사실 이상으로 한 걸음도 밀어볼 수 없는 것이다. 즉, 순수하게 우리들의 능력을 발전시키는 한 수단으로서 그것은 결코 많은 진리의 교수는 아니며 실로 하나의 진리 또는 진리 자체의 교수다. 그것은 오류에 대한 戰鬪者가 아니고 그 오류에 반대하는 도덕력 또는 지식력의 내적 발전이다. 요컨대 그것은 순수하게 진리와 오류와는 認知하는 능력에까지 안내자로 인도한다. 그리하여 그의 노력의 본질은 필경 이 능력의 양호한 교양을 심리적 기초 위에 두고 그 요구하는 것을 공급하고자 하는 데 있다.

벗이여! 이 글이 얼마나 먼 목표를 겨누고 있는가. 그러나 나는 지금 그 목표가 얼마나 멀리 떨어져 있는가를 알고 있다. 나는 막연하게 이 목표에 이르는 수단의 軌道를 인정하고 있을 뿐이다. 더욱 이 목적에 이를 수 있는 나의 신념은 내 마음속에 항상 살아 있다. 다만 어떻게 해서 또는 누구를 통하여 나의 기대가 실현될 것인가 또 실제로 실현되는 것인가도 나는 모른다. 나의 마음속에는 조금도 과장하거나 허위는 없다. 나는 고심 노력하고 있으므로 그 결과가 나로 하여금 그러한 말을 하게 하였다.

나는 이 고심노력을 거듭하는 사이에 나의 신변 어디나 있는 최저계급의 사람들을 교육하는 방법에 대해 좀더 쉽고 간단하게 하고자 생각한 데 지나지 않는다. 그리고 모든 사람들은 그릇된 교육을 받은 결과 불행, 불평, 불만 속에서 위험하게 되었다고 보았던 것이다. 나의 심정은 이에 청년시대서부터 끊임없이 이 사업에 힘을 기울였던 것이다. 나는 청년시대부터 극히 적은 수에만 주어진 기회를 향유하고 거의 많은 사람은 전연 기회의 혜택을 받지 못하는 것을 주시하고 있었다. 즉, 일반 민중의 도덕적, 지적, 가정적 퇴폐의 원인과 그 퇴폐와 일정하게 관련된 당연 또는 부당하고 비참한 참상을 배울 기회를 가질 수 있었다. 나는 민중과 같이 어떠한 궁핍과 학대를 참아 온 것을 당신은 믿어줄 것이다.

나는 내가 한 말에 다소 대담하고 거칠다고 느끼는 몇 군데가 있다는 것을 변명하고 이렇게 말하는 것에 지나지 않는다. 왜냐하면 나의 마음속에는 오직 일반민중을 구제하고 그들의 무지와 비참함을 근절해 주겠다는 열렬한 願望이 불타고 있다는 것만으로 자랑할 필요가 없고 또 내가 훌륭히 처리할 수 있다는 지나친 자부도 없다. 진정으로 당신은 나의 말을 종합하여 무계획한 모험처럼 생각되는 점을 깊이 고찰해 주오. 예를 들면 내가 지금 인간의 모든 힘의 발전은 확실한 작용을 가진 유기체에서 출발하는 것이라고 말할 때에 유기체의 법칙을 명백히 알고 있다든가 또는 그 법칙의 전 범위를 인지하고 있다고는 말하지 않는 것이다. 또 교수에는 순수이성의 진로가 있다고 말할 때 이미 그 법칙을 충분하고 철저하게 증명하며 실지로 적용하였다고 하는 의미로 해석하지 말기를 바라는 것이다. 나는 내 실지 활동에 관한 이야기 전체를 통하여 오직 전심전력으로 모든 원칙의 진리를 명백하게 설명해 보려고 노력할 따름이며 사람들을 위하여 이 원칙을 충분히 설명을 한 결과로 생기며 또 생겨야 할 진리의 표준으로서 나의 좁고 빈약한 실지 활동을 제공할 생각으로 말하는 것은 아니다. 나는 나 자신을 모른다. 그리고 얼마나 내가 지식이 없는가를 날이 갈수록 더욱 느껴진다.

나의 서술 전체에 걸쳐 어떠한 이론이나 단정이 있다면 그것은 나의 좁고 심히 힘들었던 것을 성공할 수 없었던 몇몇의 연속적 실험의 결과에 지나지 않는다. 나는 감출 것도 못 되고 또 감출 생각도 없으나 기나긴 동안 피로에 지쳐 있었다. 가엾게도 권태를 깨달은 사람은 그 머리칼이 白髮이 될 때까지 어디서나 實際家에게 非實行的인 인간이라고 생각된 자가 결국 학교 교사가 되는 데 성공하지 못했다면 그리하여 푸스, 크류시, 토부라 세 사람이 내가 한 번도 희망할 수 없었던 술과 활동에 나의 온전한 무기력에 힘을 도와주지 않았더라면 이 문제에 관한 나의 이론은 마치 붉게 타는 山불이 火焰를 吐할 出口를 찾지 못한 것처럼 내 심중에서 死滅해 버렸을 것이다.

나는 꿈꾸는 바보같이 무덤 속으로 묻혀가야 했던 것이다. 그리고 그것에 대한 나의 이론은 아무도 동정 있는 판단을 내려주지 않고 좋은 사람에게서는 오해를, 나쁜 사람에게서는 경멸을 받았을 것이다. 나의 유일한 事蹟, 本願은 꿈에도 잊을 수 없었고 점점 강렬해진 민중 구제의 大念願과 고생이 많았던 세월, 나의 一生의 희생, 나라고 하는 개성의 자살, 이 모든 것은 뭇사람들의 조소의 화제가 되었으리라. 그리고 나는 멸시받은 半面을 감히 변호하려는 한 사람의 지지자도 얻지 못하였으리라. 그러나 나 자신을 변호할 수 없다. 나는 나 자신을 초조하게 느끼고 자신의 비참과 민중의 비참에 실망을 느끼며 무덤 속에 묻혀 버렸으리라. 벗이여! 이렇게 묻혀 버렸다면 나는 나의 운명을 한탄한다는 비참함을 마음속에 지녔을 따름이겠지. 나는 내가 몰락하게 된 죄를 자신에게 돌렸을 것이다. 그 밖에 어떠한 도리도 없을 것이다. 나의 일생의 큰 이상은 이와 같이 어두운 그림자에 휩싸인 채 그것을 완화해줄 서광도 보지 못하고 헛되이 서 있었을 것이다.

벗이여! 이 한없는 감정을, 이 실망을, 어두운 그림자에 휩싸인 이상을 나는 나의 몰락에서 스스로 나의 일생의 목적을 묻어 버려야 하는가 하는 나의 번민을 상상해 주오. 그리고 참으로 나는 나 자신의 過失로 해서 목적을 잊어버려야 하는가. 그러나 나는 일단 그것을 잃은 뒤에 다시 나에게 주시는 신이 계시다. 나는 몇 번이고 어린이와 같은 실패를 거듭했던 것이다. 그 목적에 대한 수단을 내가 가지고 있다고 생각되던 때에도. 아아 나는 다른 누구도 경험하지 못한 오랜 기간을 몸 바치고 누구도 경험하지 못한 惡條件의 환경에 있었다. 나는 충분히 발전시킬 실행적 수단이 없었고 나의 의지의 범위와 능력의 범위도 균형이 잡히지 않았기 때문에 어려서부터 목적을 이루는 데 항상 방해를 받았을 뿐 아니라 나이와 함께 나는 그 목적의 외부적 도달에까지 진실로 도와줄 수 있는 많은 일과 목적에 필요한 모든 사실에 조금씩 어긋나기 시작했다.

그러나 끊임없이 눌리고 짓밟힌 인생의 행로는 나의 의기를 저해하지 않고서는 한 걸음도 나아가지 못하게 하였으니 과연 그것이 내 탓인가. 행복한 사람, 아니 적어도 불행하지 않은 자가 느끼는 흥미의 흔적이 마치 깊은 바다에 가라앉은 섬의 흔적처럼 나의 마음속에서 씻긴 것은 진정으로 나의 과오인가. 오랫동안 내 주위에 있는 사람들, 나에게 상처를 준 사람들이 나에게는 의식을 잃고 길거리에 쓰러지고 던져진 부상자로만 보였다. 그리고 그들의 인생 목적은 마치 가시덤불이나 갈대밭 사이에 있는 한 개의 보리 싹처럼 늦게 싹트고 또 항상 죽음과 질식의 위험에 빠진 것도 나의 과오인가. 또 내 일생의 목적이 奔流 속에 휩쓸린 바위와 같이 넘쳐흐르는 물로 해서 아름다웠던 대지가 모습도 남기지 않고 씻어 내린 것과 같은 처절한 모습도 나의 과오인가.

그렇다. 벗이여! 모든 것은 다 나의 과오이며 책임이며 罪라고 나는 이렇게 깊이 느끼며 오로지 머리를 숙일 따름이다. 그러나 벌집처럼 흩어놓은 내 주위의 윙윙대는 악인의 심판 앞에 머리를 숙이는 것은 아니다. 오로지 나 자신의 이상 앞에 사죄하는 것이다. 그리고 만일 실망한 내 일생의 길고 긴 밤중의 운명에서 浮上할 수 있었다면, 그리고 모든 인간 본성을 살리고 또 향상시키는 것이 없어진 전율의 세월, 또 인간 본성을 교란하고 타락시키게 하는 것이 끊임없이 엄습해 오고 그와 같은 무거운 重力으로 나의 연약한 심정에 떨어지고 나의 머리 위에서 부서져 떨어지는 타격에 대한 어떠한 방어물도 없는 것과 같이 실로 처참한 세월에서 내가 浮上케 할 수 있다면 나는 그곳까지 향상할 수 있었으리라고 생각되는 내적 가치 앞에 나는 자신의 죄를 사죄하는 것이다. 그러나 벗이여! 그것은 나의 죄다. 모든 불운은 나 자신의 죄이기 때문이다. 나는 그것을 할 수 있었고 그것을 해야만 했다. 그러므로 나는 결심했다고 말할 수 있다.

나는 실제로 나의 운명에서 나 자신을 浮上시키겠다고 결심했다. 말하자면 그것은 내가 도저히 실현할 수 없는 결심이라고 하더라도 以上은 모두 진실이다.

벗이여! 어떠한 남성보다도 위대한 한 사람의 여성, 그리고 내 비참보다도 훨씬 심한 인생의 불행에도 결코 타락하지 않고 더욱 향상의 마음에 불타는 한 여성, 그 婦人 앞에서 「할 수 없군」 하고 낙담의 말을 하는 자포자기의 나를 보고 그 애인은 다음과 같이 말하였다.

『아, 페스탈로치여, 만일 인간이 한번 그러한 실망을 토하면 신은 그 인간을 구해줄 것이오. 그러나 인간은 이미 자기 자신을 구할 수는 없소.』 이와 같이 경고의 말을 나에게 했을 때 나는 부인의 두 눈에 슬퍼하고 근심 섞인 빛을 보았던 것이다. 벗이여, 내가 이 말을 듣고 잊어버리듯, 나의 선한 방면의 자아도 잊어버리는 큰 죄를 범했더라면 나의 죄는 이 德도 보지 못하고 또 그 말을 한 번도 듣지 못한 모든 사람들의 죄보다도 심한 것이 되었을 것이다.

벗이여! 지금 잠시 나로 하여금 나의 활동과 목적을 잊게 하고 내가 지금 살아 있으면서도 나라고 하는 자아가 아니라고 생각한다면 나의 마음속에 치솟는 견딜 수 없는 슬픔으로 온몸을 적셨을 것이다. 나는 모든 것을 잃었다. 나는 자아를 잃었다. 아, 하늘의 주님이시여! 당신은 아직 나의 마음속에 일생의 영원을 보존해 주셨습니다. 그리고 당신은 자포자기에 빠진 몇 백 명의 목적을 나와 그들 앞에서 파괴하였으나 노력의 목적은 파괴하지 않았습니다.

당신은 이 몰락 속에서 아직 내 일생의 사업을 보존하고 희망 없이 죽음에 쓰러지려는 나에게 석양의 빛을 주었습니다. 그리고 이 즐거운 광경은 내 일생의 슬픔을 지우는 것입니다. 하늘의 主시여! 나는 당신이 나에게 보여준 믿음과 자비로서 겁내지 않을 것입니다. 당신은 아니 당신만은 눌리고 찌부러진 벌레를 가엾이 여기셨습니다. 이 상처 입은 갈대를 당신은 꺾지 않으셨습니다. 또 연기에 그을린 들깨를 당신은 지우지 않으셨습니다. 나는 죽음에 이르기까지 내가 소년 시절부터 세상의 버림받은 사람들을 위하여 바치겠다고 희망하였으나 드디어 그것을 할 수 없었던 供物에서 당신의 눈을 돌리지 않으셨습니다.

앞의 편지에서 나는 가슴이 벅차오르는 감정 때문에 아무것도 말할 수 없었다. 나는 붓을 놓았다. 또 붓을 놓기를 잘했다고 생각한다. 가슴이 캄캄한 실망에 막혔을 때 또 고도의 환희가 벅차오르며 어떻게 말을 할 수 있으랴.

벗이여! 그러나 그러한 벅찬 기쁨을 떠나 그러한 슬픔의 심연을 떠났을 때에도 어떻게 말할 수 있을 것인가!

인류의 가장 숭고한 특징인 언어가 영구적으로 공허한 것이고 동시에 또한 그 말이 숭고한 힘을 가졌다고 나는 인정하고 있으나 그 언어에 있어서 나는 나의 짓눌린 심령을 위축시키는 껍질의 외부적 제한을 課한다고 인정한다. 나는 그 언어에서 인류의 잃어버린 천진난만한 이상을 보는 동시에 내가 전혀 무가치가 없지 않은 한, 잃어버린 천진난만한 그 기억으로 나의 마음속에 소생되는 불명예의 이상도 그 속에서 보는 것이다. 이러한 생각은 내가 深淵에 침몰하지 않는 한, 잃은 것은 끊임없이 구하고 몰락에서 자신을 구출하게 하는 힘을 心中에 다시 살려주는 것이다.

벗이여! 적어도 인간이 인류의 숭고한 특징인 언어를 부끄럽게 하지 않는 한, 그것을 발표의 유력한 수단으로 하고 또 하기를 고상하게 할 뿐 아니라 인간화시키려는 순수한 욕구로 자기의 인간적인 존엄을 유지하기 위하여 사용한다면 언어는 고상하고 신성한 것일 것이다. 그러나 언어를 부끄럽게 했을 때 다시 말하면 그의 인간적 존엄성을 유력한 표현으로 사용하지 않고 그 자신을 인간화하려는 순수한 욕구로서 그것을 사용하지 않는다면 그것은 허망에 그치는 자연적 원천에 그칠 것이다. 언어를 사용하는 결과는 인간이 인간다운 본질과 남자다움을 잃게 하고 여성다운 優柔性이나 또 조잡한 포학성만을 발휘하게 할 것이다. 그것은 완전히 그의 도덕적, 정신적 본성을 퇴폐시키는 가장 유력한 수단이 될 것이다. 또 그의 가정적 悲運, 시민적 惡事, 시민적 병폐가 되고 그리하여 생기는 사회적 범죄에까지 확대될 것이다. 그는 교묘한 수단으로 동화시켜 모든 퇴폐와 범죄의 구실을 삼을 것이다.

오늘날 언어의 타락이 얼마나 깊이 퍼져갔는가. 그것이 현대사회의 모든 분야에 얼마나 깊이 뿌리박고 있는가. 社交場, 宮庭에, 法庭에, 書籍에, 喜劇에, 雜誌에, 일간신문 등 우리들이 있는 어떠한 곳에라도 얼마나 그 방종한 세력이 크게 작용하고 있는가 하는 것을 도저히 추측할 수 없는 것이다. 그리하여 오늘날 그것이 과거에 어떠한 시대에서보다도 그 이상으로 요람 속에서 장려되고 학교에서 고취되고 일생을 통해 촉진되고 있다는 사실은 지나칠 수 없는 현저한 사실이라 아니할 수 없다. 그것은 위로는 설교단이나 의사당에서부터 아래로는 주점에 이르기까지 사회의 어느 곳에서나 들을 수 있는 것이라고 나는 말할 수 있다. 대저 인간의 부패와 방종의 근원은 참으로 이 언어에 있다고 할 수 있다. 그리고 세상 사람들은 이 언어에 있어서 그들 공통의 흥미 때문에 집합하고 결합하고 따라서 전파되는 것이다. 이로 인해서 언어의 부패는 인간의 부패와 더불어 점점 심해간다는 놀라운 사실을 설명할 수 있다. 그리고 다른 어떠한 수단에 의하지 않고라도 이것만으로 능히 앞의 사실을 설명할 수 있는 것이다. 그렇기 때문에 비참한 것은 점점 비참해지고 암담한 오류는 점점 그 도를 더하고 그 때문에 악인의 범죄는 더욱 조장되는 것이다.

벗이여! 유럽의 온갖 범죄는 여전히 이 저열한 詭辯, 漫語로서 증가 일로를 걷고 있다. 그것은 文明過多와 관계되고 그 결과 우리들의 일체의 감정, 일체의 사상, 일체의 행동에까지 영향과 파동을 끼치고 있다. 이것은 또한 노예근성이 널리 파급되어 있는 현상과 관련되는 것이다. 다시 말하면 그것은 우리나라의 하층 시민계급뿐 아니라 소위 신사, 귀족, 요직의 계급에서도 마찬가지로 널리 펼쳐지고 있는 독립심의 결핍과도 관련이 있다. 또 그것은 참된 정치적 세력과 시민적 행복을 첫째로 해서 가장 중추적인 유지자라고 인정되는 우리나라 중류계급이 나날이 타락 퇴폐해 가는 것과도 관계가 있다. 나날이 이 수가 증가하는 출판물과 같은 것은 필경 현대에 있어서 이 큰 폐해의 사소한 현상에 불과하다. 그러나 매일 매일 그 수와 양을 더해가며 벽마다 붙은 公과 私, 두 방면의 啓示物에 이르러서는 출판물의 폐해보다 더욱 중대한 현상이다. 그러나 유럽에 있는 여러 나라가 이미 이러한 상태에 빠져 있기 때문에 이 타락 부패한 詭辯漫語가 그 약점, 혼란, 횡포 및 무질서로 해서 어떤 상태에까지 현대인을 떨어뜨릴까 하는 것을 우리들은 도저히 추측할 수 없다.

그런데 나는 本題로 다시 돌아가려 한다. 이 문제에 관한 나의 실험적 연구에 있어서 나는 처음부터 하등의 실증적인 교수의 개념으로서 착수한 것은 아니었다. 나는 그러한 것은 하나도 가지지 않고 오직 나는 다음과 같이 自問했을 따름이다. 『개개의 어린이가 그 본질적인 흥미를 타인으로부터 총명하게 조장 육성됨으로써 內心의 만족에 도달하기 위하여 필요한 모든 지식과 능력을 아동에게 교양으로 주입시키기 원한다면 어떻게 하면 좋을 것인가』

그러나 나는 차례차례로 당신에게 보낸 나의 書信의 전체를 통하여 오직 이 문제의 前半인 아동의 판단과 지식의 교양에 대하여 고찰했다는 데 지나지 않음을 깨달았다. 그리하여 아동에 대한 활동의 교양에 대해서는 생각하지 않고 있었다. 즉, 지식과 학문에 대한 교수에 의해 초래되는 제 활동에 대한 것을 고찰하지 않고 있었다. 그러나 그것을 소유함으로써 반드시 내심의 만족에 도달할 수 있는 활동기능이 실제교육의 성질상 반드시 거쳐야 할 몇 가지의 학과에 한정되어 있는 것이다.

나는 이 결함을 그대로 지나쳐 버릴 수 없다. 악마의 넋이 현대에 미친 가장 두려운 선물이란 실행력이 결핍된 지식과 우리들의 일생이 가장 심오한 본성과의 조화를 가능하게 하고 용이하게 하는 수행력과 파헤쳐나갈 克己力이 결여된 식견일 것이다.

人生이여! 당신은 많은 것을 요구하고 또 모든 것을 바라지만 당신의 모든 욕구와 원망을 채우려면 알아야 하고 생각하지 않으면 안 된다. 그러나 그러기 위해서는 당신들은 실제로 할 줄 알아야 하고 또한 실제로 하지 않으면 안 된다. 그리고 안다는 것과 한다는 것은 극히 밀접한 관계가 있으며 어느 한쪽이 정지되면 그와 동시에 다른 한쪽도 정지되는 것이다. 그러나 당신의 생활과 당신의 가장 심오한 본성과의 조화는 다음과 같은 조건 밑에서만 비로소 가능해지는 것이나. 즉, 실행력이 당신의 願望과 욕구와의 목적물에 대한 식견과 동일한 술로서 당신 속에 배양되어 동일한 정도의 완전성으로 치솟게 될 때 비로소 가능해진다. 그리고 이 활동의 배양은 지식의 배양과 동일한 유기적 법칙에 선다는 것을 알아야 할 것이다.

자연의 유기적 조직은 식물이나 동물, 또한 인간도 마찬가지다. 오직 동물은 그 본성이 물리적인 것에 지나지 않으나 인간은 물리적인 동시에 의지를 갖고 있다는 것이 다를 뿐이다. 자연이 인간 속에서 일어나고 있는 三重의 결과에 의하여 자연은 항상 동일한 것이다. 자연의 법칙은 첫째 일반 동물에서 작용하는 것과 같은 방법으로 물리적 본능에 작용하든가 아니면 둘째로 그것이 판단 및 의지의 감각적 기

218

초를 결정하는 한, 나에게 작용하든가는. 이 점에 있어서 자연의 법칙
은 나의 견해나 性癖, 결심의 감각적 기초가 되는 것이다. 셋째로 자
연의 법칙은 내가 나의 본능에 의하여 필요를 느끼는 그 실제적 기능
을 나의 식견에 의하여 인정하게 하고 그것을 배우는 것을 의지에 의
해 명령할 수 있는 범위에서 작용하는 것이다. 그러나 이 점에 있어서
인위의 술은 자연의 손, 각 개인에 대한 자연의 우연적 태도로부터 인
간의 교양을 빼앗아 자연이 인류의 이익을 위하여 몇 세대 동안 우리
들을 가르친 지식, 힘, 방법 속에 인간의 교양을 위탁하도록 하지 않
으면 안 되는 것이다.

그러나 사람들은 일상생활에 필요한 여러 가지 활동과 작업의 교양
을 받을 필요가 있다는 느낌을 과중한 문명과 허식적 교육으로 야기
된 퇴폐시대에 있어서도 결코 잃을 수 없다는 것은 틀림없는 사실이
다. 사람들은 이 의식을 더 잃을 수는 없다. 일체의 도덕적, 지식적 및
실제적 사물에 있어서 자연적 본능을 전력을 다하여 각 개인으로 하
여금 필요한 의식을 나날이 증진하고 발전시키는 인생의 행로에 나아
가게 하는 것이다. 이것은 어떤 방법으로라도 개인의 교양을 맹목적인
자연의 손에서 빼앗고 자연의 맹목성과 밀접한 관계가 있는 일면적이
고, 세련된 허식적, 인위적인 오관의 교양에서 벗어나 몇 세대를 걸쳐
우리들 인류를 발전 향상시켜온 이지력, 총명한 방법 및 술의 손에 맡
겨 놓은 것이 되는 것이다. 그러나 어떠한 경우에도 일반민중은 각 개
인에 비하여 많은 감각적 본성의 요구에 굴복하고 지나치게 세련된
허식적 인위적 교양에 굴복하고 마는 것이다. 이것은 정부 당사자도
마찬가지다. 그들은 군중으로서 또는 집단이나 단체로서 개개인보다
훨씬 더 심한 경우는 그 단체의 개인보다 인간의 감각적 본성과 그
萎縮病態的 요구에 굴복한다. 아버지는 아들을 멋대로 학대하지 않으
며 교사와 역시 학생 간에도 마찬가지지만 정부가 민중에게 대해서는
더욱 학대하려는 태도를 취한다는 것은 사실이다. 그리고 그럴 수 있

다는 데는 충분한 이유가 있다. 대체로 인간의 본성이란 다수의 집단이나 단체 또는 동료와도 그것이 어떠한 부류이든 간에 그 위에 작용하는 것보다도 각 개인에 대해서는 아주 온순하고 또 순수한 힘으로써 작용하는 것이다. 인간 본성의 첫째인 공통적 본능은 어떠한 단체 또는 집단보다 개인의 편이 영구적이고 비교가 되지 않을 만큼 순수하며 유력하다. 본능은 각 개인을 자극하나 개인을 자극하는 정도로서는 단체나 집단을 자극하지는 못하는 것이다. 그것은 조화의 기초를 상실하고 그 조화에서 인간의 제 능력의 모든 범위에 대한 본능의 영향이 되고 향상하는 것이 또한 그와 같아야 할 것이다. 본능에 있어서 신성 존귀한 것은 모든 자연적 능력에 대한 조화적 영향으로 인해 개인 속에 발현한다는 것은 부인할 수는 없다. 이 본능에 있어서 신성 존귀한 성질은 그 본능이 집합 단결체로서 多人數의 집단, 또는 단체에 영향을 주고 이 영향으로 인한 본능이 모든 단체 속에 개인을 억압하는 힘을 갖는 일종의 단체정신을 발휘하게 할 경우, 그 일면성이 어떠한 형체를 취하든 본능의 신성성은 불구가 되고 무력하게 될 것이다. 본능은 어떠한 부류의 사람과 사람이 단결하는 경우에 있어서도 그 자신 속에 발생하는 것과 같은 압도적으로 어떠한 종류의 인간 단체에도 영향을 준다.

그리고 본능의 진리와 정의에 대한 영향과 국민적 개화 및 국민적 행복에 대한 영향은 저지당할 것이다. 이 개개인에 대한 본능의 영향과 인간 단체에 미치는 영향과의 구별은 중요하여 그것은 실제에 있어서 지극히 중요시할 가치가 있다. 우리가 본능을 이해한다면 그것은 인간생활의 많은 현상에 대하여 결정적인 광명을 주며 특히 정부의 많은 행동에 대해서는 더욱 그렇다. 그리고 그것이 아니면 도저히 설명도 이해도 되지 못한다. 그것은 또 개인의 보호나, 민중의 교육, 기타 공공의 복지의 기초가 되는 모든 것과 개개인에 의하여 성취될 모든 것에 관해서 왜 우리들은 정부에 대하여 지나치게 대해서는 안 되는가를 설명해 줄 것이다. 국가에 있어서 각 개인 즉, 국민과 민중생활의 精力에 의하여 이루어지는 것이 정부에 의해서는 전혀 이루어지지 않는다는 것은 인간의 본성으로 쉽게 설명되고 세계, 古今의 역사가 실증하는 영원불멸의 진리이다. 우리들은 정부에 대해서 그것을 예기할 수 없다. 더구나 장차 그것을 요구한다는 것은 더욱 불가능한 일이다. 우리들이 다만 요구할 수 있는 것은 각 개인으로 하여금 힘과 의지와의 결핍에 빠져도 상관없다는 등의 일을 해서는 안 된다는 것이다. 정부는 개인이 스스로 公共善을 증진하고 일을 성취하며 또한 공헌하는 한, 각 개인의 힘이 결핍된다고 하는 곳까지 빠져 들어가지 않도록 경계해야 한다. 그리고 개인을 공공선에 대해서 응분의 기여를 하기 위하여 지식이나 性向이나 諸能力에 대한 교양을 요구할 경우, 정부는 이 요구를 하나라도 등한히 해서는 안 된다. 그러나 오늘날의 정부는 이와 같은 목적달성을 위하여 필요로 하는 실제적 수완을 가질 만큼 충분한 힘이 없고 또 생생한 힘에 차 있지 못하다는 것은 어찌 슬픈 일이 아닌가. 유럽의 민중은 각자가 자기의 지식이나 성향이나 능력을 키우는 데 필요한 실제적 조력을 받지 못하고 있다는 것은 부인할 수 없는 사실이다. 즉 한편으로는 국민 각자가 직업에 대한 정부에 현명한 보호로서 내심 안정되고 자족된 생활에 도달하기 위하여 또 다른 한편으로는 국가로서도 그 수백 만 국민의 도덕력, 지식력, 및 실행력이 건전한 상태에서만 비로소 지지를 받을 수 있다. 또한 모든 국민으로부터 조력과 보조를 구하려고 국가가 필요한 모든 것을 국가를 위하여 힘쓰고 국가에 제공하고 확보하도록 하기 위하여 국민 내지 민중은 각자의 교육, 교양을 필요로 하는 것이다. 그러나 현대 유럽에서는 국가보다 그 편의를 받지 못한다는 것은 비교할 수 없는 사실인 것이다.

여기에 一大缺陷이 있다.

아는 힘과 행하는 힘과는 기초인 모든 능력과 교육받은 心智와 고상한 심정에 필요한 모든 능력은 대저 그 사람이 그 때문에 필요로 하는 이지와 지식과 같이 결코 홀로 생기는 것은 아니다. 심의의 힘과 능력과 교양이 인간의 본성에 적합한 수단을 심리적으로 배열하고 그 순서를 결정하는 것을 예상하는 것과 같이 행하는 힘이 예상하는 능력의 교양은 인위의 술의 A, B, C인 백리 깊은 기구에 기초를 두는 것이다. 인위의 술인 ABC란 바로 인위의 술의 일반법칙으로서 그것에 따라 아동은 처음으로 단순한 것에서부터 점차로 복잡한 것에까지 진전하며 연속적인 연습으로서 교육되는 것이다. 이것은 아동에게 교육에 필요한 모든 과업에 있어서 나날이 증가하는 능력을 물리적 확실성으로 얻게 하는 결과가 되어야 한다. 그러나 이 ABC는 한결같이 계속해서 발견해야 할 것이다. 우리들은 누구도 구하지 않는 것을 찾지 않는다는 것은 자연스러운 일이다. 그러나 우리들이 만일 저 金融市場에서 불과 얼마 안 되는 이익을 얻으려고 할 때와 같은 열성으로 그것을 찾으려고 한다면 그것은 쉽게 발견될 것이다. 그리고 일단 발견되면 인류에게는 큰 행복이 될 것이다. 그것은 복잡한 인간의 실제적 기능의 기초를 포함하는 물리적 힘의 단순한 發見에서부터 출발하지 않으면 안 된다. 즉, 때린다, 민다, 던진다, 끈다, 돌린다, 흔든다는 등의 작용은 우리들의 물리적이고 신체적 힘의 극히 간단한 發見이다. 이와 같은 작용은 그 속에서 함께 또는 각각 본질적으로 다른 여러 행동의 기초를 포함하고 있다. 아니 심지어는 인간의 모든 업무의 토대가 되는 복잡한 행동까지도 포함하고 있다. 그 때문에 행동의 ABC는 모든 행동 및 하나하나의 행동의 연습, 더욱이 심리적으로 고려된 연습에서부터 출발하지 않으면 안 된다는 것이 명백하다. 四肢練習의 이 ABC는 물론 감각연습의 ABC와 조화를 유지해야 하고 또 사고에 있어서도 기계적 연습과 형과 수의 교수에 있어서 연습과도 조화를 유지하지 않으면 안 된다.

그러나 직관의 ABC에 있어서 우리들은 아펜쩨르의 부인과 그녀의

연(鳶)보다도 훨씬 뒤떨어져 있지만 그와 동시에 행동의 ABC 및 치기, 던지기, 밀기, 끌기의 기술에 있어서는 야만적인 인종보다 훨씬 뒤떨어져 있는 것이다.

우리들은 극히 단순한 초보로부터 고도의 완전에 이르기까지 정신적인 연습의 계속을 원한다. 즉, 고도의 완전이란 신경의 치밀한 방법으로서 그것이 우리들을 확실하게 또한 다종다양한 방법으로 민다든가 받아 넘긴다든가, 흔든다든가, 던진다든가 하는 행동을 영위할 수 있는 것이다. 우리들은 또한 같은 방향으로 동시에 반대의 방향으로 손과 발을 움직이는 동작의 연습을 원한다. 그러나 민중의 교육에 있어서는 모두 공중의 누각인 것이다. 그리고 그 이유는 명백하다. 오늘날 민중 교육은 철자법 학교나 글쓰기 학교나 하이델버어그의 종교문답 학교만이 있을 다름이다. 그러나 우리들은 인간학교를 요구하는 것이다. 그러나 우리들은 인간학교를 요구하는 것이다. 그러나 이러한 인간학교 같은 것은 그들의 모든 사상이 어디까지나 현상유지를 고수하고 그들이 쉽게 지배할 수 있는 비참한 賃金勞動이며 불공평한 사회상태를 고집하는 사람들에게 또 혐오해야 할 자유방임의 상태에 있는 것을 그들의 흥미로 삼는 神士階級에 있어서는 하등의 필요가 없을 것이다.

활동과 동작의 기구는 지식의 그것과 동일한 진로를 걷는 것이다. 그리고 자기 교육에 관한 그 기초는 그보다 영향이 한층 더 확대될 것이다. 행하기 위하여 우리들은 움직이지 않으면 안 된다. 알기 위해서 우리들은 많은 경우, 受動의 태도도 보거나 듣거나 할 뿐이다. 따라서 우리들의 활동에 관해서 우리들은 활동과 교양의 중심뿐 아니라 활동의 최후의 용도를 결정한다. 그리고 항상 물리적, 신체적 기구의 법칙 내에서 우리들은 그것을 결정하는 것이다. 무생물의 무한한 영역은 그 사물의 위치, 필요 및 관계가 모든 사물 개개의 특수한 특성으로 결정한 바와 같이 우리들의 능력의 발전을 일으키는 생물의 무한한 영역도 또 위치, 필요 및 관계가 우리들이 특히 요구하는 것과 같은 종류의 힘을 결정하는 것이다.

　모든 고찰은 우리들의 활동을 발전하는 기틀 위에 광명의 빛을 주고 동시에 발전했을 때 활동의 성질도 설명해 주는 것이다. 우리들의 힘이나 활동이 발전하는 마당에 있어서 사람이 일생을 통해 행해야 하고 참아야 하고 주의해야 하고 공급해야 할 약속된 모든 문제에 대한 개인적 책임의 기초가 되는 중심점에서 우리들을 疎外하려는 모든 세력을 현명한 인간다운 교육에 반대되는 세력으로 인정하지 않으면 안 된다. 이 중심점에서 우리들을 소외하는 것과 같이 우리들의 힘이나 활동을 사용하게 하고 또 자기에 대한 우리들의 의무가 우리들에게 요구하는 특수한 성질의 활동을 弱化시키고 빼앗으며 또는 우리들로 하여금 그 활동을 불균형하게 하고 혹은 어떠한 방법으로라도 우리들로 하여금 조국을 위하여 힘쓰는 것을 불가능하게 하는 것과 같은 모든 세력은 자연의 법칙에 반대되며 자기와 환경과의 조화에서 어긋나게 되는 것이라고 인정해야 한다. 그 때문에 그와 같은 세력은 우리들의 자기 교육에 있어서 우리들의 업무를 위한 교양에서 또 우리들의 의무감에 방해물이 되는 것이다. 그것은 자기 인생의 모든 관계가 순수하고 아름답게 자기의 稟性에 의거하고 있는 조화를 깨트리고 퇴폐와 자기 파멸에 떨어지는 것이다. 여하한 종류의 교수 또는 교육, 여하한 종류의 인생에 있어서도 우리들이 교육된 힘과 재능의 여하한 사용, 그러한 교육과 인생과 사용이 우리들의 교육과 동작과 인간성의 참된 특질, 우리들의 모든 관계 및 의무와의 사이에 그러한 부조화의 씨를 發芽시키는 것이라면, 적어도 자녀 일생의 평화를 생각하는 부모는 어떠한 부모에 의해서도 저지되어야 할 것이다. 왜냐하면 우리들은 우리들의 천박한 허식적 개화의 헤아릴 수 없는 폐해와 擬似的 革命의 비참한 근원을 이러한 종류의 오류 속에서 찾게 되기 때문이다. 또 이 허식적 개화와 擬似的 革命이라는 양자는 사실 오늘날 교육받은 사람과 교육을 받지 않은 사람들의 교수 및 생활에 공통하게 나타나기 때문이다. 우리들의 아는 힘의 발전을 위하여 심리적 교양이 필요한 것과 같이 우리들이 행하는 힘의 발전 및 함양의 심리적 방법에 대해서 크게 주의할 필요가 있는 것은 명백하다. 우리들의 아는 힘의 발전을 위한 이 심리적 교양은 직관의 ABC에 기초를 두고 있으며 이 기초적 수단에 의하여 아동을 교도하고 명확한 관념의 완전하고 순수한 정도에까지 이끌어가지 않으면 안 된다. 활동의 교양, 이 활동의 교양에 우리들의 덕행의 감각적 기초가 있으나 이 힘을 우리들이 발전시키기 위한 ABC를 배우지 않으면 안 된다. 그리고 그 진로 위에서 인류의 일생의 의무를 위하여 필요한 감각의 함양 즉, 능력과 활동의 육체적 精練을 구해야 한다.

우리들은 그것을 德行保育所에 있어서 主要事典의 索引으로 인정해야 한다. 그리고 우리들의 감각이 이 종류의 교양 또는 함양에 의하여 고상화되고 주요사건의 색인이 필요로 하지 않을 정도까지 도달하지 않으면 안 된다. 이와 같이 함으로써 인류에 적합한 일반적인 교육이 발전될 수 있다. 즉, 인생의 의무 이행에 있어서 필요한 실제적 능력을 교육하기 위한 일반교육이 발전할 수 있어야 한다. 그것은 마치 지식의 교육이 완전한 감각적 인상에서부터 명료한 관념으로 진전하고 다시 명료한 관념에서부터 그 言語에 의한 발표 즉, 定義에로 나아가는 것과 같이 완전히 행하는 힘으로부터 법칙의 인식에까지 나아가는 것이다. 그렇기 때문에 감각적 인상의 기초를 결여한 말, 인간을 파렴치하고 버릇없는 饒說家로 만드는 데 도움을 주는 것같이 덕행 및 신앙에 관한 단순한 말의 교수는 인간을 인도하는 덕행 및 신앙에 관한 똑같은 혼란 속으로 끌어넣는 것이 되어 버린다.

이러한 혼란은 실로 무질서한 것으로서 모든 무질서의 근저에 있는 모독과 불순 때문에 마침내 百德篤行의 사람까지도 일반적으로 흔히 볼 수 있는 무례와 악덕으로 인도하는 것은 부인하지 못할 사실이다. 나는 그와 동시에 또 이렇게 믿는다. 그리고 이 생각에 대해서는 경험이 그 진실함을 高調하는 데 그것은 틀림없는 사실이다. 즉, 유년기에 있어서 덕행의 감각적 교양의 결함은 바로 어렸을 때 지식의 감각적 교양의 결함과 같은 결과를 갖는다고 나는 믿는다.

그러나 지금 나는 이미 스스로 해결했다고 생각하는 문제보다도 훨씬 중대한 문제의 起點에 서 있는 감을 느낀다. 즉, 나는 다음과 같은 문제의 기점에 서 있다고 느끼는 것이다.

『아동의 기질은 어떠한 것인가 또 아동의 환경 및 관계는 어떻게 변하기 쉬운 것인가를 고려해서 아동을 어떻게 교육하면 그들이 필요한 의무로서 당연히 해야 할 것을 쉽게 하고 또 가능하다면 그들로 하여금 그것을 제二의 천성이 되게 할 수 있을까.』

나는 아동이 영아의 옷을 입고 있을 때 이미 자신의 의무를 충분히 이행하는 만족할 만한 아내, 충실한 남편의 내조자, 선량한 어머니가 될 사람을 만드는 커다란 역사의 출발점에 서 있다고 느꼈다. 나는 아동이 적어도 그 영아의 옷을 만들 때에는 이미 자신의 지위를 충분히 채우고 만족할 부인의 남편인 사람, 강인한 아버지가 될 사람을 만드는 커다란 역사의 기점에서 스스로 서 있는 것을 느꼈던 것이다.

벗이여! 이 얼마나 큰 사업인가, 그의 장래 의무의 정신을 사람의 아들에게까지 제二의 천성으로 되게 하는 것이 그리고 유덕 현명한 심의의 경향을 원활히 만들어야 할 감각적 수단은 감각적 쾌락에 대한 열렬한 욕구가 아직 덕행과 지혜를 주입하기에는 불가능할 정도로 혈액과 혈관이 악화되기 전에 주입해야 하는 것은 이 얼마나 숭고하고 값진 일이랴.

벗이여! 이 문제는 또한 해결되었다. 우리들의 마음속에 지식의 감각적 기초를 발전시키는 물리적 내지 신체적 기구의 법칙은 동시에 또 우리들의 덕행을 원활 용이하게 하는 감각적 수단도 된다. 친애하는 벗이여! 지금 이 문제의 해결을 하나하나 깊이 파헤쳐 들어가 살펴보는 것이 나에게는 불가능하다. 나는 그것을 따로 다음 기회로 미루려고 생각하는 것이다.

  벗이여! 내가 지난번 편지에서 지적한 대로 나는 인생의 실제적 능력의 교양이 따라야 할 원칙과 법칙을 자세히 말할 수가 없었다. 그러나 나는 나의 학설계통 전체에 긴요한 要石에 접촉하기 전에는 이 서신의 결말을 맺고 싶지 않다. 요석이란 즉, 다음의 문제다. 나는 인간의 발전에 있어서 일반적 진리라고 인정하는 원칙과 종교적 감정은 어떠한 관계를 맺고 있는 것인가 하는 문제이다.

  여기서 또 나는 내 문제를 나 자신 속에서 해결을 구하는 것이다. 그리고 나는 다음과 같이 묻는 것이다.『신의 관념은 어떻게 해서 나의 정신 속에 생기는가』『어떻게 해서 나는 신을 믿게 되는가. 신의 두 팔에 나 자신을 던지고 내가 신을 사랑하고 신을 믿고 신에게 감사하고 신의 명령에 따르는 경우, 어떻게 해서 나는 행복을 느끼게 되는가.』

  나는 곧 사랑, 믿음, 감사, 복종의 모든 감정을 신에게 쏟기 전에 이미 나의 마음 가운데서 발정시켜야 한다고 깨달았다. 즉, 내가 신을 사랑하고 신에게 감사하고, 신을 믿고 신에게 따르는 마음이 일어나기 전에 미리 사람들을 사랑하고 사람들을 믿고 사람들에게 감사하고 사

람들을 따라야 한다. 적어도 눈에 보이는 형체를 사랑하지 않는 사람
이 어떻게 보이지 않는 신을 사랑할 수 있을까.

　다음 나는 이렇게 自問自答한다. 어찌하여 나는 사람들을 사랑하고
믿고 사람들에게 감사하고 따르게 되는가. 인간의 사랑, 인간의 감사,
인간의 신뢰에 기초가 되는 나의 본성에 있어서의 모든 감정과 복종
이라는 것을 형성하는 이 활동이 어떻게 생겨나는 것일까. 그리고 나
는 그러한 감정, 그러한 활동은 실로 영아와 어머니 사이에 있는 여러
가지 관계 속에서 그 주요한 근원을 가졌다고 보는 것이다.

　어머니는 동물적 본능의 힘으로 그의 아들을 지키고 양육하고 보호
하고 기쁘게 하는 것일 것이다. 그리고 어머니는 실제로 그렇게 한다.
그녀는 아들의 욕구를 채워주고 불쾌한 것을 제거해 주고 그 아들의
나약함을 도와준다. 아동은 양육되고 또 기뻐한다. 사랑의 싹은 이와
같이 아동 속에서 발전하는 것이다.

　영아는 지금까지 보지 못한 물건을 눈앞에 놓으면 그는 놀랍고 두
려워서 운다. 어머니는 그를 가슴에 안고 달래서 기분을 바꾸게 한다.
그는 울음은 그치지만 두 눈에는 또 눈물이 고여 있다. 그 물체가 또
그의 눈앞에 나타난다. 어머니는 두 손으로 그것을 감추고 또 그를 보
고 웃음을 짓는다. 그는 그래서 울지 않게 된다. 그는 명랑하고 총총
한 두 눈으로 어머니에게 웃음으로 응한다. 신뢰의 싹은 이렇게 그의
심중에서 자라나는 것이다.

　어머니는 어린이가 무엇이나 원할 때마다 요람으로 급히 달려간다.
배고파할 때에 그곳으로 가고 마실 것을 주기 위하여 그곳으로 가는
것이다. 영아는 어머니가 가까이에서 소리를 들으면 잠잠하고 어머니
의 모습이 보이면 두 손을 어머니에게로 내민다. 그의 두 눈은 어머니
의 품으로 떨어진다. 마침내 그는 만족한다. 어머니가 만족한다는 것
은 영아에게도 같은 것이라고 생각하는 것이다.

　그리하여 영아는 감사하게 된다.

사랑과 신뢰와 감사의 싹은 이렇게 해서 홀연히 발생하는 것이다. 영아는 어머니의 걸음을 알고 어머니의 모습을 보고 방긋 웃는다. 그는 어머니와 흡사한 사람을 사랑한다. 그리고 어머니를 닮은 사람은 영아에게는 아주 좋은 사람이다. 그는 어머니의 얼굴을 보고 방긋방긋 웃으며 모든 사람들의 얼굴을 보고 웃고 어머니가 사랑하는 사람들을 사랑한다. 어머니가 껴안은 사람을 그는 안아보고 어머니가 입맞춤한 사람을 그도 또한 입맞춤한다. 人間愛, 同胞愛의 싹은 이와 같이 영아 속에서 자라나는 것이다.

복종이라는 것이 그 기원에 있어서는 동물적 본성의 최초의 경향에 반대하여 나아가려는 동작이며 활동이다. 그 교양은 술에 의거하는 것이다. 즉, 그것은 순수한 본능의 단순한 결과가 아니고 단지 그것과 밀접한 관계를 가진 것에 불과하다. 그 제一단계는 명백히 본능적인 것이다. 마치 욕구가 사랑에 앞서고 양육이 감사에 앞서고 그렇게 해서 주의 감독이 신뢰에 앞서는 것과 같이 열렬한 욕망이 복종에 앞서는 것이다. 아동이 기다리고 있는 동안은 울부짖고 또 복종하고, 순종하기 전에는 마음에 불만이 쌓이게 된다. 여기서 인내는 순종에 앞서서 발전한다. 즉, 아동은 오직 인내로서만 순종하게 된다. 이 턱의 최초의 발현은 단순히 피동적이며 일반적으로는 어떻게 할 수 없는 필연의 의식에서 발생하는 것이다. 그러나 이것 또한 처음은 어머니의 무릎에서 발전하는 것이다. 영아는 어머니가 자기에게 가슴을 내어줄 때까지 기다려야 한다. 즉, 어머니가 자기를 안아줄 때까지 기다려야 한다. 자동적인 순종은 훨씬 후에 발전한다. 또 어머니의 말에 순종하는 것이 자기에게도 선이라고 하는 의식은 더욱 뒤에야 발전하는 것이다.

인류의 발전은 실로 육체적인 욕구의 만족에 대한 강렬한 욕망에서 시작되는 것이다. 어머니의 가슴은 실로 영아의 육체적 욕구의 최초의 폭풍우를 가라앉히고 사랑의 마음을 창조하며 마침내 공포의 마음이 발전하는 것이다. 어머니의 두 손은 참으로 공포를 가라앉히게 한다. 이 모든 동작, 활동은 사랑과 신뢰와의 감정의 통일을 낳고 감사의 첫 싹을 발아시키는 것이다.

자연은 성급한 아동에게는 굴하지 않는다. 아동은 나무나 돌을 치고 자연은 무엇에나 굽히거나 비틀거리거나 움직이지 않는다. 여기서 아동은 나무나 돌을 치는 것을 그친다. 이와 같이 어머니는 불규칙한 아동의 욕망에 대하여서 굴복하지 않는다. 그는 몸부림치고 소리를 지른다. 그래도 어머니는 완강히 거절한다. 그는 울음을 멈추고 어머니의 의지에 자기의 의지를 복종시키는 데 익숙해진다. 인내의 첫째 싹, 순종의 첫째 싹은 이와 같이 자라나는 것이리라.

순종과 사랑과 감사와 신뢰가 서로 맺어지고 양심의 첫 싹이 발아하고 사랑하는 어머니의 뜻을 거역한다는 것은 바른 것이 아니라는 감정의 엷은 서광이 나타나서 어머니는 반드시 하나에서 열까지 자기를 위하여 이 세상에 있지 않다고 하는 느낌의 서광이 영아 자신에 느껴진다. 또 이 세상에 있는 모든 것은 하나에서 열까지 반드시 자기를 위하여 있다는 것은 아니라고 하는 희미한 느낌의 서광이 나타난다. 그와 같이 또 자기 자신 말하자면 이 세상에 있는 것은 단순히 자기 자신을 위해서 있는 것이 아니라는 느낌도 발생하게 된다. 이리하여 의무와 정의와의 서광은 발아하는 것이다.

이것은 실로 도덕적 자기 발전의 제一원칙이다. 그것은 실로 어머니와 아들과의 자연적 관계에 의하여 전개되는 것이다. 그러나 母子間에 있는 자연적 관계 가운데에도 인간이 자기들을 창조하신 조물주에게 대한 일종의 특별한 신뢰감이라는 심적 상태의 자연적 싹의 모든 본질이 숨어 있는 것이다. 즉, 신앙으로 신에게 信賴歸依하는 모든 느낌의 싹은 그 본질에 있어서 영아가 어머니에게 대한 신뢰귀의의 느낌으로 나타나는 싹과 같은 것이다. 이 양자의 느낌의 발전하는 모습은 동일한 것이다.

두 경우에 있어서 영아는 듣고 믿고 따른다. 그러나 이 두 개의 경우에도 그 시기에는 영아가 믿는 것과 행하는 것이 무엇인가를 모른다. 또 그 시기에는 영아의 신앙과 동작의 최초의 기초가 차차 사라져 간다. 그리하여 독립심이 점차로 증가해 가고 아동은 어머니의 손에서 떨어지고 싶다는 느낌이 든다. 그는 점점 자기 자신의 개성과 인격을 의식해 가고 그리하여 그의 마음속에는『나는 벌써 엄마에게 의지할 것이 없어졌다』는 생각이 암암리에 전개되어 간다. 어머니는 아들의 두 눈에서 이 생각이 착착 드는 것을 얼굴에서 읽을 수 있다. 그리고 귀여운 아들을 지금보다도 더 껴안고 지금까지 듣지 못한 목소리로『내 아가야, 너에게 절실한 신이 이 세상에 계시다. 신은 네가 나에게 아무 필요가 없고 내가 너를 이미 보살펴 줄 필요가 없게 되었을 때 너를 두 손으로 받들어 주신다. 나는 너에게 기쁨과 행복을 줄 수 없게 되면 그때 그것을 너에게 주실 신이 이 세상에 계시다.』그리하여 하나의 말할 수 없는 그 무엇이 아동의 심정에 나타나게 된다. 즉, 그것은 그를 그 자신 이상의 것에로 향상시키는 신성한 느낌이며 신앙에 대한 갈망이다. 그가 어머니로부터 이러한 말을 듣자 곧 신의 이름으로 즐긴다. 어머니의 가슴 위에서 퍼져나가는 사랑과 감사와 신뢰의 감정은 지금 확대되고 아버지로서의 신, 어머니로서의 신을 포괄하기에 이른다. 순종의 실행범위는 그만큼 넓어진다. 어머니의 눈을 믿은 것같이 이제부터는 신의 눈을 믿게끔 된 아동은 지금까지 어머니를 위하여 올바른 것을 하였으나 신을 위하여 올바른 것을 하기에 이르는 것이다.

여기서 아동의 독립을 느끼는 서광과 신에 대한 신앙에의 경향으로서 새롭게 발전하는 도덕감을 맺으려는 어머니의 순수하고 청결한 심정에 최초의 기도 속에 확실하게 향상시키려고 하는 교육과 교수에 반드시 유의해야 할 기초가 발로되는 것이다.

사랑과 감사와 신뢰와 순종의 첫째 싹은 어머니와 아들 사이의 본능적 감정의 부합된 결과였던 것처럼 이들의 싹트는 감정의 발전은 高等한 인간의 술이다. 그러나 이 술이란 그 실마리를 조금이라도 잃었을 때에는 우리들의 손에서 사라지고 마는 술이다. 이 실마리를 찾지 못하게 되는 것은 그것이 아동에게 미치는 위험이 자못 큰 것으로서 그 시기는 빨리 오는 것이다. 영아가 어머니의 이름을 겨우 부르게 되면 그는 어머니를 사랑하고 감사하고 신뢰하고 복종한다. 또 그가 신의 기름을 겨우 발하게 되면 신을 사랑하고 감사하고 신뢰하고 복종한다. 그러나 감사하고 사랑하고 신뢰하는 동기는 『나 자신에게는 이미 엄마가 소용없다』라는 생각이 들기 시작하면서부터 사라져 버리고 만다. 그를 둘러싼 세계는 지금 새로운 광채를 띄우고 그 앞에 나타나서 『너는 나의 것이다』라고 말하며 그 아름다움으로 그를 유혹하기에 이른다.

아동은 이 소리를 듣지 않을 수 없게 되는 것이다. 영아의 본능은 그에게서 이미 사라져 버리고 만 것이다. 갈수록 증가해가는 힘의 본능은 그것 대신에 점점 크게 나타나고 처음 영아에게서 드러났던 그대로의 도덕적 싹은 갑자기 시들어 버린다. 그리고 그 순간, 어떤 사람이 아동의 생명의 길, 즉 그가 도덕적 본능보다 높은 느낌을 갖는 최초의 鼓動을 부착시킨다면 그것은 반드시 시들어 버린다.

어머니여! 어머니들이여! 세계는 지금 당신의 가슴에서 당신들의 어린이를 당신들의 품에서 떼어 놓고 있는 것이다. 만약 이때 누구도 새로운 감각의 世界의 啓示와 어린이보다 고상한 본성과를 맺으면 만사는 끝날 것이다. 어머니여! 어머니들이여! 당신의 어린이는 당신들의 가슴에서 떠나고 있다. 새 세계가 그들의 어머니가 되고 이 새 세계가 그들의 신이 되고 감각적 쾌락이 그들의 신이 되고 자기 의지가 그들의 신이 되는 것이다.

어머니여! 어머니들이여! 그들은 그대를 잃었고 그들은 참된 신을 잃었고 그리고 또한 그들은 그들 자신을 잃었다. 사랑의 고동은 눌려진다. 自敬의 싹은 그들의 마음속에서 죽을 것이다. 그는 한결같이 감각적 향락을 따라 파멸에로 향해서 달음질치고 있는 것이다.

人間이여! 人間들이여! 지금 영아의 감정이 어머니를 떠나 세계의 美의 의식이 비로소 아동에게 나타난 순간, 소멸되어 가고 있다. 지금 가장 고상한 본연의 감정이 발생하는 地盤이 바야흐로 아동의 발밑에서 밟혀지고 있다. 지금 어머니가 전에 아들에 대한 감정은 달라지고 지금 새로운 세계의 광경에 대한 신뢰의 싹이 그의 마음속에서 발아하고 이 새로운 발로의 미가 그의 어머니에 대한 신뢰의 정을 억압하며 누르고 있다. 즉, 어린이가 전에 어머니를 생각하던 마음은 벌써 사라지고 그와 동시에 아직도 본 일이 없고 알지도 못하는 『神』에 대한 그의 신뢰감도 그 때문에 위축되고 소멸될 때 그것은 마치 有毒植物의 뿌리보다 정밀한 纖維를 위축하고 소멸시키고 있는 것이다. 아아, 인간이여! 이 순간의 推移와 過度여! 어머니와 『신』에 대한 신뢰의 감정과 새로운 세계의 광경과 모든 세계에 있는 것에 대한 신뢰의 감정 사이의 過度와 推移의 순간에 있어서 또 이 분기점에 있어서 인간이여! 그대는 그대의 모든 술과 당신의 모든 힘을 다하여 사랑과 감정, 신뢰와 감사와의 감정을 그대 어린이의 마음속에 언제까지나 순진성을 간직하도록 할 것이다.

「신」은 이 감정 속에 계시고 그대의 도덕생활의 전력은 본질적으로 이 감정의 보존과 관계를 갖고 있다.

인간이여! 영아에 깃들고 있는 모든 感情發芽의 신체적 諸 原因이 소멸되는 이 순간에 당신의 술은 실로 여러 감정을 자극하는 새로운 방법을 획득하고 새로운 세계의 가지가지 아름다움이나 魔力으로서 모든 감정과의 관계로 성장해가는 어린이의 심중에 새로운 싹이 트도록 전력을 기울여야 할 것이다.

그리하여 그대는 비로소 자연을 신뢰할 수 없게 되는 것이다. 그리고 자연의 맹목적인 손에서부터 끈을 탈취하여 몇 世代를 두고 인류의 경험이 쌓아 놓은 원칙과 힘의 손으로 돌려보내기 위하여 전력을 다해야 할 것이다. 아동의 눈앞에 나타나는 세계는 「신」의 최초의 창조는 아니다. 그것은 오관의 향락과 아동의 내적 본성의 감정과의 兩者로 상처 입은 세계에 불과하다. 그것은 이기심을 만족하게 하는 수단을 위한 투쟁에 충만해 있고 모순에 차 있고 광포, 무질서, 허위 및 기만에 가득 찬 세계인 것이다.

심연의 소용돌이, 이 심연의 밑바닥이야말로 사랑이 없고 도덕이 없는 곳이지만 이 소용돌이치고 눈부신 亂舞에까지 아동을 이끌어낸 것은 실로 이러한 세계이며 결코 「신」의 최초의 창조는 아니다. 그리고 이 세계가 아동의 눈앞에 놓은 것은 참으로 그 스스로의 파멸을 가져오는 폭력과 난폭한 술뿐이며, 결코 「신」의 창조는 아닌 것이다.

불쌍한 어린이들아! 그대들이 사는 방은 그대들의 유일한 세계이다. 그러나 그대들의 아버지는 종일 공장에 매여 있어 그대들의 어머니는 오늘도 그대들을 욕하고 내일은 벗이 되고 또 다음 날은 짜증을 내는 것이다. 그대는 권태를 느낄 것이고 또 갖가지 의심도 품을 것이다. 그러나 그대의 부모들은 그대들의 의문에 대답하려고 하지도 않을 것이다. 그대들이 외출하려고 생각해도 허락되지 않을 것이다. 또 그대는 人型으로 해서 누이동생들과 다투기도 할 것이다. 아아, 불쌍한 어린이들아! 이 얼마나 애련히 마음을 썩여야 할 세상이랴. 그러나 그대가 만일 나무 그늘진 길로 화려한 마차를 타고 신나게 달릴 때라도 그대의 세계는 그것과 같이 비참한 것은 아닐까. 그대의 嚮導者는 그대의 어머니를 속일 것이다. 그대의 괴로움은 고통스러워하는 사람보다도 그 質이 더 나쁠 것이다. 그대는 무슨 소득이 있는가. 그대의 세계는 어떠한 고통보다도 그대에게는 무거운 짐이 될 것이다.

이 세계는 자연의 법칙을 거슬려 그것을 압도하는 일종의 파멸과 퇴폐 속에서 기분 좋게 잠들게 하는 마력을 갖고 있기 때문에 인간의 심정에 순결을 보존하기 위한 마음은 전연 없고 반대로 인간의 위기에 당면하여 그 순결성에 대해서는 추호도 고려할 것이 없는 것은 마치 繼母가 이웃 어린이에게 대해서 하는 것처럼 계모가 어떠한 정도 갖고 있지 않은 것과 같다. 이 부주의, 이 무관심은 十中八九까지는 실로 우리들 인간을 고상하게 하기 위하여 우리들의 수중에 남겨진 마지막 수단의 파괴를 야기하고 또 야기된 것에 틀림없을 것이다. 더구나 이 위기에 직면하여 아동은 이 세계의 현상 및 오관에 대한 그 인상의 편협된 마력에 대항할 어떠한 對抗濟조차도 갖고 있지 않다. 그렇기 때문에 그 현상의 一面性과 그 현상의 鮮明性을 위하여 이 세계의 개념은 우리들 인간의 도덕적, 정신적 교양의 토대가 되는 많은 경험과 감정의 인상 위에 결정적이고, 확고부동한 지배력을 保持하고 있는 것이다. 그리하여 그 이후는 인간의 이기적이고 타락된 욕정 때문에 끝없고 한없이 웅대한 大領土가 전개되는 것이다. 이에 반하여 인간의 지식과 교화와의 힘이 토대가 되는 心意狀態의 길은 이렇게 하여 상실되는 것이다. 즉, 도덕의 좁은 문호에 이르는 길은 두절되는 것이다. 그리하여 인간 본성의 感覺性, 肉感性은 사랑의 길에서 이성의 길을 분리시키고 또 신의 신앙에 대한 충동에서 심의의 교양을 분리시키는 경향을 걷는 데 틀림없을 것이다. 그리고 그 길은 실로 인간의 이기심으로 하여금 그의 모든 행위의 推進機가 되게 하고 그의 교양의 결과로 하여금 그 자신의 파멸을 결정짓는 방향으로 향하게 하는 것이다.

인간이 이 타락, 파멸의 일반적 근원을 인정하지 않는다는 것은 참으로 분간하기 어려운 일이다. 그리고 그것을 정지시키고 또한 우리들 인간의 교육으로 하여금 「신」의 사업을 파괴하지 않고 또 사랑, 감사 및 신뢰 등 이미 영아기에 발전된 여러 가지의 감정을 파괴하지 않는 원리 원칙에 종속시키는 것은 더 말할 것 없이 우리들 인간의 술로서의 유일한 보편적 목적인 것을 부정하지 않는 것은 아무래도 우스운 일이라는 것은 말할 필요도 없다. 그러나 이 원리원칙이라는 것은 인간의 위기에 처하여 「신」 자신에 의해 우리들 본성 가운데 扶植된 도덕적, 정신적 교양을 결합하는 수단을 특히 보호하고 교육과 교수로 하여금 한편으로는 몽롱한 감각적 인상으로부터 우리들은 명백한 관념에까지 향상시키기 위하여 「신」이 베풀어준 물리적, 신체적 기구의 법칙과 조화를 유지시키고 다른 한편으로는 내적 본성의 감정—그것들의 점진적 발전에 의하여 나의 심의가 도덕률을 認知하고 존중하게 된 나의 내적 본성의 제 감정과도 조화를 유지하도록 특히 고려해 주는 원리원칙이다. 또한 인간은 우리들 인간심의와 여러 감정을 발전시키기 위한 방법을 완전히 그 차례를 세워 安配하는 데 착수하지 않는가 하는 것도 또한 이해되지 않는 일이다. 그리고 이 근본 목적은 실로 교수와 기구의 모든 이익을 도덕적 완전성의 보존을 위하여 사용하게 하고 이기적인 이성을 방지하기 위하여 오류와 편견으로부터 더럽혀지지 않는 심정의 순결성을 보존하기 위하여 특히 나의 감각적 인상을 나의 확신에까지 종속시키고 나의 열심을 자애심에까지 종속시키며 또 나의 자애심을 나의 올바른 의지에까지 종속시키기 위한 것이다.

 이러한 종속을 필요하게 하는 원인은 실로 나의 본성의 밑바닥에 잠재해 있는 것이다. 나의 신체적 힘이 증진됨에 따라 그 힘의 압도적 지배력은 나의 발전의 법칙 때문에 소멸하지 않을 수 없는 것이다. 즉, 나의 신체적 힘은 그것을 보다 고등한 법칙 밑에 종속시키지 않으면 안 되는 것이다. 나의 발전의 諸段階도 모두 이것을 완결시켜 보다 고상한 목적 밑에 종속시켜야 하는 것이다. 그리고 이 완결된 것을 지금부터 완결해야 할 것에 종속시키기 위해서는 더욱 모든 지식의 초보점을 어디까지나 훼손시키는 일 없이 고집하는 것을 필요로 하고 이들의 초보점에서 최후의 완결에까지 점진적으로 진행시켜야 한다. 그리고 이 연속의 첫째 법칙은 다음과 같은 것이다. 말하자면 아동의 최초의 교육, 교수는 결코 그것을 두뇌 또는 이성의 활동으로 하지 말고 항상 감각의, 정의 그리고 어머니다운 활동으로 해야 하는 것이다.

다음에 이 첫째 법칙에서 결과 되는 둘째 법칙은 이러하다. 말하자면 인간의 교육은 감각의 연습에서부터 서서히 판단하는 연습에까지 나아가게 하는 것이다. 다시 말하면 그것은 이성의 활동 이전에 오랜 시간을 거쳐서 정의활동이라는 것이다. 다시 말하자면 그것은 남성적 활동이 되기 전에 오랜 시일을 거쳐 먼저 여성의 활동이어야 한다는 것이다.

여기서 나는 그 이상을 어떻게 말을 이어야 할지 모르겠다. 이상 상세히 설명한 것으로 나는 자연의 영원불변한 법칙은 나로 하여금 마침내 그대들 어머니의 수중에 다시 맡겼던 것이다. 아아, 어머니들이여! 나는 내 순수무결의 사랑, 나의 순종, 세계의 새로운 인상을 갖고 나보다 고상한 본성의 온갖 美質, 이 모든 것을 나는 그대들 어머니 쪽에 맡길 수 있는 것이다. 어머니들이여! 그대들과 내가 손을 맞잡고 정을 나누는 동안 원하는 것은 나에게서 떠나지 마십시다. 만약 내가 필요에 따라 세계를 배워야 할 때 아무도 당신들에게 그 세계를 배우도록 베풀어 주는 사람이 없다면 그때에는 어머니들이여, 오라! 와서 우리들과 더불어 배우자. 그것은 그대들에 있어서 당연히 해야 할 것이요, 또 꼭 그렇게 해야 할 것이다. 어머니들이여! 내가 세계의 새로운 현상을 처음 보았을 때 그로 인하여 마구 찢기고 또 「신」으로부터 떠나게 되고 또 나 자신으로부터 떠나려는 그러한 위험에 빠지려는 순간이라도 우리들은 결코 헤어지기는 싫은 것이다. 어머니들이여! 바라건대 그대들의 심정의 보호와 지지로서 당신들의 품에서 이 새로운 세계에로 推移되는 것을 신성한 것이 되도록 해주소서.

벗이여! 나는 이제는 침묵을 하지 않을 수 없다. 나의 가슴은 아주 벅찬 바 있다. 그리고 나는 당신의 두 눈에서 눈물을 본다. 아아! 몸조심하오.

　　벗이여! 나는 이제 나아가 나 자신에게 스스로 물으려고 한다. 나의 일생을 통하여 나를 움직인 가지가지의 害와 惡을 나는 어떻게 대했는가를. 종교적인 견지에서 그것은 어떠한 것이었던가. 벗이여! 만일 내가 나의 모든 노력으로 내가 지목한 목표 즉, 맹목적인 자연의 손에서 인간교육을 빼앗고 그것을 자연의 감각적이고 육감적인 방면의 파괴적 영향으로부터 자유롭게 하고 자연의 일률적, 획일적인 힘으로부터 인간교육을 독립시켜 우리 본성의 가장 고상한 힘과 그 眞髓는 실로 신앙과 사랑의 근본인 것이다. 인간성의 最高手中에 넣으려고 한 나의 목표에 대하여 어떠한 통로를 만드는 데 어느 정도나마 성공하였다면 또한 내가 오늘 일반적인 교육보다 그 이상으로 교육의 術을 가정이라는 신성한 전당에서 착수하게 하고 이 感化되기 쉬운 가정의 방면에서 인간의 종교적 본능에까지 새로운 생명을 주입하는 데 조금이라도 성공하였다면 또 내가 나와 같은 시대의 사람들에게 대하여 지식과 정신적 교육의 根幹과 교육의 술을 우리들 인간의 가장 고상한 情과 智의 힘과 조화시키는 데 다소라도 성공하였다면, 아아 나는 이 일을 행할 수 있다면 나의 일생은 축복될 것이며 또 나의 최대의 희망은 실현되었다는 것을 알 수 있으리라.

　나는 이 점을 좀더 설명해 보려고 한다. 대저 종교나 도덕은 본질적인 감정을 발생하게 하는 싹인 동시에 나의 교수법의 모든 정신이 발생한 싹이기도 한 것이다. 즉, 그것은 전연 영아와 어머니 사이에 존재하는 자연적 관계에 백리를 둔 것으로 그것은 또한 요람기에서부터 이 자연적 관계에 교수를 결부시키는 술 그리고 이 연속적인 술로써 우리들을 창조한 「신」에 대한 우리들의 信賴歸依의 마음과 같은 心意狀態 위에 교수를 세우는 술에 기초를 두는 것에 불과하다. 어머니에 대한 아동의 신체적 귀의가 점점 사라져갈 때 나의 방법은 실로 이 신뢰귀의에서 생겨나는 보다 고상한 감정의 싹으로써 영영 시들어지지 않도록 모든 수단을 찾아보는 것이다. 그리고 신체적인 원인인 작용을 정지했을 때 나의 방법은 새로운 활동력의 원천을 공급하는 것이다. 어머니나 신에 대한 신뢰의 감정에서 처음으로 아동이 떨어져 세계의 현상에 신뢰하게 된다는 중대한 위기에 있어서 나의 방법은 세계의 새로운 현상의 마력으로 항상 아동의 본성에 보다 고상한 감정과 밀접한 관계로 아동의 눈앞에 나타나게 하기 위하여 온갖 힘과 술을 사용하는 것이다. 그것은 모든 현상으로 하여금 단지 허위와 기만에 충만된 세계로서가 아니라 신의 최초의 창조로서 아동의 눈앞에 나타나게 하기 위하여 있는 힘과 술을 사용하는 것이다. 그것을 어머니와 신에 대한 귀의의 마음을 자극함으로서 새로운 세계 현상이 일면적인 미와 매력을 制限한다. 그것은 파괴적인 세계의 현상이 나를 동물성으로 빠뜨리게 하는 여러 利己心의 발휘를 억제하고 이성의 길로 하여금 나의 情의 길로부터 절대로 분리되지 않게 한다. 또한 심의의 개발을 신의 신앙에 대한 나의 충동으로부터 절대로 떨어지지 않게 하는 것이다.

　나의 방법의 모든 정신은 단순히 어머니와 어린이와의 관계로서 그 관계의 신체적 원인이 소멸됨과 동시에 새로 부흥시킬 뿐 아니라 수단의 방법적 서열로 어머니의 手中에 두게 한다. 그리고 어머니는 그 것에 의하여 자기의 심정과 자식의 심정에 영구 부동성을 줄 수 있게 한다. 여기에서 지식획득의 감각적 방법과 관련하여 도덕을 용이하게 하기 위한 감각적 방법이 연습에 의하여 정의와 의무에 관한 모든 문제에 아동의 독립된 생각을 원만하게 하도록 한다.

적어도 자기의 정과 자식의 정을 합치시키려는 어머니라면 자식이 위기에 처했을 때 나의 방법을 따른다면 신과 사랑으로부터 벗어날 위기에서 구해주고 그의 정신으로 하여금 무서운 위축에서 해방시켜 준다. 그뿐 아니라 어머니의 사랑으로 인하여 순수한 애호의 마음과 고상한 감정으로 자식의 심정의 모든 허위와 기만에 의하여 순진성, 신뢰, 사랑의 인상이 해를 입기 전에 자식을 신의 최선의 창조에까지 이끌어가게 하고 또 용이하게 되게 하는 것이 나의 방법의 정신이다.

대저 이 방법을 자기 자신의 방법으로 하는 어머니에게도 자식이 어머니를 보잘것없는 편협한 지식권내에 구속하지는 않을 것이다.『어 머니의 책』은 자식을 위하여 신의 세계인 세상을 어머니에게 보여주 는 것이다. 정결한 사랑이야말로 자식이 어머니를 통하여 보는 모든 것에 어머니의 입을 열게 한다. 어머니는 자식을 가슴에 안고 입으로 신의 이름을 가르쳐 주었으나 이제는 붉게 타오르는 아침 해, 시내에 서 흐르는 잔물결, 나무의 가지들, 꽃의 광채, 이슬방울 등 모든 만물 을 사랑하는 신을 자식에게 가르치는 것이다. 어머니는 자식의 육체에 서, 번득이는 눈망울에서, 자유자재로 움직이는 자식의 關節에서 만물 에 遍在하는 신을 가르치고 여러 가지 사물에서 신을 아들에게 가르 치는 것이다. 이와 같이 하여 어린이는 신을 볼 때마다 정을 새로이 하고 그가 세계에서 신을 볼 때마다 세계를 사랑하는 것이다. 신의 세 계에서의 환희는 이리하여 신의 즐거움과 새로 조화된다. 그리고 어린 이는 신과 세계와 어머니를 동일한 정서 속에서 간직할 것이다. 그리 하여 지금까지 연락이 끊어졌던 것이 여기에 이르러 다시 결합되는 것이다. 이제야 그는 어머니의 품에 안겨 있을 때보다도 한층 더 어머니를 사랑하게 될 것이다. 그리고 그는 한 걸음 더 나아간 것이다. 만약 어머니를 통하여 세계를 알고 또 배우지 않았더라면 도리어 세계로 해서 도중에 배회하였겠지만 그와 같은 세계를 지금 한 걸음 앞당겨 선 것이다. 그가 태어난 날부터 끊임없이 그에게 미소를 쏟은 입, 그가 탄생한 날부터 끊임없이 그에게 향해 예고한 음성, 지금 이 음성은 그에게 말하는 법을 가르치기에 이르렀다. 그들이 자기 품속에서 언제나 껴안던 어머니의 손은 지금 그에게 그림을 가르치게 되었다. 그 그림의 이름을 그들은 어머니에게서 누누이 듣고 있었다. 그리하여 새로운 감정이 그의 가슴에서 일어날 것이다. 그는 자기가 보는 사물을 말에 의하여 의식하게 된다. 여기서 그의 지적 교양과 도덕적 교양과 합치하는 제일단계는 열리게 된 것이다. 어머니의 손이 열고 어린이는 배우며 알고 또 이름을 부르게 한다. 그는 더욱 많은 사물을 알고 그것의 이름을 부르려고 한다. 여기서 그는 어머니에게 졸라 자기와 같이 배우게 할 것이다. 어머니는 그와 같이 배워 두 사람은 매일매일 지식과 힘과 사랑을 배워갈 것이다.

그리고 이번에는 어머니가 그에게 術이, 직선, 곡선 등의 초보와 기초를 가르치려고 할 것이다. 어린이는 그녀를 곧 앞지르고 말 것이다. 그러면 두 사람의 환희는 같으며 새로운 힘이 그의 마음속에 작용한다. 그리하여 그는 사물을 그리고, 다루고, 셈을 하게 된다. 어머니는 이미 세상을 현상에서 그에게 신을 가르쳤으나 이제는 그가 그리는 법, 측량하는 법, 세는 법 등 그의 발휘하는 힘 속에서 신을 그에게 보이는 것이다. 여기서 그는 그의 자기 완성단계에 이르러 신을 보게 되는 것이다. 이 완성의 법칙이 그에게는 교양의 법칙이다. 그는 이 법칙을 그가 처음에 그린 완성된 그림에서 한 줄기 직선, 또는 곡선에서 신을 인식하게 된다. ─ 벗이여! 한 줄기 선을 비로소 완전하게 그릴 수 있고 말을 완전하게 발음할 수 있을 때 저 숭고한 법칙인 『하늘에 계신 너희들의 아버지가 완전함과 같이 너희들도 완전하라』라는 최초의 관념이 아동의 마음속에 발전하는 것이다. 그리고 나의 방법은 본래 하나하나 사물의 완성에 대한 부단한 노력이라는 것에 토대를 두는 것이기 때문에 그것은 요람기로부터 아동의 심정에 이 법칙의 정신을 깊이 새겨주는 데 유력하고 또 끊임없는 도움이 되는 것이다.

우리들의 이 내적 완성의 제一법칙에까지 제二법칙이 맺어져 제一법칙과 본질적으로 깊은 관계를 갖고 있는 것이다. 그것은 이와 같다. 사람은 오직 자기를 위해서만 세상에 있는 것은 아니다. 즉, 그는 자기 동포의 완성을 통하여 비로소 자기를 완성할 수 있다는 것이다. 이 방법은 두 가지의 법칙을 결합해서 거의 아동이 좌우의 구별도 못할 때에 제二의 天性으로 하는 데 적당할 것이라고 생각된다. 이 방법으로 가르침을 받은 아동이 그의 동생이나 어머니의 조수가 되기 전에는 거의 말을 할 수 없는 것이다. 즉, 그는 동생의 선생, 어머니의 조수가 됨으로서 말할 수 있으며 자기 혼자서는 절대로 말할 수 없다.

벗이여! 신에 대한 참된 崇敬의 마음을 깃들게 하는 여러 가지 감정을 합쳐서 맺으려고 할 때 이 방법의 온 정신에 의하여 맺게 한다면 아주 훌륭히 맺을 수 있는 것이다. 그 이외의 방법은 이렇게 단단히 할 수 없다. 나는 나의 방법으로 어머니의 마음을 끊임없이 자식을 위하여 맺어 두고 어머니의 정의 감퇴에 대해서 영구불변성을 줄 수 있었던 것이다. 나는 또 그것으로 신의 숭배를 인간의 본성과 맺고 우리 심정에 신앙의 충동을 발생하게 하는 온갖 정서를 자극함으로써 그의 영구불변성을 확립하는 것이다. 어머니와 造物主, 어머니와 攝理의 主, 이것을 나의 방법에 의하면 아동에게는 같은 정서가 될 것이다. 이 방법으로 비로소 아동은 영원히 어머니의 아들이 되고 또 신의 아들로서 영원히 남는 것이다.

그의 지와 정을 맺고 그의 심의의 점진적 발전은 더욱 오래 순수한 초보점, 즉 심의의 최초의 싹이 튼 초보점에 기초를 두게 될 것이다.

인간에 대한 사랑과 지혜의 길은 일반적으로 또한 숭고하게도 이와 같이 하여서 열릴 것이다. 나는 나의 방법으로 빈민의 아버지가 되고 괴로워하고 고민하는 것의 支柱가 되는 것이다. 어머니가 건강한 어린 이는 그대로 두고 약한 어린이 옆에서 간호하며 괴로워하는 어린이는 건장한 어린이보다 두 배나 더 간호하는 것은 어머니이기 때문에 당 연히 그렇게 해야 하겠고 또 아동에게는 신의 代理를 하는 것이기 때 문에 그렇게 한다. 만일 어머니가 나에게 있어서 신의 대리자이며 신 이 어머니의 대리자가 되어 나의 심정을 채워준다면 나는 역시 어머 니와 같이 하지 않으면 안 된다. 어머니의 느낌과 같은 느낌이 나를 그렇게 시킨다. 인간은 나의 동포이며 나의 사랑은 전 인류를 포용하 는 것은 말할 필요도 없다. 그러나 나는 괴로워하고 하잘것없는 지를 사랑하지만 두 배 이상의 정성을 기울이는 것은 그의 아버지일 것이 다. 신과 같이 행하는 것이 天性化되었다.

나는 신의 아들이다. 나는 나의 어머니를 믿는다. 그녀의 심정은 나 에게 신을 가르쳐 주었다. 신은 나의 어머니이시다. 그리고 나의 심정 과 같이 그녀 심정의 신이다. 나는 이외의 신을 모른다. 나의 머리나 이지의 신은 하나의 괴물이다. 나는 나의 정 이외에 어떠한 신도 모른 다. 나의 정을 믿음으로써 나는 비로소 인간임을 느낀다. 나의 두뇌, 이지의 신은 하나의 우상이다. 나는 그러한 신을 숭배함으로써 나의 몸을 불사르게 될지도 모른다. 나의 정의 신이야말로 나의 신이다. 나 는 그러한 신의 사랑에서 나 자신을 완성한다. 어머니여! 어머니여! 당 신은 당신이 내린 여러 가지 명령으로 나에게 신을 보여 주었고 나는 순종함으로써 신을 발견한 것이다. 어머니여! 어머니여! 내가 신을 잊 을 때 정녕 당신을 잊어버리는 것입니다.

그리고 내가 신을 사랑할 때 나는 당신의 영아에 대한 당신의 대리 자일 것입니다. 나는 온전히 당신의 비참한 어린이들을 섬기고 우는 어린이들은 그들이 어머니의 팔에 안겨 잠자듯 나의 두 팔에 안겨서 잘 것입니다.

어머니여! 어머니여! 나는 당신을 사랑하는 것같이 신을 사랑합니다. 그리고 의무는 나의 최고의 신입니다. 어머니여! 내가 당신을 잊을 때에는 나는 또한 신을 잊습니다. 그렇게 되면 가엾은 어린이들은 나의 두 팔에 안겨 자지 않을 것입니다. 나는 벌써 괴로워 번민하는 사람에게 대해서는 신의 대리자가 아닐 것입니다. 나는 당신을 잊어버릴 때 나는 신을 잊습니다. 그렇게 되면 나는 마치 사자와 같이 나 자신만을 위하여 살고 자기 신뢰에서 나는 나와 같은 인류의 이익에 반하여 오직 나 개인만을 위하여 능력을 사용하는 자가 될 것입니다. 그렇게 되면 나의 정신 속에는 父性의 느낌은 미진해지고 마침내 나의 순종을 신성화하는 신의 느낌이 사라지고 말 것이다. 그리고 나의 허식의 의무감은 필경 공허한 기만이 되고 말 것이다.

어머니여! 어머니여! 나는 당신을 사랑하듯 또 신을 사랑합니다. 어머니와 순종, 신과 의무, 이것은 나에게는 같은 것입니다. 또 신의 의지와 내가 상상할 수 있는 최선의 것도 나에게는 하나이고 둘이 될 수 없습니다. 그렇게 되면 나는 벌써 나 한 사람만을 위하여 사는 것은 아닙니다. 나는 신의 아들인 나의 동포 속에 나 자신을 묻어버릴 것입니다. 나는 나 자신을 위하여 사는 것은 아니다. 나는 어머니의 가슴에 나를 데려가고 아버지의 손으로 나의 이슬과 같은 몸을 신의 사랑에까지 끌어 올려준 신을 위하여 사는 것입니다. 그리고 나는 신과 영생자를 사랑하면 사랑할수록 나는 더욱 신의 명령을 숭상하고 더욱 나는 신에 귀의하고 더욱더 나는 나 자신을 잊어버리고 신의 것이 되어 나의 본성은 더욱 신의 본성이 되고 나는 더욱 나의 내적 본성과 또 나와 함께 온 인류와 융합조화를 느끼는 것입니다. 나는 신을 사랑하면 사랑할수록 점점 신을 따르고 영생자가 『두려워 말라. 나는 너의 하느님이니라. 나는 결코 너를 버리지 않으리라. 나의 명령에 따르라. 나의 의지는 너의 구속이니라.』라고 외치는 소리를 나는 듣는 것입니다. 그리고 내가 신을 따르면 따를수록 점점 신을 사랑하고, 신에 감사하고 갈수록 영생을 믿고 나의 本體의 창조입니다. 永劫의 창조주인 신이 나를 필요로 하는 것이 차차 없어지리라는 것을 더욱 깨달을 수 있습니다.

나는 나 자신 속에서 영생자를 인정했다. 나는 불량한 나 자신 속에서 조물주의 길을 보고 만능자의 법칙을 읽었다. 나는 나의 심정 속에서 신의 사랑의 법칙을 찾아냈다. 그리하여 나는 누구를 믿어야 할 것인가를 알았던 것이다. 신에 대한 나의 신뢰는 실로 나의 自知自覺을 통해서 또 그 자지자각 속에서 발생하는 도덕세계의 법칙의 지식에 의해서 무한하고 헤아릴 수 없는 것이 된다. 이 무한자의 관념은 영생자의 관념과 같이 나의 본성 속에 쌓여 들어온다. 나는 영생을 원한다. 그리고 나는 신과 영생자를 사랑하여 더욱 영생을 구한다. 나는 신을 믿으므로 더욱 깊이 신에게 감사하고 신에게 복종한다. 신의 영구적 善性을 믿으면 믿을수록 그것은 나에게는 진리가 되고 신의 영구적 선성에 대한 나의 신앙은 점점 나의 영생불사의 증거가 되는 것이다.

아아 벗이여! 나는 또 침묵으로 들어간다. 심정 깊이에서 뛰어나오는 확신을 어떠한 말로 표현할 수 있으랴. 나는 사람의 現智와 情을 소중히 여기는 어떠한 사람이 『단순한 지식에서는 신의 관념이 생기지 않는다. 참된 신, 오직 신앙에 대해서 어린이와 같은 신앙에서만 생기는 것이다.』라고 스스로 그 뜻을 표현하고 있는데 이 문제에 관해서는 어떠한 말로 임해야 할 것이랴. 아아, 나에게는 그 말이 찾아지지 않는고.

『智者의 智慧에는 희미하게 보이는 것도 어린이와 같은 눈에는 선명단순하다.』

그렇다면 情만이 신을 안다. 그리고 그 자신의 유한한 존재에 대한 고려를 초월하게 하는 정은 실로 全體나 一部나 인류를 포용하는 것이다.

『이 순수하고 담담한 인간의 정은 실로 최고의 것의 化身 내지 權化, 심령계 전체의 정신으로서 존재하는 숭고, 신성한 의지로 하여금 그 사랑, 그 순종, 그 신뢰, 그 숭배를 위한 필요로서 창조하는 것이다.』

『왜 의무는 그대의 최고선인가, 왜 그대는 신을 믿는가고 善人에게 물을지라. 만일 그가 허다한 증명을 한다면 그것은 오직 허다한 학파가 그의 입을 빌어 말을 하고 있는 것이다. 그 이상 교묘한 智力으로서 한다면 그러한 증명 정도는 깨어질 것이다. 그는 잠시 몸부림을 칠 것이나 그의 정은 도저히 신을 부정할 수 없다. 그는 그 어머니의 품으로 돌아가듯 즐기고 또 사랑한다면 신의 허락으로 그 곁으로 돌아갈 것이다.

『그렇다면 이 善人의 신의 신앙은 어디서 생기는 것일까. 물론 이지는 아니다. 그것은 실로 어떠한 말이나 어떠한 사상으로서도 도저히 포착하거나 깨달을 수 없는 일종의 이름할 수 없는 충동, 실로 자기의 존재로 하여금 보다 높은 영원불멸인 전체의 존재에 빛이 있게 하고 또 不死永生으로 하려는 충동, 실로 이 충동에서 생기는 것이다. 그리고 전체란 참으로 내가 아니고 동포다. 개인이 아니고 인류다. 이것이 실로 정신의 내부에 있어서의 신의 소리의 無條件的 表明이다. 그것을 이해하고 그것에 복종함으로써 인간 본성의 유일한 존엄성, 내지 숭고성이 발휘되는 것이다.』

— 끝 —

· 저자 ·

김선양
(金善陽)

·약 력·
서울대학교 교육학과 학사
서울대학교 교육학과 석사
성신여자대학교 대학원장
인하대학교 사범대학장
한국 평생교육기구 사무총장 및 교육원장
한국교육사학회 회장
한국교육철학회 회장
한국교사교육학회 회장
前) 인하대학교 교육학과 교수
現) 동방정신문화연구소 대표

·주요논저·
『교육사』(형설출판사, 1983)
『교육철학』(교문사, 1985)
『교육학개론』(세영사, 1987)
외 다수

겔트루드는 어떻게 그의 자녀를 가르치나

· 초판 인쇄	2008년 6월 30일
· 초판 발행	2008년 6월 30일
· 지 은 이	페스탈로치
· 옮 긴 이	김선양
· 펴 낸 이	채종준
· 펴 낸 곳	한국학술정보㈜
	경기도 파주시 교하읍 문발리 513-5
	파주출판문화정보산업단지
	전화 031) 908-3181(대표) · 팩스 031) 908-3189
	홈페이지 http://www.kstudy.com
	e-mail(출판사업부) publish@kstudy.com
· 등 록	
· 가 격	26,000원

ISBN 978-89-534-9633-0 93370 (Paper Book)
      978-89-534-9634-7 98370 (e-Book)